ACCESO GRATIS ***a la Lectura en la Nube***

Para visualizar el libro electrónico en la nube de lectura envíe junto a su nombre y apellidos una fotografía del código de barras situado en la contraportada del libro y otra del ticket de compra a la dirección:

ebooktirant@tirant.com

En un máximo de 72 horas laborables le enviaremos el código de acceso con sus instrucciones.

La visualización del libro en **NUBE DE LECTURA** excluye los usos bibliotecarios y públicos que puedan poner el archivo electrónico a disposición de una comunidad de lectores. Se permite tan solo un uso individual y privado.

EL CONDOHOTEL. LA CONFIGURACIÓN JURÍDICA: DE LA SOCIEDAD DE CAPITAL A LA PROPIEDAD HORIZONTAL *STRICTO SENSU*

EL CONDOHOTEL. LA CONFIGURACIÓN JURÍDICA: DE LA SOCIEDAD DE CAPITAL A LA PROPIEDAD HORIZONTAL *STRICTO SENSU*

Mª Teresa Otero Cobos

tirant lo blanch
Valencia, 2024

En caso de erratas y actualizaciones, la Editorial Tirant lo Blanch publicará la pertinente corrección en la página web www.tirant.com.

La presente obra ha sido sometida a la revisión de pares ciegos según el protocolo de publicación de la editorial a efectos de ofrecer el rigor y calidad correspondiente tanto en su contenido como en su forma, aplicándose los criterios específicos aprobados por la Comisión Nacional E 016 (BOE num. 286, de 26 de noviembre de 2016).

EDITA: TIRANT LO BLANCH
C/ Artes Gráficas, 14 - 46010 - Valencia
TELFS.: 96/361 00 48 - 50
FAX: 96/369 41 51
Email: tlb@tirant.com
www.tirant.com
Librería virtual: www.tirant.es
DEPÓSITO LEGAL: V-1291-2024
ISBN: 978-84-1056-518-0

Si tiene alguna queja o sugerencia, envíenos un mail a: *atencioncliente@tirant.com*. En caso de no ser atendida su sugerencia, por favor, lea en *www.tirant.net/index.php/empresa/politicas-de-empresa* nuestro procedimiento de quejas.

Responsabilidad Social Corporativa: http://www.tirant.net/Docs/RSCTirant.pdf

A Cayetana,
el culmen de un sueño,
"¡te quiero... todo!"

Índice

Abreviaturas

AP	Audiencia Provincial
Art.	Artículo
Cc	Código civil
C.d.com	Código de comercio
CE	Constitución Española
Decreto-Lei 39/2008	Decreto-Lei núm. 39/2008, de 7 de março, que aprova o regime jurídico da instalação, exploração e funcionamento dos empreendimentos turísticos
Decreto-Lei 128/2014	Decreto-Lei núm. 128/2014, de 29 de agosto, aprova o regime jurídico da exploração dos estabelecimentos de alojamento local
Decreto 13/2020	Decreto-ley 13/2020, de 18 de mayo, por el que se establecen medidas extraordinarias y urgentes relativas a establecimientos hoteleros, coordinación de alertas, impulso de telematización, reactivación del sector cultural y flexibilización en diversos ámbitos ante la situación generada por el coronavirus (COVID-19)
Directiva sobre reestructuraciones e insolvencia	Directiva (UE) 2019/1023 del Parlamento Europeo y del Consejo, de 20 de junio de 2019, sobre marcos de reestructuración preventiva, exoneración de deudas e inhabilitaciones, y sobre medidas para aumentar la eficiencia de los procedimientos de reestructuración, insolvencia y exoneración de deudas, y por la que se modifica la Directiva (UE) 2017/1132
LAU	Ley 29/1994, de 24 de noviembre, de Arrendamientos Urbanos
LEC	Ley 1/2000, de 7 de enero, de Enjuiciamiento Civil
Ley 16/2022	Ley 16/2022, de 5 de septiembre, de reforma del texto refundido de la Ley Concursal, aprobado por el Real Decreto Legislativo 1/2020, de 5 de mayo, para la transposición de la Directiva (UE) 2019/1023 del Parlamento Europeo y del Consejo, de 20 de junio de 2019, sobre marcos de reestructuración preventiva, exoneración de deudas e inhabilitaciones, y sobre medidas para aumentar la eficiencia de los procedimientos de reestructuración, insolvencia y exoneración de deudas, y por la que se modifica la Directiva (UE) 2017/1132 del Parlamento Europeo y del Consejo, sobre determinados aspectos del Derecho de sociedades

LC	Real Decreto Legislativo 1/2020, de 5 de mayo, por el que se aprueba el texto refundido de la Ley Concursal
LGUM	Ley 20/2013, de 9 de diciembre, de garantía de la unidad de mercado
LH	Decreto de 8 de febrero de 1946 por el que se aprueba la nueva redacción oficial de la Ley Hipotecaria
LN	Ley del Notariado de 28 de mayo de 1862
LPH	Ley 49/2960, de 21 de julio, sobre propiedad horizontal
LSC	Real Decreto Legislativo 1/2010, de 2 de julio, por el que se aprueba el texto refundido de la Ley de Sociedades de Capital
LTA	Ley 13/2011, de 23 de diciembre, del Turismo de Andalucía
LTB	Ley 8/2012, de 19 de julio, del Turismo de las Illes Balears
LTC	Ley 2/2013, de 29 de mayo, de renovación y modernización turística de Canarias
LTG	Ley 7/2011, de 27 de octubre, del Turismo de Galicia
LTM	Ley 1/1999, de 12 de marzo, de Ordenación del Comunidad de Madrid
LTPV	Ley 13/2016, de 28 de julio, de Turismo del País Vasco
LTV	Ley 15/2018, de 7 de junio, de turismo, ocio y hospitalidad de la Comunitat Valenciana
RH	Decreto de 14 de febrero de 1947 por el que se aprueba el Reglamento Hipotecario
RRM	Real Decreto 1784/1996, de 19 de julio, por el que se aprueba el Reglamento del Registro Mercantil
TJUE	Tribunal de Justicia de la Unión Europea
TRLGDCU	Real Decreto Legislativo 1/2007, de 16 de noviembre, por el que se aprueba el texto refundido de la Ley General para la Defensa de los Consumidores y Usuarios y otras leyes complementarias
TS	Tribunal Supremo
TSJ	Tribunal Superior de Justicia

Prólogo

JUAN IGNACIO PEINADO GRACIA
Catedrático de Derecho mercantil
Universidad de Málaga

"El Código de comercio no regula todas las instituciones comerciales, porque nuevas formas nacen y se desarrollan de continuo por la afanosa vida de los negocios. Hay muchos contratos de banca y de Bolsa, muchas especies de ventas, muchos negocios marítimos que el legislador no ha regulado, ya porque no tenían líneas uniformes en todo el país, ya porque no eran bastante seguros o importantes; y esta parte del derecho que el legislador abandonó a la fuerza de la costumbre, se va extendiendo cada vez más conforme nos alejamos del tiempo en que se promulgó el código, porque éste permanece fijo mientras que el derecho se mueve"[1].

I

Los que tenemos una cierta edad crecimos con las palabras de admonición, dichas por nuestros maestros, de Cesare Vivante que nos llamaba al método de la observación que entonces y hoy nos separan del pandectista vicio de acudir a la norma para conocer la realidad (discúlpeseme la *boutade*). Había que acudir a bancos y bolsas, a casas de comercio....había que acudir a la realidad para aprender el Derecho.

---

1 VIVANTE, C., *Derecho mercantil*, citamos por la traducción y notas (muy ricas notas) de Francisco Blanco Constans, Madrid, Editorial La España Moderna, 1913, pág. 33.

Esta referencia al profesor hijo de Serenissima[2], que podría pasar por una simple concesión viejuna, obedece en realidad a dos razones pertinentes en lo que aquí nos convoca. De una parte, el objeto sobre el que trata esta obra, el condohotel, vive al margen de la norma, es atípico[3] si a las leyes nos referimos, pero ha tenido un rápido crecimiento en nuestro país y se hace acreedor de los mejores esfuerzos de comprensión, análisis y exposición[4].

De otra, este trabajo, como la mayoría de los trabajos de la Drª Otero Cobos, responde al método de la observancia de la realidad jurídica. Y es que si algo caracteriza a la autora es que huye de instituciones que no conozca tanto a través de su estudio como del contacto con la práctica real. Así que el trabajo empieza para ella siempre por acudir a los contratos, a los pactos sociales, a las tomas de decisión estratégica empresarial, a los planes de negocio, a las opciones de inversión, para desde ahí aplicar el

---

2 Vivante era no sólo hijo de Venecia, sino de familia de comerciantes lo que le hizo tener un temprano contacto con la realidad vívida mercantil.

3 En la obra prologada y en muy menor medida en este prólogo veremos las carencias normativas que la institución presenta. Sin embargo hay que reconocer que el contrato no es innominado y su atipicidad convive con el tratamiento que le han dado algunas normas turísticas autonómicas desde 2011, como: Andalucía, Baleares, Canarias, Comunidad Valenciana, Cataluña, Extremadura, Murcia o País Vasco. Aunque algo fuera de nuestro circuitos y no actualizado, es de utilidad el análisis que hizo ROMÁN MÁRQUEZ, A., "La propiedad plural de los establecimientos de alojamiento turístico: la figura del condo-hotel en la legislación autonómica", en *Pasos, Revista de Turismo y Patrimonio cultural*, 2018, Vol.16 (4), pp.1005-1022.

4 No es este lugar para extenderse porque en la bibliografía del libro hay cumplida noticia, pero siendo esta nueva obra muy necesaria, no faltan importantes trabajos sobre la figura. Especial reconocimiento merecen los trabajos de la Drª. Inmaculada González Cabrera, el Dr. Munar Bernat, y de la Drª Cristina López Sánchez con una interesante monografía aunque con un plateamiento que difiere bastante de la que ahora prologamos.

conocimiento jurídico. Y esta monografía es pleno ejemplo de esto. El lector tiene el trabajo académico que se alza sobre un conocimiento profundo de la realidad y con haber protagonizado la autora, algunos informes en conflictos recientes en el sector.

II

La autora, antes discípula y hoy compañera, está acreditada hace demasiados años a la condición de contratada doctora y se desempeña en la Universidad de Málaga, área de Derecho mercantil. Allí me honro en ser el catedrático. Y allí hemos ido haciendo un pequeño taller de Derecho mercantil donde tras el Derecho de sociedades, se trabaja en otras materias como el Derecho turístico, el Derecho de la competencia, los mercados financieros o la Propiedad intelectual.

III

El trabajo que tienen en sus manos es el resultado del estudio, el esfuerzo y la constancia que ha llevado a cabo la autora para reunir en una monografía varias materias de notable relevancia en el mercado. Fiel a su trayectoria académica y profesional, la autora ha elegido una materia carente de un adecuado tratamiento jurídico que se está implantando con notable fuerza en los últimos años en el mercado del hospedaje en el mercado nacional e internacional. Nos referimos al negocio del condohotel.

Esta figura, que tiene su razón de ser en el mercado turístico, ha adquirido protagonismo recientemente al convertirse en un producto de inversión que ha permitido cubrir una demanda existente en el mercado turístico: la de aquel conjunto de empresarios o particulares que desean adquirir la propiedad de una habitación o apartamento entrando a formar parte del *pool* de explotación de un establecimiento hotelero. Como se puede ver en esta monografía hay una propiedad individual y completa pero afectada (de manera real u obligacional, ya se verá) a una explotación por tercero, de forma conjunta con otras, constituyendo el conjunto, en unión de otros servicios, una explotación hotelera. El condohotel es pues una empresa de cuya naturaleza asociativa o no se discute en esta obra, una empresa creada por un haz de contratos de distinta tipología y una común naturaleza mercantil[5].

IV

Esta actividad, que tiene sus origenes en Estados Unidos, se ha ido implantando paulatinamente en otros destinos atraída por la bonanza económica y por el interés de cada vez un mayor número de inversores.

La autora ha manejado, además, los principales informes sobre la industria existentes. Tras el cierre de la obra se ha publicado algún otro, como el Informe Colliers[6] que tiene interés al menos por la cercanía temporal y porque viene a ratificar algunas de las afirmaciones de la autora. En estos informes puede el lector novel hacerse una idea de cómo de pujante es este nuevo sector. Y también del perfil de clientela al que nos referimos. Sin entrar en más detalles, el nombre de los grandes operadores del sector nos dan una idea cabal del perfil de cliente: Marriott, Accor o Four Seasons, son ejemplos de

---

5 Como veremos en seguida el crecimiento del condohotel ha venido de la mano del crecimiento económico del negocio del lujo hotelero e inmobiliario. Pero es una figura que, desde el condominio, se conoce y estudia hace décadas. Véase, MANHEIM, U., "Condohotels - promise versus performance", en *Real estate review,* 1977, núm. 10, Vol.7 (3), p.23.

6 COLLIERS, Informe *Branded Residences Insights,* España 2023, disponible en: https://infocolliers.com/research/2023/Colliers-Branded-Residences-Insights-ES.pdf

empresas que participan en este mercado. Además, marcas de lujo, como Armani, Karl Lagerfeld, Fendi, Bulgari o Porsche Design, Lamborghini o Bentley, entre otras.

En general, este producto de inversión va dirigido a un segmento muy específico, aquel que dispone de una renta elevada[7]. La mayoría de establecimientos constituidos en régimen de condohotel pertenecen a la categoría de 5 estrellas y 5 estrellas Gran Lujo, aunque esta característica no impide que este régimen se pueda implantar en establecimientos con categoría inferior.

V

Las anteriores afirmaciones son especialmente relevantes en el caso español por diversos motivos que favorecen el crecimiento del condohotel. En primer término, el mercado inmobiliario de lujo ha crecido un 45% respecto del año 2022, con más de 1.000 operaciones por encima de los 2 millones de euros. A su vez, ha habido también un muy notable crecimiento de la inversión extranjera en el inmobiliario español[8].

Lo anterior también coincide con un incremento de las rentas más altas en nuestro país. En parte por el crecimiento ordinario del país (pese a todo) y además con la incorporación

---

7 El target de este producto es el de los llamados HNWIs (personas de alto patrimonio) concepto difuso en el que englobaríamos a las personas cuyo patrimonio, excluida su vivienda principal, supera el millón $US. Y este segmento, como el llamado UHNWIs (personas con patrimonio ultra alto) entendiendo por tales los que, excluyendo su domicilio principal tienen un patrimonio superior a los treinta millones $US, crece de manera importante desde 2008. De interés resulta el Informe de Capgemini *World Wealth Report* 2023. https://prod.ucwe.capgemini.com/wp-content/uploads/2023/05/WWR-2023_web.pdf

8 Véase el *Informe de BEKA* en https://www.bekafinance.com/noticia/lujo-encuentra-hogar-branded-residences-espana

a nuestro país de personas, tanto jurídicas como físicas, procedentes de otros mercados.

La evolución pasada y previsible de los altos y ultra altos patrimonios en nuestro país puede verse en el siguiente cuadro:

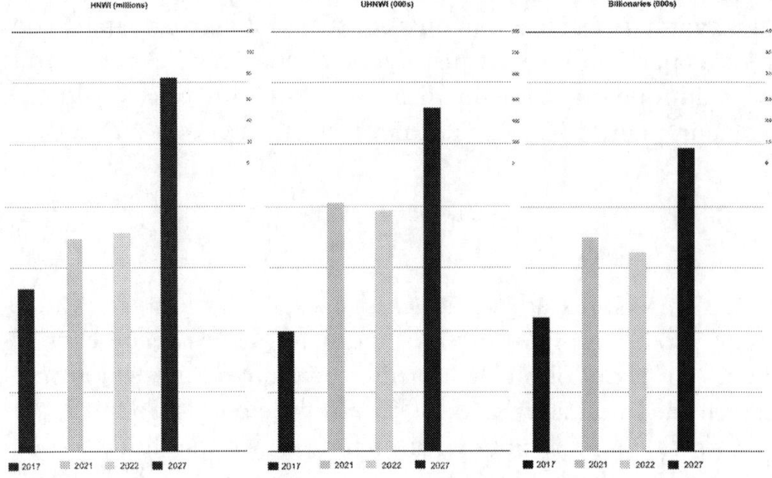

Fuente: Beka Finance sobre datos de Frank Knight[9]

VI

Los datos económicos anteriores han supuesto un incremento igualmente del mercado de la exclusividad, también en España[10]. Han aparecido en su seno otros modelos de negocio

---

[9] De interés el informe de la consultora Inmobiliaria Frank Knght The Wealth Report 2023, en https://content.knightfrank.com/resources/knightfrank.com/wealthreport/the-wealth-report-2023.pdf El informe de 2023 se cierra con datos de 2022. Cuando esto se escribe faltan seis días para que se presente el informe de 2024.

[10] Véase CABALLÉ FABRA, G., “Buying a hotel room in Spain: the “condohotels””, en *International journal of law in the built environment,*

que no solo poseen un fin turístico, sino que combinan la explotación turística con la residencial. En estos casos, el inversor puede residir en el inmueble adquirido durante determinados periodos al año o todo el año y disfrutar de los servicios hoteleros[11]. El tiempo que no utilice su estancia podrá cederla a la entidad explotadora para que la oferte a terceros. Este último producto turístico, conocido como *branded residences,* y que nace en muchos casos gracias a las colaboraciones que se formalizan entre marcas posicionadas en otros sectores de lujo como la automoción, la moda o la alta joyería, es un ejemplo más de la importancia que está adquiriendo el negocio de los condohoteles.

Los particulares, tradicionalmente, en el mercado turístico han asumido el rol de consumidores. En cambio, hoy en día, con las mutaciones que están experimentando los operadores turísticos, la necesidad de reconvertir la planta hotelera y el rediseño de los productos que se ofertan fruto de la aparición de nuevos competidores, especialmente en el campo del alojamiento, los particulares han pasado a convertirse también en prestadores de servicios turísticos.

VII

Esta obra trata de analizar estas cuestiones. Aunque debemos destacar que no se trata de un trabajo exclusivamente dedicado al Derecho del turismo, sino que en el mismo se abor-

---

2018-10, Vol.10 (3), p.172-186. El trabajo de Caballé es útil pues destaca las dificultades legales en España, esencialmente de la Comunidades autónomas, que se convierten en barrera de entrada o, al menos, dificultad, para el desarrollo de este modelo de negocio.

11 En el ámbito anglosajón se habla de *"winters"*, esto es, jubilados que tienen una segunda residencia remunerada bajo la forma del condohotel. Véase, GREENE, J. "Thinking for buying a condo hotel: here are 20 things you need to know", 6 de Agosto de 2006. ezinearticles.com

dan dos ramas fundamentales del Derecho mercantil como son el Derecho de sociedades y el Derecho concursal. Profundizar en estas materias ha enriquecido la monografía y se convierten en materias esenciales para poder analizar un negocio desde todas sus vertientes. Este es un factor definitorio de esta obra. Algunos de los tratamientos recientes más extensos de la figura se centran y limitan en el análisis contractual de la operación. Desde ahí, a modo de martillo de Maslow, es fácil acabar haciendo un análisis pro consumidor que, siempre interesante, no deja de quedarse en un aspecto muy adjetivo del tema. Esta figura mercantil, el condohotel, por supuesto que usa vínculos contractuales entre promotor, explotador, propietario y prestadores de servicios, pero ese haz, como hemos apuntado antes, carece de sentido de forma aislada. Debemos, y así se hace en esta obra, llevarlo a la industrial, al modelo de negocio e inversión. Ese es el tema y el planteamiento en esta obra. Y una vez que estamos en sede de empresa veamos la naturaleza de tales vínculos, las consecuencias registrales, la naturaleza asociativa y, por qué no, las consecuencias de la insolvencia en el entramado de derechos y propiedades que se dan cita en la figura.

Este análisis ha permitido realizar un tratamiento jurídico completo del negocio, desde su configuración inicial hasta su extinción, lo que creemos contribuye a que sea de utilidad para los operadores jurídicos, para los estudiosos y la sociedad en su conjunto en un área de conocimiento en el que escasea la especialización.

VIII

La autora se distancia de figuras jurídicas con las que en una primera aproximación al negocio objeto de estudio podría presentar semejanzas, como ocurre con el contrato de aprovechamiento por turnos de bienes de uso turístico con el que mantiene importantes diferencias jurídicas[12]. Por el contrario, sí se aproxima al fenómeno puro de la multipropiedad y a la propia actividad mercantil, con finalidad inversora, que persigue la adquisición de un producto turístico con un fin especulativo, convirtiéndose en residual el disfrute del bien por su titular.

El origen del condohotel lo encontramos en la copropiedad o condominio. Si bien el negocio acuña el nombre como resultado de la combinación de condominio y hotel, en la práctica no existe una copropiedad como tal. Es decir, no nos encontramos ante la titularidad compartida de un bien, sino que nos hallamos ante varias propiedades que son titularidad de diversos propietarios. Existe una división de la cosa que es el inmueble y la propiedad de cada parte en que se ha dividido la ha adquirido una o varias personas. La obra que prologamos parte de ese origen, es decir, el inmueble dividido en propiedad horizontal es la base sobre la que con posterioridad se diseñará el negocio del condohotel. Con esta idea la autora organiza el trabajo siguiendo el siguiente esquema.

IX

Comienza el trabajo situándonos sobre el concepto de condohotel y su trascendencia jurídica. Para ello se sirve de la regulación que sobre la materia han promulgado países vecinos como Portugal[13] e Italia[14]. Si bien son dos de los pocos Estados

---

12 En ocasiones ambas figuras se han confundido. Así, puede verse cómo en esta noticia de manera errónea denominan al condohotel como "timesharing evolucionado". https://www.hosteltur.com/161933_las-claves-del-exito-de-las-branded-residences.html

13 Decreto-Lei núm. 128/2014, de 29 de agosto, aprova o regime jurídico da exploração dos estabelecimentos de alojamento local

14 Regolamento recante la definizione delle condizioni di esercizio dei condhotel, nonche' dei criteri e delle modalita' per la rimozione

que han abordado este negocio, ni siquiera en EEUU donde hunde sus raíces el negocio existe un detenido tratamiento jurídico, se trata de regulaciones breves centradas en concretar la información que debe contener el titulo constitutivo y las obligaciones que asumen cada una de las partes contratantes. Destaca, en el caso de Portugal, que no puede combinarse el destino de alojamiento turístico con el residencial y, en cambio, la norma italiana, sí habilita la posibilidad de uso mixto de un mismo inmueble destinado a condohotel.

Como decíamos, el condohotel no encuentra un reconocimiento expreso en el ordenamiento jurídico español, pero podemos elaborar un concepto del mismo. En palabras de la autora, *en el condohotel encontramos un inmueble sometido al régimen de propiedad horizontal cuyas unidades alojativas pertenecen a diversos propietarios y todos ellos las ceden a una única empresa encargada de la gestión del establecimiento a cambio de una contraprestación, pudiendo reservarse el uso de las mismas durante breves periodos al año.*

Lo interesante de este negocio, como así lo pone de manifiesto la autora y, de manera coherente lo convierte en el tema central sobre el que gira el trabajo, es identificar las relaciones económicas y jurídicas que se formalizan y que deben ofrecer respuesta a la concurrencia de intereses que se produce entre los distintos operadores. Estas relaciones deben analizarse desde la base, desde su origen en la configuración del condohotel, hasta momentos posteriores, con la explotación del mismo.

---

del vincolo di destinazione alberghiera in caso di interventi edilizi sugli esercizi alberghieri esistenti e limitatamente alla realizzazione della quota delle unita' abitative a destinazione residenziale, ai sensi dell'articolo 31 del decreto-legge 12 settembre 2014, n. 133, convertito, con modificazioni, dalla legge 11 novembre 2014, n. 164. (18G00036) (GU Serie Generale n.54 del 06-03-2018)

X

El siguiente paso que da la autora es analizar la base del negocio, tal y como hemos comentado. A este fin dedica el Capítulo II. La organización inicial del condohotel debe llevarse a cabo mediante la división horizontal. El recurso al régimen de la propiedad horizontal permite la participación de una pluralidad de propietarios titulares de unidades alojativas o grupos de éstas. Este sistema no dista del de cualquier otro edificio destinado a unidades residenciales. Lo que sí se recomienda, como sugiere la autora, es adaptar algunas cuestiones al propio sistema del condohotel. Es decir, el título constitutivo debe contener un grupo de cláusulas que de manera expresa fijen el uso y el destino del establecimiento y de las fincas en las que se divide, así como la obligación de ceder cada una de las unidades alojativas a la entidad explotadora del inmueble. Es evidente que este hecho va a limitar el derecho de propiedad que ostenta cada titular.

Las dificultades para disponer del bien se han interpretado, en ocasiones, como una violación del derecho de propiedad o atentatorio contra la libertad de empresa postulada y del siempre amenazado principio de unidad de mercado, desarrollado por la Ley de 20/2013, de 9 de diciembre, de garantía de la unidad de mercado, sobre todo, cuando esas limitaciones vienen impuestas por la normativa autonómica.

A pesar de que la ausencia de regulación del condohotel propicia que los operadores que participan dispongan de libertad para fijar las obligaciones que deben asumir, al tratarse de un servicio turístico, no podemos obviar las normas de carácter administrativo que influyen decididamente en la configuración del condohotel. Aunque se trata de normas que buscan la ordenación administrativa del mercado, la mayoría de Comunidades autónomas en sus respectivas Leyes de Turismo imponen una serie de obligaciones a los establecimientos gestionados en la modalidad de condohotel o propiedad horizontal[15].

Entre otras limitaciones de esta ordenación administrativa destaca el sometimiento del condohotel al principio de unidad de explotación. Se trata de un principio cuya legalidad está siendo razonablemente cuestionada en la actualidad. El debate ha surgido dada la proliferación de viviendas de uso turístico ubicadas en un mismo edificio y gestionadas por distintas personas. Se plantea si la aplicación del principio en estos casos, como decíamos, es contraria a la CE. Sin entrar a valorar la oportunidad de su eliminación, lo cierto es que en el ámbito hotelero su aplicación puede ser necesaria, ofrece seguridad jurídica y garantiza que no se desvirtúe el establecimiento hotelero tal y como nació y se explota. Como apreciará el lector, la autora es favorable a tal principio desde la perspectiva de la idoneidad para el negocio mientras que quien modestamente prologa recibe con suspicacia toda limitación al derecho de propiedad[16] sin que se haga una exhaustiva demostración de que sea imprescindible por un interés de mayor protección[17].

A pesar de que se trata de un principio impuesto por la normativa administrativa, las partes, como hemos apuntado con el título constitutivo, también buscan comprometerse a que exista una gestión unitaria. Eso sí, dadas las implicaciones administrativas, lo que habrá que tener en cuenta es que, si alguna de las partes quiere dar un uso distinto a su inmueble, además de una posible responsabilidad contractual, se enfrenta a sanciones de índole administrativa por violación del principio de unidad de explotación.

---

15 Vid. S*upra* nota 3.

16 No sin razón, ROMÁN, *op. cit.*, pág. 1009, señalaba que la propiedad podía llegar a ser irrelevante.

17 Observamos con preocupación como proliferan los límites a la propiedad en el ámbito afín de la regulación de las viviendas turísticas.

XI

Siguiendo con la división horizontal, además del título constitutivo, existen otros documentos que contienen las reglas de funcionamiento del inmueble. Nos referimos a los estatutos y al Reglamento de Régimen Interior.

El primer documento, a pesar de tener carácter voluntario, es de suma importancia para la creación del condohotel, pues permite prevenir conflictos futuros, sobre todo aquellos encaminados a la adopción de decisiones relativas al sometimiento a explotación hotelera del inmueble en su conjunto. En este punto recordemos que es recomendable incluir la prohibición de dedicar las fincas a un uso distinto al previsto, el respeto de la unidad de explotación o establecer el régimen de uso de las zonas comunes. Deberán designarse los órganos encargados de dirigir y gestionar la comunidad. Aquí es importante que se tenga en cuenta que las competencias de estos órganos recaen en exclusiva sobre la comunidad no sobre la explotación en sí misma, salvo que la comunidad sea la entidad explotadora. Con frecuencia, esta distinción no suele estar del todo clara y suele generar conflictos.

XII

La autora dedica el Capítulo III al análisis de las distintas alternativas que permiten la configuración jurídica del condohotel. Identifica dos posibles que a su juicio son las que mejor pueden responder a las necesidades del negocio[18]. Una de

---

18 Se opte por la fórmula que se opte, la propia constitución y formalización del condohotel es problemática. La dispersión normativa propia de considerar que la normativa, bajo la excusa turística, puede ser diferente en cada Comunidad autónoma, opera como causa de incertidumbre y ausencia de soluciones comunes.

ellas es la configuración del régimen de condohotel a través de una sociedad de capital y la otra coincide con la propiedad horizontal en sentido estricto. Existe una tercera posibilidad que fusiona ambas, nos referimos a la comunidad de explotación. En la práctica, y de manera aislada, la autora que como indicamos al inicio escribe muy cercana al mercado, ha conocido establecimientos cuyo régimen responde a esta figura, pero dada su proximidad a la sociedad de capital y muchas veces confusión con la misma, como se afirma en el trabajo, resulta más conveniente centrarse en las oportunidades que nos ofrece el recurso a este tipo de compañías.

XIII

Centrándonos en la constitución de una sociedad de capital, esta alternativa, enunciada en muchas ocasiones pero no tratada por la doctrina, ofrece importantes ventajas para la configuración del condohotel. Para conocer la viabilidad de acudir al contrato de sociedad se realiza en la obra un oportuno análisis de la articulación de las relaciones del socio-propietario de unidades alojativas con la sociedad que será responsable de la explotación hotelera. Fruto de este análisis, se examinan distintas alternativas a tener en cuenta, encaminadas todas ellas a articular jurídicamente la cesión de la unidad alojativa a la sociedad. En este sentido, recordemos que el Derecho de sociedades permite llevar a cabo la cesión del uso de un bien en el momento originario de la fundación o en un momento sucesivo, a través de las aportaciones sociales o bien a través de la constitución de prestaciones accesorias.

Otra posibilidad, en el marco de la libertad estatutaria, es que el socio asuma el compromiso de que la transmisión de sus acciones o participaciones conlleve al mismo tiempo y de manera automática la transmisión al nuevo titular de la unidad alojativa[19]. Estas alternativas son estudiadas de manera exhaustiva por la autora, desgranando las características que posee cada una de ellas, los presupuestos que deben darse para que tengan lugar y las ventajas e inconvenientes que plantearían en el seno del condohotel. Entre las desventajas o situaciones conflictivas que puede generar la aportación del uso de una unidad alojativa o la prestación accesoria destaca la transmisión de la unidad alojativa y el mantenimiento de la sociedad en el uso de la misma. Si bien se trata de un problema perenne que pesa sobre este tipo de negocio y al que se alude en reiteradas ocasiones a lo largo de la obra, según la modalidad que hayamos elegido podrán adoptarse algunas medidas para prevenir llegar a esta situación o soluciones que puedan implementarse. Una de las soluciones consiste en acudir al régimen de responsabilidad solidario (arts. 73 y 77 LSC). La autora realiza una interpretación amplia de este régimen, aplicándolo no solo en el momento de la entrega de la aportación, sino en cualquier momento posterior que pueda incidir sobre la realidad de la aportación.

XIV

En los supuestos de prestaciones accesorias como mecanismos de "abroche" de ambas titularidades, la transmisión del bien supone un incumplimiento de la prestación accesoria por lo que operarán las cláusulas penales que, en su caso, se hayan pactado. Es menester, a juicio de la autora, que la penalidad sea suficientemente coercitiva. Problema similar plantea la transmisión de las acciones y participaciones que llevan apa-

---

19 El lector apreciará cómo nos aproximamos a la problemática jurídica derivada en otros ámbitos de la coexistencia de una sociedad titular de un bien, y otra entidad, con los mismos socios, explotadora de, por ejemplo, una piscina, un campo de golf, etc (*membership*) y la necesaria transmisión conjunta de ambas condiciones.

rejada la prestación accesoria. La LSC impone un régimen de autorización previa por parte de la sociedad. Cuando la sociedad se oponga a dicha transmisión y siempre que esa oposición no esté justificada y sea abusiva, tal y como estudia la autora basándose en la jurisprudencia y en la doctrina más reciente, cabe la impugnación de ese acuerdo negativo.

XV

Tras el estudio de la configuración del condohotel como sociedad de capital, se analiza la segunda alternativa referida al régimen del condohotel en sentido estricto (Capítulo IV). Con esta alternativa el régimen se mantiene invariable desde la división horizontal y adquieren mayor protagonismo los órganos de la comunidad así como los propietarios. En este punto y con el fin de aproximarse a este análisis, el trabajo se estructura siguiendo un esquema lógico que parte en primer lugar de la identificación de los sujetos que participan en la creación y explotación del condohotel. No olvidemos que en este caso estamos ante una comunidad de bienes sin personalidad jurídica.

Cuando no media la creación de una sociedad es importante que conozcamos quien es el promotor del inmueble y quiénes son sus propietarios. En cuanto a los propietarios habrá que discernir si merecen la calificación de inversores o de consumidores y, por tanto, rige una normativa especialmente protectora. Aunque la mayoría de normas autonómicas lo califican de forma acrítica como consumidor, se ha considerado que lo correcto es analizar en cada caso quien es el adquirente de la unidad alojativa y con qué intención actúa. Lo que sí se ha destacado, con independencia de la calificación que merezca el adquirente, es la obligación que debe recaer sobre el promotor o vendedor de ofrecer una información completa y adecuada sobre el producto que se compra. El adquirente debe ser consciente de que está realizando una inversión en una o varias unidades alojativas pertenecientes a un establecimiento hotelero destinadas exclusivamente a la explotación turística de un tercero. En este punto se ha destacado que esta obligación informativa debe respetarse no solo en la primera adquisición sino también en las sucesivas. Esta última cuestión hay que destacarla dado que las normas autonómicas imponen estos deberes solo en la primera adquisición.

XVI

En segundo término, tras la identificación de los sujetos que participan es menester conocer las relaciones jurídicas que se derivan del régimen de condohotel. La doctrina ha considerado que en esta relación existe un único contrato que ha denominado "contrato de condohotel", y se ha calificado como un negocio atípico que combina el contrato de compraventa con el de cesión de la unidad alojativa. En opinión de la autora, que compartimos, nos encontramos ante un contrato complejo resultado de la unión de dos contratos. Además, se trata de un contrato mercantil. Así lo ha afirmado tras considerar, de un lado, que la actividad se lleva a cabo con ánimo de lucro, es decir, con un ánimo especulativo al pretender obtener un rendimiento económico de un bien y, de otro lado, la propia cesión a un tercero para su explotación lleva implícita una actividad empresarial y, por tanto, un acto del comercio sostenido en el tiempo.

XVII

Por último, la autora se centra en analizar el contenido y la naturaleza del contrato de cesión de la unidad alojativa. Tras haber tenido acceso a la documentación de un gran número de contratos que se celebran en la práctica y haber actuado como asesora jurídica en la negociación de los mismos, ha detectado algunas notas comunes a todos ellos. Al contrario de lo que nos pudiéramos imaginar, se trata de contratos poco complejos, con un programa de obligaciones reducido que nos recuerda, en la mayoría de sus extremos, al contrato de arrendamiento para uso distinto al de vivienda. Las partes suelen denominarlo así y pactan someterse, de manera supletoria, a lo regulado en la Ley de Arrendamientos Urbanos. Como sabemos, no basta la denominación que hayan dado las partes sino que es necesario interpretar y conocer el contenido de los contratos para poder deducir su naturaleza jurídica. En este tipo de contratos en los que prima la libertad contractual no podemos fijar una denominación común para todos, habrá que estar a cada caso concreto.

XVIII

Una cuestión de interés, y con ello pasamos al último aspecto que analiza la autora, es la posibilidad de inscribir el contrato en el Registro de la Propiedad para beneficiarse de los principios que rigen el mismo. Debemos considerar que las normas autonómicas establecen la obligación de que conste registralmente la cesión de la unidad alojativa a la empresa explotadora. Esta obligación, unida a los títulos que en virtud de la Ley Hipotecaria pueden tener acceso al Registro, lleva a la Dra. Otero a concluir que el contrato de cesión que se celebre debe tener la naturaleza de un arrendamiento de cosa, bien en aplicación del Código civil o de la Ley de Arrendamientos Urbanos.

XIX

Una de las situaciones más conflictivas en este tipo de negocio surge, como señalábamos en relación con la configuración del condohotel a través de una sociedad de capital, con ocasión de la enajenación de la unidad alojativa. El nuevo adquirente no siempre se subrogará en la posición del anterior propietario respecto al contrato de cesión. El libro aborda algunos de los debates doctrinales que han tenido lugar sobre cuando la compraventa del bien lleva aparejada la subrogación en el contrato de arrendamiento. Sobre la base de ese estudio la autora ha llegado a la conclusión de que, para garantizar el mantenimiento de la entidad explotadora en el uso pacífico de la unidad alojativa, es necesario incluir algunas previsiones en el contrato. La obligación de inscribir en el Registro el contrato puede ser una de ellas. Sin embargo, la realidad nos demuestra que son muy pocos los contratos de esta índole que se inscriben. Ante estas situaciones, en este trabajo se analiza la posibilidad de romper con el principio de buena fe registral tomando en consideración algunos pronunciamientos doctrinales y jurisprudenciales. La autora defiende que las características del bien junto con la propia explotación que lleva a cabo el cesionario y otros indicios pueden ser indicativos de que ese bien está siendo utilizado por un tercero y ese uso no puede ser ignorado por el nuevo adquirente. En caso contrario, el condohotel sería un negocio abocado al fracaso.

XX

Conocidas las dos alternativas que se utilizan para desarrollar la base del régimen jurídico del condohotel, siguiendo con la motivación de la autora dirigida a analizar las situaciones por las que puede atravesar la propiedad y cesión de la unidad alojativa, se dedica el último capítulo a la crisis y extinción del régimen del condohotel.

En este apartado no se aborda una extinción o alteración de la división de la propiedad horizontal, sino de la configuración elegida cuando la relación entre el propietario, sea socio o no, con la entidad explotadora fracasa.

Continuando con la principal controversia que encontramos en este negocio, el cambio de titularidad del bien, la razón que puede llevar a ese fin es la extinción de la relación jurídica de manera voluntaria o forzosa. En el primer caso, se desplegarán todas las consecuencias jurídicas generales propias del incumplimiento contractual o de la llegada del término pactado. En el segundo caso, la separación forzosa tiene su propio procedimiento de ejecución, judicial o no, que se aplicará también en estos casos.

En ambos supuestos, las consecuencias para la viabilidad del régimen de condohotel son importantes. Resuelta la relación jurídica, la entidad explotadora no puede continuar usando la unidad alojativa, de manera que lo más probable es que permanezca cerrada. Este hecho también supone unos costes para la entidad, tanto económicos como de imagen, su oferta de plazas turísticas se ve reducida e, incluso, se enfrenta a una posible sanción administrativa por no encontrarse la totalidad del complejo en explotación. Cuando se produce un cambio en la titularidad del bien, si la enajenación forzosa tiene éxito, surge de nuevo el problema del reconocimiento de la existencia del contrato y la subrogación en el mismo. En estos casos, como se ha señalado, el mantenimiento dependerá de si se ha inscrito con anterioridad o posterioridad a la inscripción hipotecaria. En caso de no inscripción, los arrendatarios y ocupantes deberán informar sobre la legitimidad de su situación y el juez resolverá sobre dicha situación posesoria. En este extremo la autora, tras analizar la práctica de los tribunales, evidencia que existe cierto desconocimiento sobre la figura que se estudia. En muchos casos la solución por la que opta el órgano jurisdiccional es el lanzamiento de los ocupantes a pesar de poseer justo título. Esta situación genera unas consecuencias muy perjudiciales para la continuidad del negocio. Lo adecuado sería adoptar una decisión que respete y aúne los intereses de las partes.

Otra de las crisis a la que se enfrenta un empresario es la situación de insolvencia. La obra de la Dr[a] Otero estaría incompleto si no se abordasen las particularidades que presenta el condohotel en el seno de un procedimiento concursal. Dado que son varios los empresarios participantes, este análisis se lleva a cabo desde un doble enfoque. De un lado, se estudian las situaciones de insolvencia del propietario de la unidad alojativa y, de otro lado, lo concerniente con la sociedad explotadora del condohotel. Uno y otro procedimiento se toman en consideración teniendo en cuenta las fases preconcursal y concursal.

Siguiendo el trabajo de la autora, las claves del procedimiento para garantizar la continuidad empresarial pasan por la vigencia del contrato de cesión. Con la oportuna adaptación a los últimos cambios legislativos, el concurso de la entidad explotadora es el que afecta en mayor medida a la explotación del condohotel. Destacan, entre otras cuestiones, la consideración del contrato de cesión como necesario para la continuidad de la actividad empresarial y, por tanto, la imposibilidad de resolverlo por algún incumplimiento anterior a la comunicación del inicio de negociaciones con sus acreedores.

Ya en la etapa concursal, la autora trae a su trabajo el debate sobre la posibilidad de resolver el contrato teniendo en cuenta la interpretación y adaptación de la normativa sobre vigencia de los contratos de la Ley Concursal. Esta es una materia que en sede de Derecho de la insolvencia se ha abordado muchas veces. En la obra, frente a las distintas soluciones del concurso, convenio y liquidación, que también son referidas por la autora, se presta especial atención a la concepción del conjunto de contratos como unidad productiva y, por tanto, su posible enajenación conjunta. La autora concluye afirmando que no hay inconveniente para la transmisión del condohotel concebido como unidad productiva formada por contratos. En este punto habrá que tomar en consideración el momento en el que se lleve a cabo dicha transmisión y las consecuencias de la misma. Es decir, una transmisión realizada en la fase común propicia que el adquirente se subrogue de manera automática en todos los contratos sin necesidad de consentimiento. En cambio, la transmisión ejecutada en el marco de un plan de reestructuración deberá respetar las normas comunes y, por tanto, será preceptivo el consentimiento de la contraparte en virtud del art. 1205 Cc. Por último, el procedimiento de venta de la unidad productiva se encuentra sometido a las normas concursales así como a las formalidades y trámites administrativos oportunos.

XXI

Concluimos ya este breve prólogo. Si ha quedado reseñado con detalle y minucia el contenido de la obra, dedicamos ya estas últimas palabras a elogiar el trabajo y recomendar su uso (y disfrute). Todo lector de obras jurídicas recuerda las veces que ha acudido a una monografía o artículo en la esperanza de encontrar luz sobre sus problemas y sólo ha encontrado un ejercicio erudito y estéril. En ocasiones incluso (y cada vez con mayor entusiasmo anecalizable), encontramos trabajos que no son más que un zapateado sobre exposiciones de motivos, y parafraseos del texto legal. No es el caso. En la obra de la Dra[a] Otero Cobos hay, claro está, la erudición de una académica que ha focalizado en el condohotel su esfuerzo investigador, pero también una mente práctica, forjada en los problemas reales, que aporta una solución, su solución, a las cuestiones y conflictos con los que ha convivido.

...

Se terminó este breve prólogo en El Limonar (Málaga), el primero de marzo del año dos mil veinticuatro, festividad, para los católicos y para la iglesia oriental, de Santa Eudoxia o Eudocia. Eudoxia de Samaría[20], como la Dolores de Bretón, era una chica muy guapa y amiga de hacer favores. De hecho,

---

20 Eudoxia ha sido reproducido en infinidad de iconos ortodoxos. En el siglo XVI era una figura habitual.

nacida en Samaría, se trasladó a Heliópolis según el santoral, para poder acometer con más libertad sus licencias. Edudoxia era bella, graciosa, elegante, de "genio alegre y festivo", virtudes todas ellas concedidas por el Señor, como siempre, para el bien o para el mal. Y Eudoxia comenzó por el mal, puesto que tales caracteres coadyuvaron a su floreciente negocio de puta. Era el siglo II. Pero Dios siempre espera amoroso, y en esta ocasión en la figura de Germanos, su santo vecino. Éste cantaba por las noches estrofas dedicadas al Juicio Final y la condenación de las almas. Germanos debía hacer un apostolado como siglos después hacía Gila ("aquí alguien se va a condenar, yo no quiero señalar..."). En palabras del santoral *"Vivía Eudoxia entregada a los más escandalosos desórdenes, cuando el Señor vino a buscar esta oveja perdida, y quiso descubrir a aquella segunda samaritana las aguas de la gracia*[21]*"*. Y es que en una ocasión Eudoxia le preguntó a Germanos si creía él que con la vida que llevaba podía tener salvación. Germanos no se quitó de en medio, sino que la orientó e indicó que mejor se lo preguntara a Dios. Así le recomendó que se encerrara en su dormitorio (el de ella) y pasara diez días en oración, preguntándole directamente a Dios[22]. La conversión se produjo radical. Eudoxia dio sus riquezas (que no eran pocas por la pericia con la que había ejercido su oficio) y se entregó a una vida de virtud. Se retiró al desierto y repartía su vida entre evitar las tentaciones con las que el maligno pretendía enjuagar su derrota, y la realización de milagros[23]. Trajano, que tanto hizo por promover santos (pues mandó matar a miles de cristianos),

---

21 *La leyenda de oro. Vida de todos los santos que venera la Iglesia,* Barcelona, Sociedad editorial La Maravilla, 1865, tomo I, pág. 409. Mayor interés en este punto la obra de DAVILA, T. (OSA) *Vida, y passion de la Santa Mantyr Eudocia . : sacada de sus antiquissimas Actas,* Publicado por Pedro Joseph Alonso y Padilla, Madrid,, 1736.

22 El santoral ortodoxo señala que no era vecino sino que iba en peregrinaje, se instaló en la casa de Eudoxia y ésta se encerró en su cuarto (el de ella).

23 Paradigmático es el episodio de Filóstrato. Éste, un antiguo amante se presentó ante ella e intentó forzarla a todo. Incluso a que volviera a su antiguo oficio (a saber que tipo de proxeneta era este Filóstrato). Pero ella gritó de tal forma que él murió. Preocupada Eudoxia de ser acusada de asesinato, rezó y Filóstrato resucitó, pidió perdón

se fijó también en Eudoxia, pero no con los ojos del vicio común, sino con los del peor vicio, el odio. Y temiendo que este nuevo martirio volviera los territorios de la Gran Siria en su contra, mandó en secreto a quienes degollaron en una noche, la del primero de marzo del año 107, a la Santa samaritana.

Oración a Santa Eudoxia:

"Oh Eudoxia, cuando temiste piadosamente tu corazón,
abandonaste la gloria del mundo,
Y te apresuraste a Dios la Palabra. Tomaste su yugo sobre tu carne
y derramaste tu sangre en un combate que superó tu naturaleza.
Oh glorioso mártir, ruega a Cristo nuestro Dios que nos conceda
su gran misericordia".

---

y se convirtió. Otras fuentes señalan que la conversión de Filóstrato fue temporal, y que no le fue ajeno el asesinato de la santa.

Introducción

Los cambios que ha experimentado el sector turístico en las últimas décadas y de manera más intensa tras las pasadas crisis económicas han apresurado a los operadores a adaptarse a las nuevas circunstancias y necesidades del mercado, evitando así ser expulsados del mismo. En especial, estos cambios se han puesto de manifiesto en el campo del alojamiento turístico. En este sentido, en los últimos años ha irrumpido un nuevo modelo de alojamiento entre particulares fruto del uso masivo de las tecnologías de la información y el incentivo de la desintermediación. Nos referimos a las viviendas con fines turísticos. La realidad es que este producto de alojamiento turístico ha captado gran parte de la demanda existente en las principales ciudades del mundo[1] ofreciendo un servicio de alojamiento más económico que el tradicional y, en muchos casos, de similares características[2]. Frente a este abaratamiento de los servicios de alojamiento, sin ser momento de entrar en las implicaciones que posee en términos de planeamiento urbanístico y en el mercado de la vivienda, ni en la posible violación de normas en relación

1 En el caso de España, según datos consultados en el INE y publicados para el mes de febrero de 2023 existen cerca de 300.000 viviendas inscritas como viviendas con fines turísticos que cuentan con 1.545.368 plazas. Por su parte, España dispone de alrededor de 5.400 establecimientos hoteleros que ofrecen aproximadamente 755.000 plazas.

2 El posicionamiento que han alcanzado debe su origen, además de a la proliferación de plataformas *peer-to-peer,* a los procesos de mercantilización de las viviendas que se iniciaron tras la crisis inmobiliaria de 2008. *Vid.* AALBERS, M.B., *The Financialization of Housing: A Political Economy Approach,* Routledge, London, 2016.

con otros operadores del mercado[3], nos encontramos, en el lado opuesto, con el surgimiento de otro tipo de productos turísticos dirigidos a un público con un poder adquisitivo medio-alto y que no persigue en exclusiva una finalidad vacacional.

Los últimos años han traído consigo dos situaciones relevantes que han afectado al mercado turístico. De un lado, entre los efectos producidos por la pandemia provocada por la COVID-19 destaca el incremento de la demanda de segundas residencias. En general, el interés se centra en adquirir inmuebles ubicados en zonas que se encuentran bien comunicadas, con fácil acceso a los medios de transporte, próximas a la costa y sitas en lugares que disponen de un clima confortable. De otro lado, los principales empresarios hoteleros se encuentran ante el desafío de diversificar su planta hotelera, reconvertir establecimientos en otros modelos más rentables y buscar vías alternativas que faciliten la captación de financiación. Esta transformación también va ligada a la existencia, cada vez mayor, de diversos agentes interesados en invertir en establecimientos de alojamiento[4].

Las circunstancias descritas, los vaivenes económicos del mercado que acabamos de comentar y el hecho de que exista una clientela cada vez más global, diversa, con necesidades distintas y mutantes, ha propiciado la creación de una modalidad

---

3 Sobre cuestiones regulatorias *vid.* GONZÁLEZ FERNÁNDEZ, MªB., "La realidad de las viviendas privadas de uso turístico. Economía colaborativa o digital. Problemas legislativos", en AA.VV. *New Policies and Practices for European Sharing Cities,* ALVISI, C. *et al.* (eds.), Bologna, Dipartimento di Scienze politiche e sociali, Università di Bologna, 2019, pp. 356-374.

4 Una tercera situación la encontramos en la transformación que viene experimentando el *hospotality* de lujo. Más información sobre esta cuestión la encontramos en la JLL, "The Evolution of Global Luxury Hospitality", *Global Research Hotels & Hospitality,* mayo 2023, disponible en: https://www.us.jll.com/en/trends-and-insights/research/the-evolution-of-global-luxury-hospitality.

de establecimiento que ofrezca un servicio *premium* destinado a un público selecto de un poder adquisitivo elevado[5]. El segmento al que va dirigido la modalidad de establecimiento hotelero que comentamos, con carácter general, no persigue el esparcimiento vacacional como meta sino que este aspecto se convierte en residual en relación con su principal interés: la inversión en un producto turístico, en la mayoría de los casos, de lujo. En ocasiones ese objetivo residual que va dirigido a disfrutar de determinados periodos al año de un alojamiento tiende incluso a desaparecer y la intención pasa a ser puramente inversora. En cambio, existe otra clase de público, como hemos señalado, que busca adquirir una propiedad para uso residencial, sea habitual o de larga temporada, beneficiándose y disfrutando de los servicios hoteleros. Los establecimientos destinados a satisfacer estas necesidades pueden ser muy variados, haciendo depender su constitución exclusivamente de la capacidad creativa del sector productivo. Ahora bien, con la obligación de respetar las posibilidades que ofrece el escenario jurídico-económico en el que se va a desarrollar el negocio.

La figura a la que nos referimos adopta la denominación de condohotel. Vieja conocida del mercado, ha sido un negocio que tradicionalmente han impulsado, e incluso en el que se han especializado, grandes cadenas hoteleras de todo el mundo. El origen de este modelo de negocio lo encontramos a finales de la década de los setenta y principios de los ochenta del siglo pasado en Estados Unidos. De manera rápida ha con-

---

[5] Hasta hace poco tiempo los hoteles de lujo presentaban una rentabilidad baja lo que dificultaba la captación de inversión externa. Muestra de ello es que, a diferencia del sector hotelero en general en los que los inversores institucionales han sido históricamente los más activos, los hoteles de lujo se han considerado una compra motivada más por intereses personales que económicos. JLL, "The Evolution of Global Luxury Hospitality", *op. cit.*, p. 16.

seguido implantarse en otros continentes y en la mayoría de países de nuestro entorno, también en España.

En los últimos años ha cobrado protagonismo[6], ofreciendo nuevas experiencias al viajero. Se han puesto en marcha proyectos inmobiliarios que se vinculan a marcas de reconocido prestigio pertenecientes todas ellas al sector del lujo, pudiendo ser cadenas hoteleras o marcas no hoteleras como firmas de moda o de alta joyería, entre otras[7]. Con carácter general esta asociación de marca se produce en una tipología concreta de condohotel, las conocidas como *branded residences*[8]. Se trata de

---

6 Los proyectos inmobiliarios centrados en la promoción de condohoteles han crecido en la última década hasta un ciento setenta por ciento. Estas iniciativas van de la mano de las principales cadenas hoteleras del mundo, donde destacan Four Seasons Private Residences, The Ritz-Carlton Residences y St. Regis Residences. SAVILLIS, *Branded residences 2022*, 20 de octubre de 2022, disponible en: https://www.savills.com/research_articles/255800/333814-0.

7 A escala internacional destacan firmas como Armani, Porsche, Versace, Bulgari o Roberto Cavalli. *Vid.* SAVILLIS, *Branded residences 2022, op. cit.*

8 Este tipo de establecimiento se caracteriza porque los diseños y arquitectura están muy cuidados, íntimamente ligados a la marca con la que se han asociado. La calidad de las instalaciones y de los materiales es bastante elevada y se benefician de servicios exclusivos. Entre los proyectos inmobiliarios que se han desarrollado en España, aunque la mayoría se sitúa a medio camino entre un proyecto inmobiliario residencial puro y las *branded residences*, destaca los desarrollados en la ciudad de Marbella. Así podemos mencionar el proyecto residencial EPIC Marbella en colaboración con FENDI (https://epicmarbella.com/es/), Elie Saab Villas by Urbania (https://eliesaabvillasmarbella.com/es/) o Design Hills en colaboración con Dolce&Gabbanna. En la ciudad de Madrid, además del proyecto puesto en marcha en la zona de Canalejas con cerca de veinte residencias promovidas por Four Seasons, se prevé la puesta en marcha de otras iniciativas con la colaboración de marcas como Porsche. Podemos encontrar información sobre esta cuestión en "Firmas de moda y servicios de hotel: Persépolis proyecta viviendas

establecimientos hoteleros mixtos, donde conviven unidades de alojamiento destinadas a un uso residencial con unidades que poseen un uso exclusivamente hotelero. Tanto propietarios como huéspedes pueden disfrutar de los servicios hoteleros, disponen de catering, servicio de limpieza, lavandería....

Existe otro tipo de condohoteles que están formados exclusivamente por unidades alojativas que ofrecen servicios hoteleros a terceros. Lo que caracteriza a esta modalidad es que el propietario adquiere la unidad de alojamiento con una finalidad inversora, para obtener una rentabilidad a través de la cesión de la explotación a la empresa gestora del establecimiento. Este último modelo será sobre el que nos centraremos en nuestro trabajo.

Una primera aproximación al concepto nos alerta sobre la complejidad jurídica que alcanza este modelo de negocio. El término acuñado para identificar al establecimiento nos hace, de partida, diferenciarlo de otros establecimientos hoteleros. El prefijo "condo-", procedente de la figura jurídica del condominio, nos anuncia la existencia de un régimen específico de propiedad que reúne a varios propietarios. Se alza esta característica como una de las principales de este tipo de empresa de alojamiento turístico que la diferencia del resto y que adquiere tal protagonismo que forma parte de la denominación. Estas características ponen de manifiesto la relevancia de su estudio y la necesidad de destripar el marco jurídico aplicable.

Para llevar a cabo esta tarea deben tenerse varias cuestiones en cuenta. En primer lugar, deben identificarse los sujetos que participan en el desarrollo y ejecución del negocio, lo que implica tener que nominar las relaciones jurídicas que nacen entre ellos y el contenido y alcance de las mismas. En segundo

---

de ultralujo en Madrid", disponible en: https://cincodias.elpais.com/companias/2023-08-29/el-fondo-persepolis-proyecta-viviendas-de-ultralujo-en-madrid-vinculadas-a-marcas-de-moda.html.

lugar, concretar la configuración jurídica del establecimiento como edificio o conjunto de edificios, es decir, debemos analizar la necesidad o no de que se lleve a cabo la división previa del inmueble definiendo quienes son o serán las personas titulares de las fincas resultantes. Y, por último, el desarrollo del negocio.

Nuestro principal objetivo no reside en el análisis jurídico de la explotación del establecimiento, sino en el estudio de la configuración jurídica previa. Nos proponemos sentar las bases para afianzar la viabilidad jurídica de la actividad hotelera bajo el régimen del condohotel. Para alcanzar el propósito de estudio que nos hemos planteado hemos adoptado la siguiente sistemática.

Tras este apartado introductorio, dedicamos el Capítulo I a conocer el concepto de condohotel, centrándonos en el modelo específico que se ha implantado en España y la normativa que le resulta aplicable, sin olvidarnos de otros ordenamientos europeos como el portugués o el italiano que han regulado la figura.

En el caso español podemos adelantar que, atendiendo a nuestras normas, el tipo más utilizado es el condohotel puro, es decir, aquel centrado en prestar un servicio de alojamiento a terceros y que, en la mayoría de los casos, se emplea por los particulares como vehículo de inversión. En relación con el condohotel mixto encontramos un incipiente intento de implantación de las *branded residences*, pero todavía muy residual. El empeño e interés de las principales cadenas hoteleras en crear esta modalidad residencial en nuestro país ha sido bastante intenso, sin embargo, el acomodo jurídico presenta todavía importantes obstáculos que salvar, sobre todo, desde el punto de vista urbanístico.

El marco normativo que abordaremos a lo largo de nuestro trabajo es esencialmente de ámbito jurídico-privado, centrándonos en los aspectos mercantiles de la figura del condohotel. No obviaremos, por las implicaciones que tiene en las relaciones privadas y la innegable transversalidad que posee el derecho de la empresa, la normativa administrativa aplicable. Las razones las encontramos, entre otras cuestiones, en que el desarrollo del negocio tiene lugar en un ámbito como el turístico, materia cuya competencia tienen encomendada las Comunidades autónomas.

La perspectiva de derecho privado, trascendental en la materia que abordamos, se examinará en el Capítulo II dedicado al estudio de la organización inicial del condohotel a través del régimen de la propiedad horizontal. Este apartado se convierte en el núcleo central de nuestra obra. Entre los distintos regímenes que pueden formar el sustrato de este tipo de establecimiento encontraremos la propiedad horizontal. Se trata de una institución que facilita el acceso de los particulares a la propiedad al organizar y dividir los inmuebles en unidades más pequeñas. Este tipo de delimitación de espacios sucedánea de la comunidad de bienes es la más asentada en nuestro ordenamiento y consideramos que es la figura adecuada para afianzar las bases que permitan la configuración jurídica del condohotel.

Nos proponemos adaptar la interpretación de la institución de la propiedad horizontal como la conocemos habitualmente en el marco residencial al ámbito hotelero, destacando la importancia de fijar unas normas que rijan las relaciones jurídicas que nazcan fruto de la convivencia y la gestión tanto interna como externa del establecimiento. Prestaremos especial atención a la importancia que posee reflejar en la documentación de la división horizontal su destino hotelero, así como el uso exclusivo turístico y el reconocimiento de la existencia y mantenimiento de una gestión unificada. Esta última cuestión, en muchos casos vendrá impuesta por la propia normativa autonómica pero, en la práctica, comprobaremos que no deja de generar controversias en las relaciones jurídicas existentes entre los propietarios. Los requisitos enumerados deben concebirse como intrínsecos al condohotel, de no respetarse podría afectar negativamente a la supervivencia del establecimiento.

El condohotel es un modelo de negocio que abre importantes posibilidades de desarrollo económico y social pero su implantación nos lleva a tener que buscarle encaje en nuestras normas jurídicas para conseguir que sean establecimientos jurídicamente viables. Uno de los grandes retos de este tipo de establecimiento es conseguir coordinar las relaciones que nacen en su seno. No son pocas las vicisitudes y desafíos a los que se enfrenta esta modalidad de negocio, entre ellos adquieren protagonismo las tensiones que pueden generarse entre propietarios, la falta de cualificación y conocimientos sobre el sector, la dificultad de obtener recursos financieros… Estas razones revelan la necesidad de crear una estructura jurídica adecuada. De manera que, una vez concretada la base jurídica sobre la que se cimienta el condohotel, procederemos a analizar las dos configuraciones jurídicas que consideramos más adecuadas para vincular a los propietarios con el establecimiento.

En el Capítulo III abordaremos la configuración jurídica a través de una sociedad de capital. Esta alternativa, a penas estudiada por la doctrina, consiste en la constitución por parte de los propietarios de una sociedad de capital con el fin de que la misma sea la encargada de organizar el establecimiento bien directamente o valiéndose de un tercero. La creación de una figura separada de cada uno de los propietarios que posee personalidad jurídica propia, como veremos, vence algunos de los inconvenientes que supone la organización a través de una comunidad de bienes o, específicamente, de explotación.

Existen distintas alternativas para la constitución de una sociedad de capital a la que se le deberán ceder los derechos de uso de cada una de las unidades alojativas. En este sentido, estudiaremos la modalidad de aportación de uso y la prestación accesoria, aproximándonos a sus particularidades en cuanto a requisitos, riesgos, régimen de responsabilidad… siempre en relación con el sistema de condohotel. Estas dos modalidades no excluyen aquella que consiste en la constitución de una sociedad de capital donde no se aporte el uso de la unidad alojativa o no se acuerde una prestación accesoria, sino que el mecanismo de protección y garantía de la cesión de la unidad alojativa se encuentre en imponer una obligación vía estatutaria. Este pacto estatutario consistirá en que el socio que desee transmitir sus participaciones deberá transmitir de manera simultánea y al mismo adquirente la titularidad de la o las unidades alojativas pertenecientes al establecimiento del condohotel.

A continuación, en el Capítulo IV, se acomete el examen de la segunda configuración jurídica elegida, el de la propiedad horizontal *stricto sensu*. La hemos denominado así por suponer la continuación de la configuración inicial, sin alterar la estructura previa de la división horizontal. En este caso se dan determinadas implicaciones jurídicas que deben analizarse. De un lado, debemos identificar los sujetos que participan y las relaciones jurídicas que se formalizan entre ellos, acudiendo a la normativa aplicable en cada caso. En este punto adquiere relevancia la calificación del contrato, análisis que nos llevará a comprobar que el condohotel abarca varias realidades. De un lado, se produce una vinculación de actos jurídicos, la compraventa y la cesión del inmueble. De otro lado, esa vinculación nos llevará a la necesidad de calificar el contrato. La doctrina y la jurisprudencia lo ha nominado como contrato de cesión de apartamento para explotación turística en régimen de administración o gestión y contrato sobre cesión para aprovechamiento turístico. Sin embargo, atendiendo a la práctica en el sector, al estudio del caso y al análisis jurisprudencial que hemos realizado, observamos que se produce una interesante coincidencia sobre la naturaleza jurídica y contenido de los contratos que hemos analizado, alejándonos de la denominación acuñada por la doctrina y la jurisprudencia, y que nos lleva a plantearnos la posibilidad de encontrarnos ante un contrato de arrendamiento de local de negocio. Con independencia del documento que se redacte, su contenido debe contribuir a prevenir posibles conflictos y establecer las bases para resolverlos, en caso de que surjan.

De acuerdo con el objetivo que nos hemos propuesto, dirigido a conocer la estructura del condohotel desde sus inicios hasta el final de la vida del negocio, hemos considerado conveniente dedicar el último apartado, el Capítulo V, al estudio de las situaciones de crisis y extinción del régimen del condohotel más comunes. La dificultad que supone compaginar los derechos e intereses de la pluralidad de propietarios puede generar importantes controversias a lo hora de mantener el negocio en funcionamiento. De manera que, junto a la terminación voluntaria del contrato por la llegada del término pactado y la falta de renovación de la cesión de uso de la unidad alojativa, analizaremos la finalización forzosa del contrato. En este punto nos detendremos en las consecuencias que se originan cuando alguno de los titulares de unidades alojativas se encuentra en situación de morosidad respecto al cumplimiento de las deudas que tienen contraídas con terceros y se haya ofrecido en garantía la unidad alojativa. Tendrán que hacer frente a un procedimiento ejecutivo que puede tener incidencia en el régimen del condohotel.

De manera separada, aunque enmarcada en la extinción del condohotel, hemos tratado las situaciones de insolvencia. El motivo que nos lleva a ubicarlo en este último apartado descansa en que las situaciones de crisis despliegan importantes efectos sobre el condohotel, entre ellos, las consecuencias que puede tener el momento concursal de liquidación, lo que en algunos casos llevará a la extinción del deudor o de los contratos que haya celebrado. Esta, por suerte, es una solución que ofrece el concurso, entre otras posibles, dirigidas principalmente al mantenimiento de la empresa, en este caso, del condohotel. Además, tengamos en cuenta que, incluso si la empresa llega a la fase de liquidación, la misma no produciría la extinción de la propiedad horizontal que configura el condohotel de manera automática, ni siquiera alteraría el destino que posee el complejo de alojamiento turístico.

Lo cierto es que el concurso de acreedores es un procedimiento que nunca ha sido ajeno a las empresas hoteleras, de ahí la importancia de detenernos en su estudio. En el sector turístico, según los últimos datos conocidos[9], un treinta y siete por ciento de concursos corresponden a establecimientos hoteleros. Las situaciones de insolvencia que se producen en el condohotel, sean del propietario de las unidades alojativas o de la entidad explotadora del mismo, como hemos señalado, pueden repercutir de manera relevante sobre el establecimiento. De darse estas situaciones deberemos analizar si se produce una alteración de su configuración o, incluso, pueden traer consigo el cese de la actividad. Finalmente, en el marco del procedimiento concursal, dedicaremos un apartado a la transmisión de la unidad productiva formada por los contratos de cesión de uso de las unidades alojativas.

---

9 Estos datos corresponden a abril de 2023. Las cifras desvelan cómo la recuperación postcovid ha propiciado una reactivación de la actividad turística y un descenso en el nivel de insolvencias de las empresas turísticas. Pero, también debemos tener en cuenta que la caída de las insolvencias en el sector se encuentra muy influida por la huelga de los letrados de la administración de justicia.
Si acudimos a septiembre de 2022, observamos que la recuperación mencionada no propició la disminución de manera destacada de la presentación de solicitudes de concurso. Las Comunidades autónomas que mayor número de concursos registran, tanto en 2022 como en 2023, son Cataluña, Madrid y Baleares. Destaca esta última, donde en el mes de marzo de 2022 se presentaron diez concursos, correspondiendo nueve de ellos a empresas hoteleras. Estos datos deben interpretarse también teniendo en cuenta que se trata de regiones donde se localizan la mayor parte de cadenas hoteleras españolas y donde existe un mayor número de hoteles independientes. La información que acabamos de exponer puede encontrarse en: SOLUNION, *Flash sector turismo,* 2022, disponible en: https://www.solunion.es/wp-content/uploads/2022/10/Flash-Turismo-Octubre-2022-v3-Solunion.pdf y SOLUNION, *Flash sectorial turismo,* 2023, disponible en: https://www.solunion.es/wp-content/uploads/2023/06/Flash-sectorial-sector-turismo-Solunion-2023.pdf.

Capítulo I
Concepto y régimen del condohotel

1. MODELOS DE NEGOCIO DEL CONDOHOTEL CON TRASCENDENCIA JURÍDICA

El negocio hotelero que recibe la denominación de condohotel, también conocido como condo u hotel gestionado en condominio, es una figura relativamente reciente cuyo origen lo situamos en Estados Unidos, en concreto, en el Estado de Florida. Según la literatura consultada[10] [11], el momento de mayor expansión de los condohoteles se produce entre finales de la década de los setenta y principios de los ochenta del siglo pasado como consecuencia del impulso de proyectos de reconversión de la planta hotelera de la zona de Miami Beach cuya construcción data de 1950.

El primer objetivo que persigue la creación de estos negocios es adaptar los alojamientos turísticos a las nuevas necesidades del mercado, así como ofertar un nuevo producto que permita captar la inversión tanto de particulares como de entidades de cierta dimensión. La vinculación que el condohotel

---

10 La primera "*Branded residence*" (modalidad de condohotel) formó parte del hotel Sherry-Netherland en Manhattan en 1927. El origen se encuentra en el auge económico de los años veinte en Estados Unidos, aunque no es hasta unas décadas después cuando comienza su verdadera expansión. KNIGHT FRANK, *Branded Residences Report*, 2019, disponible en: https://content.knightfrank.com/research/1617/documents/en/global-branded-residences-2019-5874.pdf.

11 ROSENTHAL, D.M. y BROWN, D.L., "Regulations for condominium hotels", *Los Angeles Lawyer*, núm. 10, 2009 (consultado *on line*).

posee con el sector inmobiliario hace que le afecten tanto los momentos de bonanza y apertura del crédito para la compra de este tipo de propiedades como las crisis económicas ligadas a la especulación inmobiliaria.

Una de las consecuencias más relevantes, fruto del éxito que alcanzó en la región de Florida, fue que el modelo de negocio se expandió por todo el país americano convirtiéndose en una de las regiones donde este tipo de establecimiento se encuentra más desarrollado. La organización hotelera en condominio ha sido acogida también, principalmente, por las zonas de Latinoamérica y Europa. Respecto al continente asiático, el uso de este modelo hotelero lo encontramos en mayor medida en las zonas de Tailandia e Indonesia. Entre las cadenas hoteleras que han impulsado este tipo de proyecto destacan las americanas Four Seasons y Marriott, y Accor de origen francés[12].

Dentro de los condohoteles emprendidos podemos distinguir diversas modalidades. Una primera modalidad engloba aquellos establecimientos donde las unidades alojativas en su totalidad están organizadas bajo condominio (*resort condominium*). Es decir, existen diversos propietarios que son titulares de una o varias unidades de alojamiento. A estos titulares se les reconoce la posibilidad de disfrutar de su inmueble durante determinados periodos al año, aunque no en todos los casos. Tengamos en cuenta que este tipo de negocio inmobiliario tiene una finalidad inversora y no de disfrute o esparcimiento personal, por lo que, con frecuencia, nos encontraremos condohoteles en los que el titular de la unidad alojativa no puede disfrutar de la misma de forma gratuita.

---

12 Las tres cadenas mencionadas representan más de la mitad de todas las *branded residences* del mundo, de las cuales las tres cuartas partes corresponden a Marriott. KNIGHT FRANK, *Branded Residences*..., 2019, *op. cit.*

Una segunda modalidad, que podemos denominar mixta, abarca aquellos hoteles o condohoteles que cuentan tanto con unidades gestionadas en condominio como con habitaciones de hotel tradicionales. En este tipo de negocio, con carácter general, nos encontramos titulares de unidades alojativas destinadas a residencia o, mejor dicho, a segunda residencia y titulares que ceden al hotel sus unidades alojativas para que las explote la entidad gestora a través de la cesión de la misma a terceros.

Cuando la combinación que impera en el establecimiento está formada por habitaciones de hotel y unidades alojativas con uso residencial permanente, nos encontraremos ante las conocidas como *branded residences*. Se ha calificado de esta manera a aquellas residencias que se integran en un establecimiento hotelero de lujo, bien formando parte del propio edificio (condohotel) o bien configurándose como una vivienda unifamiliar o adosada diferenciada del conjunto hotelero (*co-located* o *standalone*)[13]. Estas viviendas, además de contar con el diseño y arquitectura siguiendo los estándares de marca, bien de la cadena hotelera que gestiona el establecimiento bien de la marca *partner* de la cadena hotelera, se benefician de los servicios e instalaciones que posea el complejo hotelero (lavandería, limpieza, catering, restauración, gimnasio…). En algunos casos, cuando los residentes se ausentan, cabe que la unidad alojativa entre dentro del programa de alojamiento hotelero, pudiéndola alquilar a otros huéspedes a cambio de una contraprestación que será compartida entre el propietario y la cadena gestora.

---

[13] Sobre las características de estas modalidades *vid.* ALONSO-LAMBERTI, P., "«Branded Residences», las comodidades de un hogar convencional con el lujo de un gran hotel", *El Economista,* 7 de febrero de 2023, disponible en: https://www.eleconomista.es/legal/noticias/12138684/02/23/Branded-Residences-las-comodidades-de-un-hogar-convencional-con-el-lujo-de-un-gran-hotel.html.

La elección por parte de las principales cadenas hoteleras de este producto *premium* va orientada a la búsqueda de diversificación y de una mayor rentabilidad. En cuanto a las principales ventajas destacamos que el promotor puede vender las unidades alojativas de antemano, disminuyendo el desembolso inicial que debe realizar para la construcción y la posterior puesta en funcionamiento. Además, atendiendo a las características del hotel, generalmente de lujo, y a las características de la unidad que se vende, que lleva aparejado el poder disfrutar de los servicios hoteleros, el importe de la transacción es bastante elevado[14].

En el modelo de uso mixto con unidades de estancia permanente los resultados no van a ser los mismos que en el establecimiento sin condominio o con condominio de no residentes. El hecho de tener que ofrecer un servicio continuado en el tiempo hace que las pérdidas o falta de ingresos en época de baja ocupación se compensen con los servicios que se prestan a los propietarios. Aclaremos que, aunque el propietario no tiene que abonar ningún precio por la estancia, en la mayoría de los casos, deberá abonar los servicios hoteleros de los que disfrute con la correspondiente rebaja del precio que hayan acordado las partes.

Para el inversor, este producto genera una gran rentabilidad cuando no la ocupa. Además, si lo utiliza como residencia o disfruta de la misma durante determinados periodos al año, para usar los servicios dispone de precios más reducidos respecto a los que se ofrecen al público en general y no abona nada adicional por utilizar su unidad de alojamiento y, en muchos casos,

---

14 En este sentido resulta interesante el estudio realizado por AGNES DEFRANCO, Y. K., PIYUSH, P. y BENJAMIN, L., "Inclusion of Condominium Units in Luxury Hotels as a Diversification Strategy: Property Performance Perspective", *Cornell Hospitality Qarterly*, núm. 63, 2022, pp. 4-135.

tampoco por utilizar las zonas comunes. Además, con carácter general, el mantenimiento y la gestión del inmueble están incluidos y garantizados por la empresa explotadora, junto con la seguridad y el cuidado en caso de ausencia del propietario.

En relación con este último aspecto, desde el punto de vista de la entidad explotadora, cuando el porcentaje de unidades de condominio del total de habitaciones del hotel sea pequeño y el tamaño del hotel sea grande, los costes adicionales de mantenimiento y servicios pueden ser insignificantes. Sin embargo, si el porcentaje de unidades de condominio del total de habitaciones del hotel es elevado, los costes de mantenimiento y servicio pueden convertirse en una carga, especialmente cuando la tasa de ocupación es baja.

Por último, un problema que se convierte en una desventaja en este modelo de explotación, sobre todo en la mixta, es el cambio de operador. El propietario adquiere la unidad alojativa con determinadas características, generalmente, dadas por la cadena hotelera que la va a explotar y/o por la marca con la que mantiene una colaboración. Cuando el contrato de explotación llega a su término, debe buscarse un nuevo operador y negociar un nuevo contrato. Esto puede ocasionar que se alteren algunas de las características y servicios iniciales que influyeron en la compra y posterior disfrute de la estancia. Del mismo modo, un cambio de operador afecta al valor que pueda fijarse en una segunda enajenación de la unidad alojativa, reduciéndolo.

En cuanto al régimen jurídico aplicable, el ordenamiento estadounidense no contiene una regulación expresa que regule la figura del condohotel, más bien, este producto turístico se ha nutrido principalmente de la normativa fiscal aplicable y de aquella que incumbe al sector inmobiliario[15].

---

15 Desde 1973, con la publicación de la guía de la Comisión de Valores y Bolsa (SEC), los condominios que se ofrecían cumpliendo estos

En Europa tampoco encontramos una regulación específica, aunque no es de extrañar porque no existe una normativa concreta destinada a regular los establecimientos hoteleros. A modo particular, algunos países han tratado de regular el condohotel mediante la promulgación de normas que, a pesar de no ofrecer una regulación completa de este negocio, sí tratan algunos aspectos relevantes del mismo. Nos referimos a las regiones de Portugal e Italia.

Por un lado, el ordenamiento portugués, a través del *Decreto-Lei núm. 39/2008, de 7 de março, que aprova o regime jurídico da instalação, exploração e funcionamento dos empreendimentos turísticos*, regula diversas clases de alojamiento turístico que se diferen-

---

tres requisitos: que la oferta se centrase en los beneficios que pueden alcanzarse gracias a la explotación de un tercero a través del alquiler de las unidades en que se divide, que supusieran además la agrupación de los ingresos obtenidos por varias unidades y que se les impusiera la obligación al comprador de mantener disponible la unidad pudiendo gestionarla únicamente el explotar, se consideraban como una oferta pública de valores y, por tanto, estaban sometidos al régimen jurídico del mercado de valores. Estos requisitos generaban muchos problemas pues durante décadas ha sido difícil evitar que la venta de unidades de un condohotel quedase al margen del mercado de valores con las complejidades que este hecho supone. En 2012 se reformaron estos requisitos y se facilitó y agilizó la posibilidad de ofertar unidades de condominio como valores. Sobre esta cuestión recomendamos consultar el estudio realizado por ROBINS, A. y ALBERSTADT, K.G., "Condominium Hotel Units: on the benefits of being a security", 10 de febrero de 2014, disponible en: https://www.akerman.com/en/perspectives/condominium-hotel-units-on-the-benefits-of-being-a-security.html. Sobre el sistema tradicional utilizado antes de la reforma y la articulación de los acuerdos entre las distintas partes *vid.* THE GLOBAL HOSPITALITY GROUP, "Using Condo Hotels for Financing New Hotel Development", 10 de noviembre de 2014, disponible en: https://www.hotel-online.com/press_releases/release/using-condo-hotels-for-financing-new-hotel-development/.

cian de las más populares y que se someten a las normas contenidas en el *Decreto-Lei núm. 128/2014, de 29 de agosto, aprova o regime jurídico da exploração dos estabelecimentos de alojamento local.*

La tipología de establecimiento que recoge el Decreto-Lei 39/2008 es aquella que engloba a los establecimientos hoteleros, los apartamentos turísticos, los conjuntos turísticos, las promociones turísticas residenciales y los campings y caravanas. Junto a estos tipos reconoce la existencia de lo que denomina como *empreendimentos turísticos em propriedade plural*, siendo el equivalente a los edificios turísticos divididos en régimen de propiedad horizontal o condohoteles. La Exposición de Motivos, en este extremo, señala que se aplicará el régimen de propiedad horizontal de manera subsidiaria en las relaciones entre la entidad explotadora del establecimiento y los propietarios de las unidades de alojamiento que componen el edificio. Todo ello sin perjuicio del debido cumplimiento de las normas turísticas aplicables de conformidad con las propias características del inmueble[16].

El Capítulo VIII de la norma regula esta categoría de establecimiento turístico. En el mismo se ofrecen indicaciones sobre el procedimiento de tramitación del título constitutivo de la división horizontal (art. 54). El promotor del inmueble o la empresa que posee la autorización de la explotación deberán elaborar el título constitutivo y con carácter previo al otorgamiento de la escritura pública deberán someterlo a la aprobación del organismo público Turismo de Portugal. Ade-

---

16 Sobre el concepto de *empreendimentos turísticos em propriedade plural vid.* OLIVEIRA, F. y ABREU, A., *Instalaçao de empreendimentos turísticos em propiedade plural: "quid est?"*, Almedina, Coimbra, 2014 y ATANÁSIO, J., "Empreendimentos turísticos em propriedade plural", en AA.VV. *Turismo e hospitalidade de A a Z*, CORREIA, A. y RODRIGUES, Á. (eds.), Actual, Lisboa, 2020, p. 130 y ss.

más, el título constitutivo debe inscribirse en el Registro de la Propiedad antes de la venta de cualquier unidad alojativa.

Los interesados en adquirir una unidad alojativa deberán recibir una copia simple del título constitutivo y una copia del contrato que autorice a la entidad gestora a explotar las unidades de alojamiento. Estos extremos, como veremos cuando estudiemos el caso español, son de suma importancia para la validez del contrato. Al comprador debe facilitársele información suficiente para que pueda prestar su consentimiento en conciencia. De lo contrario, como señala la norma portuguesa, el contrato será nulo.

El artículo 55 detalla la información que debe contener el título constitutivo. Entre otra, deberá reflejar la identidad de la entidad explotadora del establecimiento, la identificación física y registral de las fincas en que se divide el inmueble, la finalidad a la que se destina cada una de las unidades alojativas, cuáles son las zonas comunes, las obligaciones de los propietarios y la entidad explotadora…

La norma determina los pagos periódicos que recaen sobre los propietarios y que deberán realizar a la entidad explotadora (art. 56). Estos abonos van destinados a cubrir los gastos de mantenimiento y conservación del inmueble. Antes de la reforma operada por el Decreto-Lei 15/2014, no podían superar el veinte por ciento del valor total de la unidad. Ahora ya no se aplica este límite. Además, al menos el cuatro por ciento deberá destinarse a la constitución de un fondo de reserva destinado exclusivamente a la realización de obras de reparación y mantenimiento de instalaciones y equipos de uso común, así como otros gastos previstos en el título constitutivo.

Por su parte, el artículo 57 establece las obligaciones que incumben a los propietarios de las unidades alojativas, entre las que destacan la prohibición de dar un uso distinto al previsto en el título constitutivo o alterar las dimensiones o imagen de la unidad alojativa, entre otras. Por su parte, la entidad gestora[17] que también asume las funciones de administradora de la propiedad horizontal, está obligada a constituir una garantía (seguro o aval bancario) de buena administración y conservación a favor de los propietarios, cuyo importe será el de cinco veces el valor anual del conjunto de las cuotas periódicas (art. 59.1). Existe una obligación de rendición de cuentas (art. 60) a cargo también de la entidad gestora en virtud de la cual deberán remitir cada año un informe de gestión a los propietarios junto con las cuentas de ese ejercicio.

Por último, observamos que atendiendo al régimen jurídico portugués no cabe el uso residencial de las unidades alojativas pues todas ellas están sometidas, con carácter permanente, al régimen de explotación turística en virtud del artículo 45.1 del Decreto-Lei que comentamos. De manera que solo cabría la posibilidad de una modalidad de condohotel.

Por otro lado, destaca el ordenamiento jurídico italiano que se ha aproximado a la regulación del régimen del *condhotel* a través de un Reglamento aprobado por el Decreto núm. 13 de 22 de enero de 2018. El origen de la normativa lo hallamos en un pronunciamiento de la *Corte Costituzionale*[18] que reclamaba la necesidad de una reglamentación dada la naturaleza híbrida y compleja que posee el hecho de combinar en un mismo inmueble el destino de alojamiento turístico con el residencial. Las normas que se proyectasen debían fijar los aspectos más

---

17 Sobre la entidad gestora de los *empreendimentos turísticos em propriedade plural vid.* SOUSA ASSIS, J., "A insolvencia da entidade administradora nos empreendimentos turísticos em propriedade plural", en AA.VV. *Turimo. Reflexões juridicas e económicas*, DOMINGOS, F.N. *et al.* (coords.), Almedina, Coimbra, 2023, p. 78 y ss.

18 Sentencia de la Corte Costituzionale núm. 1 de 14 de enero de 2016.

importantes desde el punto de vista contractual y de la propia organización del condominio[19].

Encontramos, por primera vez, una definición de condohotel. Así el artículo 3 lo define como un establecimiento hotelero abierto al público, bajo gestión unitaria, compuesto por una o más unidades de alojamiento ubicadas en un mismo municipio o partes de él, que presten alojamiento, servicios accesorios y, eventualmente, alimentación, en habitaciones destinadas al alojamiento y, de forma integrada y complementaria, en unidades habitacionales de uso residencial dotadas de servicios de cocina independiente[20].

Esta definición se distancia del concepto de condohotel que podemos extraer de la norma portuguesa y nace con la finalidad de facilitar la reconversión hotelera y establecer los requisitos que debe cumplir la configuración de condohoteles mixtos hotel-residencia.

El legislador italiano hace frente, de un lado, a la remodelación que reclama el sector hotelero tras la crisis económica de 2009 facilitando la captación de financiación[21]. Para ello

---

19 TASSONI, G., "Il regolamento condhotel del 2018", *Rivista italiana di Diritto del turismo*, núm. 25-26, 2017, p. 259.

20 El precepto sigue el siguiente tenor literal (la traducción es propia): *un esercizio alberghiero aperto al pubblico, a gestione unitaria, composto da una o piu' unita' immobiliari ubícate nello stesso comune o da parti di esse, che forniscono alloggio, servizi accessori ed eventualmente vitto, in camere destinate allá ricettivita' e, in forma integrata e complementare, in unita' abitative a destinazione residenziale, dotate di servizio autonomo di cucina…*

21 La norma permite vencer las dificultades que en ocasiones atraviesa el sector hotelero para la remodelación de las estructuras, para competir en el mercado con otros fenómenos vinculados al alojamiento como los alquileres vacacionales y para fomentar la afluencia de clientes en periodos del año en los que no existen apenas reservas. MUSOLINO, G., "Il condhotel o condominio albergo", *Rivista del Notariato*, núm. 5, 2019 (consultado *on line*).

permite la eliminación del uso hotelero de parte del establecimiento, de manera que el propietario puede vender sus unidades alojativas con una finalidad residencial hasta el límite del cuarenta por ciento de la superficie total de las unidades inmobiliarias en que se divida el conjunto hotelero[22]. La venta de estas unidades debe realizarse en concepto de propiedad de manera individualizada, de lo contrario nos encontraríamos ante un condominio de los regulados por el Código civil italiano (arts. 1117 a 1139) y, por tanto, conforme a las referidas normas, se trataría de una multipropiedad[23].

De otro lado, fija los requisitos para emprender un establecimiento en régimen de condohotel. Entre ellos podemos destacar la obligación de respetar la gestión unitaria tanto de las habitaciones destinadas a hotel como de las de uso residencial [art. 3.1 b)]. Existe un mínimo de unidades alojativas que se debe alcanzar, al menos el de siete sin incluir las de uso residencial [art. 4.1 a)]. Estas unidades alojativas deben estar situadas en un mismo municipio aunque no es necesario que pertenezcan a la misma estructura, es decir, es posible que las unidades constituyan un conjunto independiente. En este último caso se exige que se encuentren a una distancia inferior a los doscientos metros de la estructura principal donde se ubica la recepción del hotel.

El Decreto sienta las bases del contenido de los contratos de explotación y compraventa. La duración del contrato de

---

22 VITERBO, F., "La rilevanza della destinazione turística nella disciplina dei beni: profili civilistici", *Rivista Giuridica dell'Edilizia,* núm. 5. 2020, (consultado *on line*).

23 Sobre esta cuestión *vid.* TRAPANI, G., "La modulazione del vincolo alberghiero: dalla multiproprietà ai condhotel", *Consiglio Nazionale del Notariato,* núm. 1-2, 2019, pp. 171-229 y TASSONI, G., "Multiproprietà e Condhotel", en AA.VV. *Manuale di diritto del turismo,* MALO, A. y TASSONI, G. (coords.), Giappichelli, Turín, 2022, p. 449.

explotación no puede ser inferior a diez años [art. 4.1 d)]. Solo se prevé la interrupción de ese plazo en caso de fuerza mayor. En las ventas posteriores de la unidad, el nuevo propietario deberá respetar el contrato de explotación existente, al menos, en el tiempo que reste dado que se subroga en la posición del anterior propietario[24]. Respecto al contrato de compraventa de la unidad destinada a residencia, el artículo 6 estipula que el mismo deberá contener una descripción precisa y detallada de la propiedad, las condiciones de disfrute y de uso de las instalaciones comunes, una descripción de los costes asociados a la propiedad y la previsión de que cuando no sea utilizada la unidad alojativa como residencia, la entidad explotadora podrá cederla a terceros, entre otras cuestiones.

A modo de conclusión, cabe señalar que la norma italiana facilita la conversión de hoteles en *condhoteles* eliminando las restricciones que supone el uso hotelero y, al mismo tiempo, ofrece garantías para la protección del adquirente al considerarlo la parte más débil[25]. Esta tutela se consigue mediante la concreción de determinadas obligaciones que incumben al gestor y al propietario.

Los ejemplos que hemos traído ponen de manifiesto que el negocio del condohotel se enfrenta a importantes interrogantes jurídicos de índole privada que van desde el sometimiento a la gestión unificada del inmueble, la calificación de las relaciones jurídicas que nacen de la compraventa de la unidad alojativa y de la cesión de la misma a la entidad explotadora hasta la tutela del adquirente. Todas estas materias trataremos de ana-

---

24 MUSOLINO, G., "Il condhotel o condominio albergo", *op. cit.*

25 Sobre la tutela del comprador como consumidor *vid.* BERNES, A., "Il condhotel. Un itinerario fra proprietà e contratto", en AA.VV. *A 50 anni dalla Introduzione allá problemática della proprietà,* CARAPEZZA FIGLIA, G., FREZZA, G. y VIRGADAMO, P. (dirs.), Edizioni Scientifiche Italiane, Nápoles, 2021 (consultado *on line*).

lizarlas en los próximos apartados atendiendo a las soluciones y respuestas que nos ofrece el ordenamiento jurídico español.

2. EL CONCEPTO DE CONDOHOTEL EN EL ORDENAMIENTO JURÍDICO ESPAÑOL

En España el condohotel no es un negocio de nueva implantación, la nuestra ha sido una de las regiones donde este modelo se ha expandido tras sus comienzos en el continente americano. Si bien, no encontramos un elevado número de condohoteles en la geografía española, sí localizamos determinadas zonas donde se han concentrado una mayor cantidad de ellos. Así destacan las Comunidades autónomas de Canarias y de Andalucía y, en menor medida, podemos encontrar algunos condohoteles en Baleares, Valencia, Cataluña y Madrid[26]. Según datos que se han publicado recientemente[27], España es el cuarto país del mundo donde un inversor compraría una unidad de alojamiento en el marco de un condohotel. Entre los países europeos, España ostenta la mejor posición para ser elegido por los inversores.

Otro dato a tener en cuenta es que en nuestro país encontramos condohoteles promovidos y explotados tanto por cadenas independientes como por cadenas hoteleras internacionales. Del mismo modo, existen cadenas hoteleras de pequeño tamaño donde gran parte de los establecimientos que gestionan

---

[26] No existe una base de datos pública que nos permita conocer el número de condohoteles que existen por Comunidad autónoma. En general, el dato del titular o titulares que ostenta la propiedad de las unidades alojativas no es accesible, no es habitual que en los trámites de alta de los establecimientos hoteleros se concrete el régimen de propiedad.

[27] KNIGHT FRANK, *Global Branded Residences Report*, 2023, disponible en: https://content.knightfrank.com/research/1617/documents/en/global-branded-residences-2023-10285.pdf.

pertenecen a la modalidad de condohotel y, en cambio, otras cadenas hoteleras de mayor envergadura especializadas en la gestión o en la franquicia que de manera residual incorporan en su portfolio algún condohotel.

En cuanto al marco jurídico, en el apartado precedente hemos hecho referencia a algunos de los rasgos característicos del condohotel. Los mismos no difieren de una región a otra, en cambio sí encontramos diferencias en relación con la configuración como consecuencia, fundamentalmente, de tener que adaptarse a las posibilidades que ofrece cada ordenamiento jurídico. En virtud de nuestras normas y siguiendo la práctica en el sector, en España el término condohotel se utiliza en el mercado turístico para identificar un determinado modelo de explotación hotelera. Este modelo se caracteriza por la existencia de un inmueble sometido al régimen de propiedad horizontal cuyas unidades alojativas pertenecen a diversos propietarios y todos ellos las ceden a una única empresa encargada de la gestión del establecimiento a cambio de una contraprestación, pudiendo reservarse el uso de las mismas durante breves periodos al año.

Este negocio jurídico contiene determinados elementos que lo diferencian de otros sistemas de explotación, el principal es el relativo al régimen de propiedad. En la mayoría de explotaciones hoteleras la propiedad la ostentan una o varias personas y recae sobre la totalidad del inmueble hotelero. El o los titulares pueden explotar el establecimiento directamente o bien encomendar la gestión a un tercero mediante la celebración de un contrato de arrendamiento de local de negocio, de empresa, franquicia o gestión hotelera.

En cambio, en la modalidad que comentamos pueden existir tantos propietarios como en tantas unidades alojativas esté dividido el inmueble, propietarios titulares de varias unidades alojativas y/o varios titulares de una misma unidad alojativa[28]. Todos los propietarios, conforme a la normativa autonómica, como veremos, deben ceder la explotación de su propiedad a una única empresa gestora. Esta cesión lleva implícito el disfrute por parte del propietario, o de quien él designe, durante una temporada determinada, generalmente no superior a dos meses, de la unidad alojativa y de los servicios turísticos. En la mayoría de los casos, dispondrá de forma gratuita del alojamiento y abonará un precio bonificado por los servicios que utilice (restaurante, limpieza, spa…).

---

28 En este contexto, por unidad alojativa o unidad de alojamiento debemos entender cada una de las habitaciones, apartamentos, bungalows, viviendas o equivalente en que esté dividido un establecimiento de alojamiento. Utilizaremos este término porque nos permite abarcar cualquiera de los tipos de alojamiento existentes hoy en día, sin ceñirnos en exclusiva al hotelero, pues, como veremos, el condohotel es una figura que puede implantarse en cualquier tipo de establecimiento.

A modo de ejemplo, el Decreto-ley 13/2020, de 18 de mayo, por el que se establecen medidas extraordinarias y urgentes relativas a establecimientos hoteleros, coordinación de alertas, impulso de la telematización, reactivación del sector cultural y flexibilización en diversos ámbitos ante la situación generada por el coronavirus COVID-19 para el caso de la Comunidad autónoma andaluza, define la unidad de alojamiento como aquella *estancia independiente de un establecimiento hotelero para uso exclusivo de la persona usuaria, compuesta como mínimo por un dormitorio o habitación de capacidad múltiple en el caso de los establecimientos del grupo albergues y, en función del grupo y categoría, de baño y otras dependencias.* A pesar de que este concepto, en este caso concreto, es aplicable únicamente a aquellos alojamientos que pertenecen al grupo de establecimientos hoteleros [*vid.* art. 43 de la Ley 13/2011, de 23 de diciembre, del Turismo de Andalucía (en adelante, LTA)], creemos que puede extenderse dicha definición a cualquier establecimiento de alojamiento que se configure como un condohotel. Así lo establece también la Ley 8/2012, de 19 de julio, del Turismo de las Illes Balears (en adelante, LTB), entre otras.

La figura del condohotel no encuentra un reconocimiento expreso en nuestro ordenamiento jurídico. Por tanto, para su interpretación es menester acudir a otras figuras con las que presenta un elevado grado de afinidad. La normativa autonómica, no obstante, atendiendo a las competencias que tienen delegadas las Comunidades en materia de turismo, se ha encargado de configurar dicho negocio, ahora bien, de manera muy somera y centrándose en cuestiones de Derecho público. Estas cuestiones, como veremos, tendrán también incidencia en las relaciones jurídicas que nacen entre los distintos operadores. La realidad nos muestra que se han centrado en reconocer este sistema como un tipo de establecimiento de alojamiento turístico[29].

El condohotel deviene en un establecimiento complejo, cuya reglamentación jurídico-privada se sitúa al margen del ámbito competencial de las Comunidades autónomas, salvo en lo referente al campo de la supervisión y ordenación turística. Es por ello que resulta relevante analizar su estructura y funcionamiento para conocer la normativa aplicable.

La doctrina[30] ha identificado algunas fórmulas jurídicas reconocidas por nuestro ordenamiento jurídico que pueden utilizarse para la creación de un condohotel y salvaguardar sus

---

29 Hemos tenido ocasión de estudiar la regulación en materia de condohoteles por parte de las distintas Comunidades autónomas en OTERO COBOS, MªT., "La figura del condohotel en la normativa autonómica", *International Journal of Scientific Management and Tourism,* núm. 4-3, 2018, pp. 223-240.

30 Entre otros, *vid.* MUNAR BERNAT, P.A., "Aproximación a la figura del condohotel, su incompatibilidad con la Ley de derechos de aprovechamiento por turno", en AA.VV. *Turismo residencial: aspectos económicos y jurídicos,* MUNAR BERNAT, P.A. (coord.), Dykinson, Madrid, 2010, pp. 323-332, GONZÁLEZ CABRERA, I., "Aproximación al régimen jurídico del condohotel", *Revista de Derecho Mercantil,* núm. 286, 2012, p. 71 y ss. y, más recientemente, LÓPEZ SÁNCHEZ, C., *El condohotel: régimen jurídico privado,* Reus, Madrid, 2019, p. 37 y ss.

principales características, esto es, la existencia de varios inmuebles pertenecientes a una única estructura y la cesión de los mismos en explotación a un tercero. Entre ellas se habla de la comunidad de bienes impropia, la sociedad de capital o el régimen de propiedad horizontal.

La explotación de un establecimiento de alojamiento en régimen de condohotel presenta algunas semejanzas con la comunidad de bienes, pero significativas diferencias. En el régimen de comunidad de bienes, existe un bien inmueble de uso hotelero que pertenece a varios sujetos de manera pro indivisa, es decir, el bien pertenece en igualdad a los comuneros creándose una multipropiedad. Estos cotitulares forman una comunidad que se organiza con la finalidad de repartirse las ganancias de su explotación y el disfrute del inmueble destinado a hotel (art. 394 Cc), estableciendo unos turnos de uso o una división por zonas que se asignan a los comuneros, siempre que se formalice un acuerdo entre todos los copartícipes[31]. En cambio, en el condohotel, a pesar de existir una pluralidad de sujetos, no hay unidad de objeto[32]. Nos encontramos con varios propietarios que no tienen asignada una cuota sobre el bien, sino que disponen de un derecho exclusivo sobre una

---

[31] Consecuencia del derecho a poseer la cosa común que ostenta cada comunero. *Vid.* RODRÍGUEZ LÓPEZ, G., "Los actos dispositivos y de administración de los cotitulares y el Registro de la Propiedad. Especial referencia al arrendamiento", en AA.VV. *Comunidad de bienes*, REYES LÓPEZ, Mª.J. (coord.), Tirant lo Blanch, Valencia, 2021, p. 763 y ss. No obstante, creemos que, si se formaliza este pacto con la finalidad de asignar el disfrute de determinadas unidades alojativas a los comuneros, quizás sería mejor proceder a la división horizontal del inmueble y a su adjudicación a cada comunero de acuerdo con la cuota de participación que posean.

[32] Sobre el objeto de la comunidad véase MARTÍN MORÓN, Mª.T., "Concepto de comunidad", en AA.VV. *Comunidad de bienes*, REYES LÓPEZ, Mª.J. (coord.), Tirant lo Blanch, Valencia, 2021, p. 75 y ss.

parte del mismo – la unidad alojativa -, formando una propiedad separada. Además, la titularidad no tiene por qué ser de idéntico contenido, existen titulares de unidades alojativas de mayor tamaño que otros, atendiendo a la tipología de las estancias del establecimiento (suite, junior suite, habitación *deluxe...*); otros que poseen varias unidades alojativas en propiedad u otros, por ejemplo, que son propietarios de zonas destinadas a locales comerciales, oficinas, gimnasio y/o garaje.

Característico de la comunidad de bienes es el reconocimiento a cada comunero de la capacidad de ejercer la *actio communi dividundo,* salvo que se pacte la indivisión de la cosa común o, de tener lugar la división, se considere que se altera el valor material del bien o haga imposible su utilidad (art. 404 Cc). Al respecto, la jurisprudencia menor[33], en relación con el supuesto de una comunidad constituida sobre un establecimiento hotelero donde se explota una actividad empresarial cedida a terceros, ha considerado que la cosa jurídicamente es indivisible. Resulta difícil constituir un régimen de propiedad horizontal en sustitución a la comunidad de bienes en un inmueble de uso hotelero porque indirectamente implicaría la continuidad de la misma comunidad cuya extinción se pretende al no poder darle los propietarios un uso distinto.

La extinción del sistema de condohotel no puede tener lugar de manera unilateral, por lo que ya hemos comentado acer-

---

33 Especialmente ilustrativa resulta en este sentido la sentencia de la AP de Málaga (Sección 6ª) núm. 162/2013, de 8 de marzo de 2013 (Tol5.376.986). De la misma se deduce que, a pesar de que se pudiera realizar la división horizontal del Hotel, el uso debe mantenerse como hotelero siguiendo las normas urbanísticas. De manera que no tiene sentido disolver la comunidad para volver a tener que estar obligatoriamente organizados bajo un régimen similar, dado el sometimiento de todas las fincas a explotación hotelera.

ca de la ausencia de una titularidad compartida[34]. Es por ello que algunos han planteado la posibilidad de aplicar el régimen jurídico de la comunidad de bienes impropia o especial, motivados también por la posible asignación del uso temporal de una determinada unidad alojativa a cada comunero – de manera abstracta –, siempre que se cuente con el consentimiento de todos los cotitulares. En la práctica, no consideramos factible la aplicación de esta figura, aún la impropia. El condohotel está configurado bajo una división previa, generalmente, como veremos, en propiedad horizontal.

Junto a la comunidad de bienes, como hemos adelantado, se ha estudiado la posibilidad de configurar el condohotel como una sociedad mercantil[35]. En este caso nos encontramos con varias posibilidades. De un lado, dos o más personas pondrían en común las unidades alojativas que forman el inmueble des-

---

34 Tal y como señala la sentencia de la AP de Islas Baleares (Sección 5ª), núm. 41/2001, de 17 de enero de 2001 (JUR/2001/121370), no es posible aplicar la *actio comuni dividundo* a un edificio sometido al régimen de propiedad horizontal ya que no existe una situación de condominio de diversas personas sobre el mismo edificio, sino titulares en copropiedad que no son en ningún caso susceptibles de división. En sentido parecido debemos traer la sentencia del Juzgado de Primera Instancia e Instrucción de Puerto de la Cruz de 5 de noviembre de 2018 (Tol7.755.655) que trata la solicitud de dos copropietarios de separarse de la comunidad y que les sea adjudicado los apartamentos que le pertenecen. El órgano juzgador consideró que tal adjudicación, que venía reconocida también en los estatutos, solo era posible en caso de disolución de la comunidad o del ejercicio de la acción de división de la cosa común. El reconocimiento de la facultad de separarse no puede llevar implícito la división de la cosa común.

35 Desde el punto de vista administrativo, la Ley 2/2013, de 29 de mayo, de renovación y modernización turística de Canarias (en adelante, LTC) es la única norma autonómica que en su art. 30.2 letra b) contempla la posibilidad de constituir una sociedad mercantil por parte de los copropietarios que ostentará la titularidad de la gestión de la explotación del hotel, pudiendo ceder esa gestión a terceros.

tinado a hotel o el solar sobre el que se construirá el futuro hotel para constituir una sociedad de capital. De otro lado, cabría que las personas-propietarias tengan la voluntad de constituir una sociedad de capital y cedan la explotación de sus unidades alojativas a través de prestaciones accesorias. Por último, una vez constituida la sociedad, la cesión de las unidades alojativas puede llevarse a cabo a través de contratos independientes del contrato de sociedad pero habiendo recogido los estatutos las salvaguardas suficientes para garantizar que la sociedad disponga del uso de las unidades sin injerencias. La sociedad de capital constituida, con personalidad jurídica propia, se regirá por las normas societarias y ostentará la titularidad del establecimiento y de la gestión hotelera que podría llevarse a cabo a través de terceros mediante la celebración de alguno de los contratos de explotación hotelera que ya conocemos.

Por último, la tercera fórmula que planteábamos iba referida al régimen de propiedad horizontal. El mismo consiste en la división del conjunto inmobiliario destinado a hotel en tantas unidades de alojamiento como se deseen. Esta modalidad, derivada de la comunidad de bienes (art. 396 Cc), es la más utilizada pero debemos distinguir dos situaciones. La primera hace referencia a la propiedad horizontal como situación originaria del condohotel, de partida del establecimiento, pero en la que finalmente su configuración jurídica se articula mediante una sociedad de capital. La segunda es la relativa a la propiedad horizontal *strito sensu*, en la que el condohotel se articula directamente a través de esta institución. Esta última es la más utilizada en la práctica. A continuación, estudiaremos cada uno de estos regímenes.

Capitulo II
La organización inicial del condohotel

1. EL RÉGIMEN DE LA PROPIEDAD HORIZONTAL

La constitución de un condohotel en régimen de propiedad horizontal puede iniciarse con la construcción del inmueble o inmuebles que albergarán el establecimiento hotelero o con la compra o adquisición por otro modo del mismo. Si partimos de la construcción y promoción de un edificio, nos encontraremos con diferentes elementos personales que pueden participar en este procedimiento de creación del condohotel. El inicio se sitúa en la construcción y promoción del inmueble que realiza la persona del promotor. El promotor es el encargado de impulsar la división horizontal. Este trámite se lleva a cabo mediante la elaboración del título constitutivo que deberá elevarse a escritura pública[36]. En este acto quedará definido el régimen jurídico aplicable siguiendo la voluntad del promotor.

El título constitutivo debe contener todos los extremos indicados en el artículo 5 de la Ley 49/2960, de 21 de julio, sobre propiedad horizontal (en adelante, LPH). Deberá describir cada una de las fincas en que se divide la propiedad, asignándoles un número correlativo al de esta. Los elementos que sean considerados privativos deben identificarse de manera detallada. Cada una de las fincas quedará definida con la extensión, linderos, planta en la que se encuentre y los anejos (garaje, buhardilla o sótano, entre otros) y se le asignará una cuota de participación en la titularidad de los elementos comunes. Los

---

36 RDGRN de 22 de enero de 2009 (Tol 1466189).

elementos o instalaciones comunes podrán también describirse, aunque es optativo, pues se entenderá que todos aquellos elementos que no figuren en el título constitutivo como privativos, son comunes.

Además, en el título constitutivo va a determinarse el destino de todas o parte de las zonas del inmueble, convirtiéndose esta cuestión en una de las de mayor relevancia en el sistema del condohotel.

En general, encontramos títulos constitutivos que constan en escritura pública y detallan las plantas del edificio así como la división en fincas independientes. Las fincas creadas aparecen numeradas y, en ocasiones, se establece una, denominada "Finca de Servicios Hoteleros" que recoge las principales instalaciones del edificio y que permite albergar y facilitar la ejecución de los servicios hoteleros. Aunque esto último no ocurre de la misma manera en todos los casos. Igualmente deben identificarse las fincas que van destinadas a garaje-aparcamiento; y las fincas que corresponden a las unidades alojativas y a los locales comerciales. En el caso de las fincas formadas por apartamentos debe tenerse en cuenta que una finca registral puede agrupar, a efectos hoteleros, más de un apartamento o unidad alojativa.

Una vez analizado el título constitutivo, de su contenido se desprende la afección hotelera de la división horizontal que se ha realizado. En la descripción de las fincas suele ser constante la referencia al destino hotelero, a modo de ejemplo cuando se identifica un sótano se describen zonas de carga y descarga para el abastecimiento hotelero, los almacenes hoteleros o aquellas zonas destinadas a restauración; la identificación y localización de la recepción del hotel en la planta baja; hasta concretar una pequeña zona de dotación hotelera dedicada a sala de esparcimiento en alguna de las plantas del edificio.

Como sabemos, se trata de meras descripciones que no vinculan a los propietarios ni limitan sus facultades dominicales[37].

En cambio, la incorporación de una cláusula fijando de manera expresa el uso y destino del edificio hace que todos los propietarios presentes y futuros deban someterse a la misma[38]. Estas cláusulas son características del régimen de condohotel. En ellas puede concretarse, siguiendo la consulta que hemos realizado de la documentación de algunos títulos constitutivos a la que hemos tenido acceso, que *[E]l inmueble en su totalidad y cada una de las unidades en que se divide la propiedad susceptible de aprovechamiento independiente, quedan adscritos, y desde la constitución de este régimen, a su explotación como establecimiento turístico en la modalidad hotelera y conforme al grupo de hoteles-apartamentos, (…).* Y, en esta misma línea, aclarar que *[E]l establecimiento en su conjunto y cada unidad registral en que se divide la propiedad, quedan afectos a uso en régimen locativo de apartahotel, cualquiera que sea el propietario individual del inmueble o de cada una de las unidades de alojamiento susceptibles de aprovechamiento independiente (…).* Estas referencias sobre el destino del inmueble constan también en los Estatutos, como analizaremos en el siguiente apartado.

Esta afección hotelera de un inmueble dividido en propiedad horizontal es esencial y al mismo tiempo característico de la explotación de un establecimiento en la modalidad de condohotel y así debe constar en el título constitutivo.

El último paso para completar el proceso de constitución de la división horizontal y creación del condohotel es la inscripción del título constitutivo en el Registro de la Propiedad. La publicidad registral ofrece seguridad jurídica [arts. 606 Cc;

---

37 *Vid.* Sentencias del TS de 6 de febrero de 1989; núm. 145/2013, de 4 de marzo (ECLI:ES:TS:2013:1641); y núm. 358/2018, de 15 de junio (Tol6.645.766), entre otras.

38 *Vid.* Sentencias del TS núm. 1152/2008, de 27 de noviembre (Tol1.408.437) y núm. 123/2006, de 23 de febrero (Tol843.354).

32, 34 y 221 del Decreto de 8 de febrero de 1946 por el que se aprueba la nueva redacción oficial de la Ley Hipotecaria (en adelante, LH); y 5.3 LPH] gracias a la presunción de legalidad, legitimación y fe pública registral[39]. Permite que los terceros no sean ajenos al contenido del título constitutivo y se encuentren vinculados, entre otras cuestiones, al destino del inmueble que aparece reconocido en él. Se convierte así el contenido del título inscrito en una limitación a las facultades del propietario o futuro comprador. De este modo, cuando el propietario único del edificio inicie la promoción, el comprador y los compradores sucesivos, podrán tener conocimiento de la realidad jurídica del inmueble[40].

La constancia registral del destino turístico del inmueble forma parte de los requisitos constitutivos que exige la normativa autonómica para los establecimientos de alojamiento en régimen de propiedad horizontal[41]. Cuestión que analizaremos con mayor detalle en el epígrafe oportuno.

El uso y destino del inmueble, al igual que otros extremos que constan en el título constitutivo, pueden ser modificados pero para ello es necesario un acuerdo unánime de todos y cada uno de los titulares propietarios individuales de cada unidad alojativa susceptible de aprovechamiento independiente.

---

39 PRADA ÁLVAREZ BUYLLA, P., “La inscripción en el registro de la propiedad de los hoteles en condominio”, en AA.VV. *Turismo residencial. Aspectos económicos y jurídicos,* MUNAR BERNAT, P.A. (ed.), Dykinson, Madrid, 2010, p. 363 y ss.

40 Recordemos cómo, en este extremo, el Decreto-ley 39/2008, de 7 de marzo, sobre régimen jurídico de la instalación, explotación y funcionamiento de las empresas turísticas portugués establece en el artículo 54.7 la obligación de que el título constitutivo forme parte del contrato de compraventa de la unidad alojativa suponiendo la no incorporación la nulidad del contrato.

41 *Vid.* artículo 42.2 de la LTA; artículo 35.4 letra a) de la LTB y artículo 30.2 letra e) de la LTC.

Así debe cumplirse este extremo, siguiendo el mandato legal contenido en el artículo 5 *in fine* de la LPH en relación con el artículo 17.6 de la misma norma.

La aprobación de cualquier modificación que afecte a las reglas contenidas en el título constitutivo debe ser consentida individualmente por todos los titulares que puedan verse afectados por la modificación. En el caso de la modificación del destino, expresamente deberán aceptarlo todos los propietarios haciéndolo constar en documento público separado[42]. La razón de exigir unanimidad y consentimiento individual radica en que el cambio de destino puede suponer una injerencia en el derecho individual de propiedad, pues el comprador ha adquirido un bien inmueble cuyo fin es su explotación como unidad alojativa en el marco de un establecimiento hotelero o apartahotel y no un inmueble con una finalidad distinta.

1.1. Los Estatutos

El título constitutivo contiene las reglas de funcionamiento del inmueble, las mismas pueden verse completadas a través de la incorporación de normas recogidas en los Estatutos. Por tanto, estos tienen carácter voluntario y se convierten en un complemento del título constitutivo. Este documento, en el caso de elaborarse, regirá las relaciones entre los propietarios y sentará algunas de las bases relativas a la organización interna e, incluso, externa del establecimiento. Como indica la Exposición de Motivos de la LPH, los estatutos podrán *cumplir la*

---

42 Incluso aquellos propietarios que sean titulares registrales a la fecha en que dicha modificación deba acceder al Registro, VIDAL ALONSO, J. y BUENO BIOT, A., "La propiedad horizontal en la doctrina de la Dirección General de los registros y del Notariado", en AA.VV. *Comunidad de bienes,* REYES LÓPEZ, Mª J. (coord.), Tirant lo Blanch, Valencia, 2021, p.1324.

función de desarrollar la ordenación legal y adecuarla a las concretas circunstancias de los diversos casos y situaciones.

Los estatutos son otorgados generalmente por el promotor en el mismo acto de elaboración del título constitutivo. De no ser así, cabe que todos los propietarios de manera unánime los creen. La existencia de una regulación estatutaria es la única vía jurídica adecuada que, de manera excepcional, permite establecer limitaciones a las facultades que confiere el derecho de propiedad[43]. Razón por la que en sede de condohoteles resulta recomendable su elaboración en aras del correcto y normal desarrollo de la actividad hotelera[44].

El desarrollo de una actividad hotelera, fin para el que se constituye el régimen de propiedad horizontal, puede convertirse en una fuente de problemas y conflictos si no existen unas normas que ordenen con detalle la forma de realizar dicha actividad y su convivencia con los propietarios, evitando así alteraciones o injerencias futuras. Ante tales circunstancias, las normas de naturaleza estatutaria, deben contener, además de las habituales de

---

43 Resulta interesante la distinción entre el contenido que debe tener carácter estatutario y el propio del Reglamento de Régimen interior. Aunque se trata de una cuestión que abordaremos en el siguiente epígrafe, conviene ahora recordar un debate que se ha abierto en relación con si la limitación del ejercicio de una actividad turística en una vivienda perteneciente a un edificio en régimen de propiedad horizontal debe incluirse en uno u otro instrumento. *Vid.* FUENTES-LOJO RIUS, A., "Las normas comunitarias que regulen la actividad turística que se desarrolle en elementos privativos del inmueble ¿son normas de naturaleza estatutaria o son normas relativas al reglamento de régimen interior de la comunidad?", *Actualidad Civil*, núm. 7-8, 2018 (La Ley 7839/2018).

44 Los estatutos son un elemento indispensable para la perfecta constitución de los condohoteles, en aras de colmar los vacíos legales existentes en esta materia, tal y como indica PRADA ÁLVAREZ BUYLLA, P., "La inscripción en el registro…", *op. cit.*, p. 349.

cualquier régimen de propiedad horizontal, las especiales propias de las características que posee el inmueble por su destino hotelero. A continuación, vamos a detallar algunas de ellas.

De un lado, el sometimiento del edificio en su conjunto al sistema de condohotel y el uso exclusivo turístico del inmueble. En este punto nos referimos a que además de reiterar el destino y uso turístico que se encuentra recogido en el título constitutivo, lo recomendable es que describa el tipo de explotación turística que se va a desarrollar y el sometimiento de la totalidad de las fincas a la misma. En este sentido, es habitual que se reconozca expresamente el derecho al promotor a *someter a explotación hotelera todas y cada una de las unidades independientes que configuran el complejo.*

Asimismo, debe constar la obligación de cada propietario de ceder la unidad alojativa a la empresa explotadora del establecimiento[45]. Es conveniente limitar las facultades de uso y disfrute de cualquier tipo a los propietarios de las fincas en que se divide el establecimiento hotelero al someterlas al régimen de reservas aplicable en los términos pactados en el contrato de explotación. El propietario no puede realizar ninguna conducta que menoscabe el funcionamiento del establecimiento ni incidir en la explotación que lleve a cabo la empresa gestora.

Esta cesión de la explotación se interpreta de manera clara cuando se incluye un pacto destinado a especificar que las diversas fincas no pueden ser objeto de explotación o comercialización separada ni por un tercero ni por el propio propietario, tampoco cabe su destino a vivienda permanente, pues de lo contrario se violaría el mandato contenido en los Estatutos. El

---

45 GONZÁLEZ CABRERA, I., "Aproximación al régimen jurídico…", *op. cit.*, p. 83; así también, DELGADO TRUYOLS, Á., "Los Condohoteles en España: una nueva forma de propiedad", *Práctica jurídica*, núm. 58, 2014, disponible en: https://www.elnotario.es/practica-juridica/3899-los-condohoteles-en-espana-una-nueva-forma-de-propiedad.

incumplimiento de esta obligación produciría un menoscabo de la oferta alojativa realizada por la empresa gestora y, por ende, alteraría el régimen de explotación al que se encuentran sometidas cada una de las fincas.

Además, debe dejarse constancia del sometimiento de la explotación de todas las unidades alojativas a una única empresa gestora. Carácter intrínseco al condohotel. El establecimiento debe explotarse como un todo, sin inducir a confusión al consumidor ni perjudicar el funcionamiento de la explotación[46]. Todo ello analizado desde el punto de vista de la autonomía privada, sin perjuicio, como veremos más adelante, de la posible infracción administrativa de los principios de unidad explotación y uso exclusivo reconocidos por las normas autonómicas.

Otro aspecto que debe quedar regulado y que permite sentar las bases del contrato de explotación es el reconocimiento de un derecho de disfrute de los servicios hoteleros durante determinados periodos al año. En este extremo, cobran relevancia las previsiones destinadas a establecer las obligaciones que conciernen a cada propietario de ceder su propiedad para la explotación a la empresa hotelera y someterse a las limitaciones de disfrute del inmueble que se especifiquen. En este sentido, se concretarán el tiempo del que puede disfrutar de su estancia en calidad de huésped del hotel, la remuneración que deberá abonar y, en su caso, la bonificación de los servicios hoteleros[47].

De otro lado, la determinación de los servicios y elementos comunes hoteleros. En este punto debe concretarse el régimen

---

46 En este sentido, un modelo de clausula puede ser: (…) preservando el uso hotelero del Conjunto como única unidad de explotación indivisible y con una única entidad explotadora, sin poder en ningún caso, independizar ninguna finca del resto del Conjunto hotelero o de apartamentos en el cual se ubica, ni proceder a la explotación de dicha finca vía distinta de la Entidad Explotadora del Conjunto.

47 *Vid.* infra.

de uso de zonas comunes como las terrazas, el hall del hotel, los solariums, las piscinas, el gimnasio... o cualquier otro espacio o servicio que se preste en el establecimiento hotelero. Así como el respeto a los signos distintivos y la estética del edificio.

Así también, la determinación de los servicios y elementos privados. Igualmente, de existir, deberá especificarse la obligación de cumplir con las normas de régimen interno del establecimiento o la prohibición de realizar trabajos, obras o modificaciones en la configuración de la propiedad[48] sin la previa autorización del órgano competente. Esta última limitación confronta con el artículo 7.1 de la LPH, que permite a cada propietario *modificar elementos arquitectónicos, instalaciones o servicios de aquél cuando no menoscabe o altere la seguridad del edificio, su estructura general, su configuración o estado exteriores, o perjudique los derechos de otro propietario.* Las modificaciones que realice el propietario deben ser conformes con los estatutos, de manera que si estos las prohíben deberá cumplir con los mismos. Sobre todo, si el establecimiento posee una licencia administrativa de inicio de actividad y se encuentra inscrito en el Registro de Turismo de la Comunidad autónoma competente, donde constan determinadas características de cada unidad alojativa[49]. Debemos tener en cuenta que en el ámbito hotelero esta cuestión se convierte en un pacto estatutario relevante, pues las habitaciones o estancias de este tipo de establecimientos deben mantener una imagen común, misma estética y mobiliario, de ahí la importancia de incorporarla.

Por último, y sin perjuicio de detallar cualquier otra circunstancia relevante para el devenir de la comunidad, deben

---

48 PRADA ÁLVAREZ BUYLLA, P., "La inscripción en el registro de la propiedad...", *op. cit.*, p. 350.

49 RODRÍGUEZ TAPIA, J.M., "Comentario art. 7", *Comentarios a la Ley de Propiedad Horizontal*, en AA.VV. MIQUEL GONZÁLEZ, J.Mª. (dir.), Thomson Reuters Civitas, Cizur Menor, 2011, pp. 186 y 187.

concretarse e identificarse los órganos que se encargaran de dirigir y gestionar la comunidad, sus funciones y competencias, clases, convocatoria, constitución y organización.

Normalmente, y conforme al artículo 13 de la LPH los órganos de gobierno de la comunidad de propietarios son la junta de propietarios, el presidente, el secretario y el administrador. En los sistemas de explotación en régimen de condohotel, estos órganos también deben crearse, sin perjuicio de otros que expresamente se configuren por vía estatutaria o por acuerdo mayoritario de la junta de propietarios.

El sistema de organización de la junta de propietarios no difiere de la de un edificio residencial dividido en propiedad horizontal. En cuanto al presidente, el mismo será nombrado entre los propietarios mediante elección o turno rotatorio (art. 13 LPH), asumiendo las competencias en materia de representación que la Ley y los estatutos establezcan. Llevará a cabo las funciones de gobierno y gestión interna de la comunidad[50]. El cargo de secretario puede recaer sobre el presidente, en atención a la estructura organizativa que haya aprobado cada comunidad. En aquellos casos en que ese cargo lo asuma una persona distinta, no es necesario que la misma sea propietaria, puede tratarse de un tercero ajeno a la comunidad[51]. Desempeña las funciones de certificación, práctica y recepción de notificaciones de los propietarios, redacción del acta de la Junta de propietarios, así como subsanar sus defectos o errores o custodiar el libro de actas.

Por su parte, la persona responsable de la administración asume las funciones enumeradas en el artículo 20 de la LPH.

---

50 Sobre las funciones del presidente, *vid.* GÓMEZ-FERRER SAPIÑA, R., *La responsabilidad del presidente de la comunidad de propietarios*, Colegios notariales de España, Madrid, 2003, p. 39 y ss.

51 MARTÍNEZ MARTÍNEZ, M., "Organización de la comunidad", en AA.VV. *Estudios sobre la propiedad horizontal*, SAN CRISTÓBAL REALES, S. (coord.), La Ley, Madrid, 2009, p. 369.

Estas competencias, sin perjuicio de otras que puedan establecer los estatutos, van desde la vigilancia y el apercibimiento a los propietarios e inquilinos por realizar actividades molestas o contrarias a las normas que rigen la comunidad, el control y la elaboración de las cuentas y ejecución del gasto, la conservación y mantenimiento del inmueble, hasta el cumplimiento de los acuerdos adoptados en junta, sobre todo aquellos dirigidos a la realización de obras y la recaudación de las cuotas de los propietarios. En ocasiones, si así lo establecen los estatutos, el administrador puede desempeñar también la función de secretario. Este cargo recae sobre una persona externa a la comunidad. Con carácter general, en el régimen de condohotel puede ostentarlo la empresa explotadora del inmueble. En esos casos es conveniente diferenciar claramente la gestión de la comunidad de propietarios de la del establecimiento hotelero. Nada impide que esta función de administración la desempeñe también alguien ajeno a la empresa explotadora.

La LPH prevé la posibilidad de crear nuevos órganos. En sede de condohotel podemos encontrarnos con la creación de una junta directiva. La razón que justifica el recurso a este órgano de carácter especial descansa, entendemos, en ofrecer agilidad a la resolución de cuestiones de índole administrativa que afectan a la comunidad. Los hoteles explotados en régimen de propiedad horizontal formados habitualmente por multitud de propietarios revisten mayor complejidad que aquellos edificios con destino residencial. La Junta de propietarios deviene poco operativa si tenemos en cuenta que, generalmente, en la práctica se reúne una vez al año. Con este nuevo órgano puede evitarse la ardua labor de atender y localizar a cada uno de los propietarios para participar en reuniones de mera gestión del día a día del inmueble hotelero, evitando así ralentizar la adopción de determinados acuerdos que no necesitan el sometimiento expreso a la junta de propietarios y que tampoco puede adoptar el administrador por las implicaciones que puede tener en el régimen hotelero.

En uno de los establecimientos gestionados bajo la modalidad de condohotel al que hemos tenido acceso, la comunidad de propietarios cuenta con una junta directiva compuesta por entre tres y cinco miembros, debiendo ser propietarios de las fincas del hotel. Este órgano presenta mayor agilidad en cuanto a la convocatoria, constitución y adopción de acuerdos, teniendo el presidente voto de calidad en caso de empate. En cuanto a las funciones que asume destacan las tareas de fiscalización previa de la gestión del administrador y el control de las obras que se realicen en elementos comunes y privativos. Entre el elenco de competencias asignadas, no cabe asumir ninguna que corresponda expresamente, vía legal o estatutaria, a la junta de propietarios.

Sentado lo anterior, y siguiendo con el régimen estatutario, en cuanto a posibles modificaciones, los estatutos están sujetos a las mismas formalidades y reglas de modificación que el título constitutivo. Cumplidas dichas formalidades, entre las que destaca su inscripción en el Registro de la Propiedad, serán de obligado cumplimiento para todos los propietarios, incluso los que se hayan incorporado con posterioridad al otorgamiento del título constitutivo.

Cualquier iniciativa que persiga la modificación de los estatutos requiere, en virtud del artículo 17.6 de la LPH, de la unanimidad de la totalidad de los propietarios que, al mismo tiempo, representen el total de las cuotas de participación. No obstante, existen algunas modificaciones cuyo acuerdo podrá adoptarse por mayoría. Nos referimos a los contenidos en el apartado 3 del artículo 17 de la LPH en relación con la creación o supresión de los servicios de portería, conserjería, vigilancia u otros servicios comunes de interés general y apartado 12, relativo al acuerdo que limite o condicione el arrendamiento turístico de pisos[52]. Estas situaciones se presentan ajenas al

52 En esta materia, debemos referenciar las recientes sentencias del Tribunal Supremo núm. 90/2024, de 24 de enero de 2024 (ECLI:ES:TS:2024:196) y 95/2024, de 29 de enero de 2024 (ECLI:ES:TS:2024:315).

sistema de explotación en régimen de condohotel, pues en el primer caso el legislador está pensando en los edificios de uso residencial o comercial pero sin tener encaje en el régimen de explotación hotelera, donde es consustancial a ella la existencia de una recepción y en el segundo caso, en las prohibiciones de uso turístico, situación distinta a la que tratamos[53].

Por último, otra de las cuestiones más relevantes y que genera mayores controversias son las situaciones de incumplimiento de alguna norma estatutaria. En este aspecto, la comunidad de propietarios está legitimada para exigir el cumplimiento de los estatutos ejerciendo las acciones civiles pertinentes.

Uno de los conflictos más habituales en un inmueble sometido al régimen de propiedad horizontal destinado a explotación hotelera se produce cuando alguno de los propietarios tiene la intención de comercializar su apartamento de manera aislada y separada del resto, inicia los trámites para ello y, en algunos casos, explota las unidades alojativas de manera inde-

---

53 Sobre estas cuestiones véase, FUENTES-LOJO RIUS, A., "Últimas novedades sobre acuerdos comunitarios prohibitivos de viviendas de uso turístico y de otras modalidades de alojamiento turístico. Comentario a la RDGSJFP de 16 de junio de 2020", *Revista crítica de derecho inmobiliario,* núm. 783, 2020, pp. 536-554; BERENGUER ALBALADEJO, Mª C., "Acuerdos comunitarios para regular el ejercicio del arrendamiento turístico de viviendas: exégesis del art. 17.12 LPH", en AA.VV. *El alojamiento colaborativo. Problemática jurídica actual de las viviendas de uso turístico,* LÓPEZ SÁNCHEZ, C. (coord.), Dykinson, Madrid, 2021, pp. 153-219; GONZÁLEZ FERNÁNDEZ, Mª.B., "Alojamiento y Viviendas de uso turístico", en AA.VV. *Economía Colaborativa, Cuadernos de Derecho para ingenieros X, Cuaderno 46,* Escudero Gallego, R. y Martínez Garrido, S. (dirs.), Madrid, Wolters Kluwer, 2018, pp. 151-167; y BENAVIDES VELASCO, P.G., "Estrategias regulatorias para abordar los problemas de explotación de las viviendas turísticas ofertadas a través de plataformas colaborativas", en AA.VV., *Las viviendas vacacionales: entre la economía colaborativa y la actividad mercantil,* GONZÁLEZ CABRERA, I. (dir.), Dykinson, Madrid, 2019, pp. 117-144.

pendiente. Esta situación supone la existencia de dos explotadores en un único establecimiento hotelero, lo que incumpliría la norma estatutaria que obliga a respetar la unidad de explotación, sin perjuicio de otras que pertenecen también al campo del Derecho administrativo.

Con carácter general, los estatutos suelen contemplar expresamente esta situación, aclarando que se trata de una actividad prohibida y que, además, viola lo establecido en el artículo 7.2 de la LPH. La cláusula, a veces, se redacta en términos genéricos al especificar que al propietario u ocupante de cada piso o local no le está permitido desarrollar en él o en el resto del inmueble actividades prohibidas en los estatutos. Por actividad, tal y como ha indicado la doctrina[54], debe entenderse toda *conducta duradera*. El concepto de *actividad* al que se refiere la norma no hace alusión exclusivamente al ejercicio de una actividad comercial o profesional, sino a cualquier actuación que pueda causar un daño a la comunidad realizada de manera reiterada o con cierta continuidad. En este caso, la explotación asilada por el titular es una actividad que se encuentra expresamente prohibida en los estatutos.

La redacción de este tipo de cláusulas, conforme ha indicado la jurisprudencia[55], debe ser clara y precisa; incluso, debemos tener en cuenta que para conseguir el resarcimiento del daño causado por dicha actuación no es necesario que la misma suponga una actividad molesta[56]. A pesar de que la finca esté destinada

---

[54] RODRÍGUEZ TAPIA, J.M., "Comentario art. 7", *op. cit.*, p. 196.

[55] *Cfr.* sentencia de la AP de Málaga (Sección 4ª), núm. 417/2014, de 25 de septiembre de 2015 (ECLI:ES:APMA:2014:1868).

[56] *Vid.* el análisis jurisprudencial que realiza CABEZUELO ARENAS, A.L., "Edificios sometidos a propiedad horizontal y arriendo turístico de pisos: tres vías de prevención y/o defensa de la Comunidad frente a una actividad potencialmente molesta", *Revista Aranzadi Doctrinal*, núm. 5, 2018 (Bib 2018/8562), p. 12 y ss., sobre la interpretación del

a uso hotelero y esté preparada y configurada para su explotación de este modo, no es posible su gestión por un explotador distinto al que ya existe y de manera separada al resto de apartamentos por estar expresamente prohibido en una norma de naturaleza estatutaria que vincula a todos los propietarios.

Otro modo de calificar esta actividad, en aplicación del artículo 7.2 de la LPH, es considerarla como ilícita por contravenir una norma administrativa. Efectivamente, el hecho de iniciar la explotación turística de uno o varios apartamentos, en paralelo a la ya existente, supone una infracción administrativa. Aunque lo veremos con mayor detalle en los siguientes apartados, podemos adelantar que se produce una violación del principio de unidad de explotación recogido, si nos centramos en la Comunidad autónoma de Andalucía, en el artículo 41 de la LTA y tipificado como infracción grave por el artículo 72.5 de la LTA.

Es menester que los estatutos recojan las sanciones que pueden tener lugar cuando se produce un incumplimiento de los mismos. En muchos casos se ciñen a aludir que cabe el ejercicio de las acciones reconocidas en el orden civil para los casos de incumplimiento. El fundamento de estas acciones se encuentra en que el hecho de salvaguardar la unidad de explotación resulta muy importante para el funcionamiento del establecimiento y el interés de los propietarios que han comprado un inmueble cedido en explotación hotelera a un tercero. Entre otros, los efectos perjudiciales que puede provocar la ruptura de esta situación y, por ende, el incumplimiento del pacto estatutario, pasan por la inducción a confusión al consumidor sobre la entidad con la que está contratando el disfrute de la estancia y las características de los servicios que se prestan en el inmueble, la generación de una situación concurrencial ilegí-

---

artículo 7.2 de la LPH en relación con el desarrollo de actividades prohibidas en los estatutos por parte del propietario sin que las mismas tengan que ser perjudiciales, dañen o hagan peligrar la finca.

tima por ejercicio de actos desleales como el aprovechamiento de la reputación ajena, el engaño, la confusión o la violación de normas, entre otras posibles prácticas ilícitas.

Por su parte, el procedimiento sancionador que expresamente prevé el artículo 7.2 de la LPH para la conducta que hemos descrito es el ejercicio de una acción de cesación. Para la interposición de la acción es necesario la existencia de un requerimiento previo de cesación por parte del presidente de la comunidad que no haya sido atendido por el propietario infractor[57]. En estos casos, no se exige ninguna prueba adicional, únicamente la acreditación del requerimiento fehaciente y la certificación del acuerdo de la junta de propietarios que autorice al presidente a entablar la acción de cesación. Además, dado que la conducta podríamos considerarla como una infracción administrativa, sería conveniente que la comunidad pusiese los hechos en conocimiento de la administración competente para el inicio del procedimiento de inspección y sanción oportuno[58].

---

57 Sobre las actividades que facultan para el ejercicio de acción de cesación y especialidades procesales, *vid.*, MAGRO SERVET, V., *Aspectos procesales y sustantivos de las acciones de cesación del art. 7.2 LPH en las comunidades de propietarios*, La Ley, Madrid, 2011; SERRANO HOYO, G., "El juicio ordinario para la cesación de actividades prohibidas, dañosas, molestas, insalubres, nocivas, peligrosas o ilícitas", en AA.VV. *Estudios sobre la propiedad horizontal*, SAN CRISTÓBAL REALES, S. (coord.), La Ley, Madrid, 2009, pp. 1017-1095; VALCÁRCEL BUSTOS, M., "Comunidades de propietarios y alquiler de viviendas de uso turístico", en AA.VV. *Turismo, vivienda y economía colaborativa*, MUNAR BERNAT, P.A. *et. al* (dirs.), Thomson Reuters Aranzadi, Cizur Menor, 2020, pp. 485-506.

58 En estos casos, como indica RODRÍGUEZ TAPIA, J.M., "Comentario art. 7", *op. cit.*, p. 206, podrá ejercerse la acción civil de cesación de manera simultánea al inicio del procedimiento administrativo sancionador pero habrá que esperar a la resolución de este último para poder continuar con la demanda civil.

Las consecuencias de este incumplimiento, si se obtuviese una resolución estimando las pretensiones de la comunidad, podrían ir desde producirse el cese de la actividad y obtener una indemnización por los daños y perjuicios causados, hasta la privación del derecho al uso de la vivienda o local por un tiempo no superior a tres años[59].

1.2. El Reglamento de Régimen Interior

El artículo 6 de la LPH ofrece la posibilidad a los propietarios de establecer normas que regulen la utilización del edificio, sus servicios y sus zonas comunes, así como ordenar la convivencia de los diferentes usuarios de las instalaciones, sin invadir los ámbitos competenciales reservados a la Ley o a los estatutos, ni contravenir lo estipulado por estos.

Estas normas se recogen con frecuencia en un Reglamento de Régimen Interior y obligan a cualquier titular presente o futuro de las fincas del edificio, así como a los visitantes u ocupantes del mismo, salvo que el mismo sea modificado por acuerdo de la junta de propietarios[60].

Entonces, nos encontramos, como señala la jurisprudencia[61], con *dos clases de normas*, de muy distinto rango: unas, las

---

59 *Vid.* infra.

60 La extensión de la vinculación del Reglamento de Régimen Interior a cualquier persona se basa en que nos encontramos ante acuerdos meramente administrativos, centrados en regular el desarrollo de la convivencia lo que hace necesario que cualquier persona que pertenezca a la comunidad los respete. ECHEVARRÍA SUMMERS, F.M., "Comentario al art. 6", en AA.VV. *Comentarios a la Ley de Propiedad Horizontal*, BERCOVITZ RODRÍGUEZ-CANO, R. (coord.), Thomson Reuters Aranzadi, Cizur Menor, 2020, p. 336.

61 *Vid.*, entre otras, las sentencias del TS núm. 411/2022, de 23 de mayo (Tol9.000.961); núm. 487/2007, de 25 de abril (Tol1.069.817)

contenidas en el título constitutivo de la propiedad y en los estatutos, que regulan la constitución y el ejercicio del derecho de cada propietario, en orden al uso y destino del edificio; y otras, integradas en el reglamento de régimen interior, para regular los detalles de la convivencia y la adecuada utilización de los servicios y las cosas comunes. Esta diferencia alcanza tal relevancia que queda reflejada en la mayoría necesaria para modificar cada uno de estos documentos. Aquellos acuerdos que pretendan la aprobación o modificación de las reglas contenidas en el título constitutivo de la propiedad o en los estatutos requieren unanimidad (art. 17.6 LPH). En cambio, la aprobación de los acuerdos que afecten al Reglamento de Régimen Interior está sujeta al sistema de dobles mayorías de los propietarios establecido por el artículo 17.7 de la LPH.

En el ámbito del condohotel es recomendable disponer de un Reglamento de Régimen Interior que rija la convivencia de los propietarios y demás terceros en el complejo hotelero. Si atendemos a las particularidades de esta figura, al igual que cualquier otro establecimiento hotelero, deben poseer unas normas internas de funcionamiento que permitan ordenar la utilización de los elementos y servicios comunes. Con carácter general, se trata de regulaciones breves, que pueden contar con no más de una veintena de normas que van destinadas a garantizar el mantenimiento de la apariencia y uniformidad del establecimiento. Algunas de estas normas se centran en la utilización de las zonas sociales privativas de la finca de Servicios Hoteleros, a ordenar el disfrute de los propietarios y sus familias de las zonas privativas que constituyen las suites, garajes y trasteros, así como, a determinar la utilización y acceso a las zonas comunes mediante la entrega de tarjetas identificativas o a establecer tarifas especiales de uso. Además, se incluyen limitaciones a determinadas actuaciones o actividades como la obligación de abstenerse de

y de 6 de julio de 1978 (Tol2.186.350).

sacudir ropas de uso doméstico en terrazas, puertas o pasillos, la prohibición de tender la ropa en la fachada o mantener en buen estado las plantas y ornamentación, entre otras.

Generalmente este Reglamento no posee trascendencia registral, sin embargo, en determinados casos, cuando el mismo lo elabora el promotor del condohotel, va unido a la escritura pública que incluye el título constitutivo y los estatutos. Por tanto, accede al Registro de la Propiedad. Sin embargo, resulta irrelevante la inscripción del Reglamento de Régimen Interior porque siempre que sus normas se adecuen a su ámbito competencial serán oponibles a todos los propietarios y ocupantes del inmueble.

En cuanto al incumplimiento del Reglamento, se considera que lo que procede es un requerimiento al infractor para hacerlo valer. En tanto no se atienda dicho requerimiento, esa conducta podrá devenir ilícita conforme al artículo 7.2 de la LPH y, por tanto, se podrán ejercer las acciones que el precepto contempla[62]. No obstante, en aquellos supuestos en los que los estatutos exijan el cumplimiento del contenido del Reglamento de Régimen Interior, podremos interpretar que la inobservancia del Reglamento lo es también de los estatutos. Por tanto, acudiríamos directamente al procedimiento contenido en el artículo 7.2 de la LPH, considerando la actuación como una actividad de las prohibidas en los estatutos.

---

62 RODRÍGUEZ TAPIA, J.M., "Comentario art. 6", *Comentarios a la Ley de Propiedad Horizontal*, en AA.VV., MIQUEL GONZÁLEZ, J.Mª. (dir.), Thomson Reuters Civitas, Cizur Menor, 2011, p. 178.

2. LA INCIDENCIA DEL PRINCIPIO DE UNIDAD DE EXPLOTACIÓN EN EL RÉGIMEN DEL CONDOHOTEL

Las Comunidades autónomas conforme al título competencial que les atribuye la Constitución son las encargadas de ordenar, planificar y promover las materias y actividades vinculadas con el sector turístico que se desarrollen en los límites geográficos de cada una de ellas. Dentro de los diversos ámbitos objeto de regulación se encuentra el de los prestadores que ofrecen un servicio de alojamiento turístico.

Las regiones, conforme a esta distribución competencial, en sus respectivas normas marco sobre turismo, recogen la regulación que afecta a los establecimientos de alojamiento turístico. Esta regulación contiene una clasificación de los establecimientos de alojamiento turístico y las reglas que deben respetarse sobre el inicio de la actividad alojativa, para ello se encuentran sometidos a un régimen de comunicación previa y licencia administrativa. En concreto, deben cumplir con el procedimiento de inscripción en el Registro de Turismo[63] competente. Esta inscripción se realiza sobre la base de una declaración responsable de inicio de actividad en la que se facilitan datos conforme a los requisitos identificativos e informativos que exigen las normas y los reglamentos para el desarrollo de la prestación del servicio de alojamiento (titular de la actividad, datos sobre la actividad a desarrollar, información sobre el tipo de establecimiento…).

63 En el caso de la Comunidad andaluza se encuentra regulado por el artículo 38 de la LTA. En Baleares existe un Registro de empresas, actividades y establecimiento turísticos en cada isla, se encuentra regulado en el artículo 27 de la LTB. En Canarias se denomina Registro General Turístico y viene recogido en el artículo 22 de la LTC.

En general, en la documentación de la inscripción no se incluye mención alguna acerca de que el establecimiento se encuentra en régimen de condohotel, sino que hay que concretar el tipo de establecimiento de alojamiento turístico de que se trata, las plazas de las que dispone, así como otra serie de información. En el caso de ser un establecimiento hotelero[64] habrá que identificar a qué grupo pertenece, si se trata de hoteles, hoteles apartamento o apartamentos turísticos, entre otros posibles, junto con la categoría que ostente, indicando número de estrellas o llaves. Conforme a dicha inscripción, la pertenencia a una tipología concreta de establecimiento hace que se encuentre sometido a una serie de requisitos en cuanto a sus instalaciones, mobiliario y servicios, entre otras cuestiones que fije la regulación aplicable[65] y con independencia de sobre quién recaiga la titularidad del inmueble. En concreto, debe respetar las obligaciones relativas a las condiciones técnicas y la prestación de servicios contenidas en la normativa aplicable de conformidad con el número de estrellas o llaves que posea.

La mayoría de normas autonómicas imponen la obligación a los establecimientos de alojamiento turístico de respetar el principio de unidad de explotación[66]. Esta regla consiste en

---

64 En Andalucía, los condohoteles, hasta la reforma operada en la LTA en 2011 que entró en vigor en enero de 2012, solo podían configurarse en aquellos establecimientos de alojamiento turístico con categoría mínima de cuatro estrellas o de tres llaves.

65 Para Andalucía la regulación se encuentra recogida por el Decreto-ley 13/2020. Norma que ha derogado el Decreto 47/2004, de 10 de febrero de 2004, de Establecimientos Hoteleros que hasta la fecha contenida estas especificaciones.

66 Artículo 33 de la LTB; artículo 41 de la LTA; artículos 38 y ss. de la LTC; artículo 34 de la Ley 13/2016, de 28 de julio, de Turismo del País Vasco (en adelante, LTPV); artículo 66 de la Ley 15/2018, de 7 de junio, de turismo, ocio y hospitalidad de la Comunitat Valenciana (en adelante, LTV); artículo 54 de la Ley 7/2011, de 27 de

evitar que dentro de un mismo establecimiento distintas unidades de alojamiento sean gestionadas por varias empresas, pudiendo ello generar situaciones conflictivas respecto de los usuarios[67]. Uno de los fines que se persiguen con la instauración de este principio es garantizar la profesionalización de la prestación de los servicios de alojamiento turístico, alcanzando una mayor calidad de los mismos.

Otra de las razones que justifican la aplicación de este principio[68] se centra en que el hecho de que en un mismo espacio físico concurran bajo una misma indicación y denominación distintas realidades puede generar, indudablemente, un riesgo de confusión en el consumidor. En tales casos, resultará difícil identificar correctamente quién es el responsable de los servicios turísticos prestados, por no existir una separación clara de los mismos, de manera que se vulnera la protección de los consumidores que propugna nuestro ordenamiento al no presentarse la información de manera clara y, por tanto, pudiendo inducir a confusión. Además, debe protegerse al consumidor en su otra vertiente, es decir, al inversor que ha adquirido una unidad alojativa destinada a ser explotada como condohotel, lo que, indirectamente, origina que no deba interferir ninguna otra empresa en la gestión del mismo complejo[69].

---

octubre, del Turismo de Galicia (en adelante, LTG); y artículo 30 de la Ley 1/1999, de 12 de marzo, de Ordenación del Comunidad de Madrid (en adelante, LTM), entre otras.

67 SOLA TEYSSIERE, J., "Hacia un sistema armonizado de la clasificación hotelera", *Revista Andaluza de administración pública*, núm. 88, 2014, pp. 61-100.

68 *Vid.* sentencia TS núm. 2655/2016, de 16 de diciembre de 2016 (Tol5.918.189).

69 Entre las desventajas del principio de unidad de explotación destacan la situación de desequilibrio que se produce entre el explotador y los propietarios de unidades alojativas. En muchos casos, estos últimos se encuentran obligados a suscribir el contrato con una entidad

Centrándonos ya en el concepto, tomando como referencia el apartado 2 del artículo 41 de la LTA, *[L]a unidad de explotación supone la afectación a la prestación del servicio de alojamiento turístico de la totalidad de las unidades de alojamiento integrantes de la edificación, o parte independiente homogénea de la misma, ocupada por cada establecimiento, siendo ejercida la gestión del conjunto por una única empresa titular*[70]. Podemos identificar dos características o presupuestos esenciales que deben darse obligatoriamente para la correcta explotación del establecimiento hotelero[71].

De un lado, el sometimiento de todas las unidades de alojamiento a explotación hotelera[72]. Esta regla supone que el inmueble hotelero no es compatible con un destino diferente al asignado inicialmente a las unidades alojativas. Con ello evitamos que ciertos establecimientos edificados originariamente para un uso de alojamiento turístico terminen dedicando parte de sus habitaciones o apartamentos a un uso particular, conviviendo en el mis-

---

explotadora en la que no confían y asumiendo las condiciones que esta imponga. GONZÁLEZ CABRERA, I., "Los principios de unidad de explotación y de uso exclusivo turístico, requisitos favorecedores para la explotación del establecimiento alojativo en régimen de condohotel", *I Foro Internacional de Turismo*, Universidad de Las Palmas de Gran Canaria, 2013, p. 783.

70 Similar redacción es la contenida en la norma valenciana (art. 66.2), vasca (art. 34.1 *in fine* y 2), balear (art. 33.2) así como la canaria (art. 38.2)

71 La sentencia del TSJ de Madrid, núm. 425/2013, de 25 de abril (ECLI:ES:TSJM:2013:5811), atendiendo a la normativa autonómica señala que: … *el principio de unidad de explotación requiere dos condiciones, en primer lugar, que la actividad turística de alojamiento se someta a una única titularidad empresarial, pero en segundo lugar, que esta única titularidad empresarial sea ejercida en cada establecimiento o conjunto unitario (…) que corresponda a alguna de las modalidades de alojamiento previstas….*

72 En palabras de la sentencia del TSJ de Madrid, núm. 425/2013… *que cada unidad productiva autónoma en la que se ejerza la actividad de alojamiento turístico (…) esté sometida a una única empresa.*

mo edificio con otros espacios dedicados a explotación hotelera, contraviniendo así el destino y uso urbanístico de la edificación.

Debemos traer aquí la obligación de cumplir con el principio de uso exclusivo turístico que reconocen también las normas turísticas[73]. El principio determina la afección del alojamiento y sus unidades alojativas al uso turístico, estando prohibido la explotación separada o un destino distinto. Tanto el principio de unidad de explotación como el de uso exclusivo son principios generales que se aplican a cualquier establecimiento de alojamiento turístico. Con independencia de este hecho, las normas autonómicas que introducen el régimen jurídico del condohotel o figuras similares, insisten en recordar la necesidad de aplicar y respetar ambos principios. A modo de ejemplo, la LTA en el caso de los establecimientos en régimen de propiedad horizontal impone, como garantía para la correcta constitución, que la afección a uso turístico que recae sobre cada una de las unidades de alojamiento conste inscrita en el Registro de la Propiedad. La norma andaluza, al igual que otras normas autonómicas, reitera hasta en dos ocasiones en el artículo 42 de la LTA, la prohibición de dar un uso residencial[74]. Esta insistencia muestra la relevancia que posee que los operadores del mercado turístico respeten este principio

---

73 Artículo 18 de la LTA.

74 Cada Comunidad autónoma ha interpretado el uso residencial de una manera. En Andalucía se considera uso residencial cuando los propietarios tengan el uso por un periodo superior a dos meses (art. 42.3 de la LTA). En Canarias el periodo asciende a los seis meses (art. 30.1, letra c) de la LTC) y, por su parte, la Comunidad valenciana establece un periodo de cuatro meses al año (art. 68.3 de la LTV). Resulta cuando menos llamativo la disparidad interpretativa que existe en torno al uso residencial. Cabe señalar que este uso comprende tanto la reserva de uso que se le reconoce al propietario en el contrato de cesión de la explotación como, de no existir contrato, el uso por parte de la persona propietaria.

en los establecimientos sometidos al régimen de condohotel. Una actitud contrario, como veremos, lo haría ingobernable.

De otro lado, la gestión del conjunto del inmueble[75] debe recaer sobre una única empresa explotadora. En este aspecto, el principal problema que se plantea es su convivencia con los derechos de propiedad que ostentan los titulares de las unidades alojativas. Es decir, con la capacidad de disposición sobre el bien inmueble de los propietarios. Este difícil equilibrio ha sido objeto de recurso ante los tribunales[76]. En el caso que referenciamos, los actuantes entendían que los preceptos que regulan el principio de unidad de explotación, aplicable al supuesto de un establecimiento hotelero dividido en propiedad horizontal, podían ser inconstitucionales por atentar contra el derecho de propiedad privada consagrado en el artículo 33 de la CE. El órgano judicial no admitió a trámite el recurso argumentando que nos encontramos ante una ordenación de los establecimientos hoteleros dentro de las competencias autonómicas que respeta en todo momento la propiedad, el uso y el disfrute.

Recientemente se ha planteado la posible ilegalidad de este principio con motivo de la proliferación de viviendas con fines turísticos. La cuestión objeto de debate se centra en si este tipo de establecimiento extrahotelero debe someterse al principio de unidad de explotación. Las viviendas con fines turísticos consisten en alojamientos que se encuentran ubicadas, generalmente, en edificios divididos en propiedad horizontal construidos en suelo calificado como de uso residencial. La ex-

---

75 Reviste especial importancia identificar o, mejor dicho, delimitar el inmueble. Para que se respete el principio, sino se ejerce la actividad en la totalidad del inmueble, la parte del edificio debe ser homogénea y poderse diferenciar claramente del resto. *Vid.* sentencia del TSJ de Madrid, núm. 425/2013, de 25 de abril de 2013 (Tol3.784.636).

76 *Vid.* sentencia de la AP de Málaga, Sección 6ª, núm. 705/2016, de 25 de octubre de 2016 (Tol6.054.875).

plotación, siguiendo la mayoría de normas autonómicas, puede encomendarse a una entidad gestora especializada en esta materia o recaer directamente sobre el propietario[77]. A pesar de que las viviendas con fines turístico presentan importantes diferencias respecto al condohotel y a otros establecimientos de alojamiento, se han convertido en el germen para que las autoridades se planteen la posibilidad de eliminar el principio de unidad de explotación de la normativa autonómica. En este aspecto, resulta interesante analizar los argumentos utilizados.

Por algunos[78] se ha considerado que el principio de unidad de explotación contradice el principio de libertad de empresa

---

77 En relación con estas cuestiones resulta interesante conocer las reflexiones expuestas por FERNÁNDEZ PÉREZ, N., "Las viviendas vacacionales: ¿entre la economía colaborativa y la actividad mercantil? Una reflexión desde el prisma del derecho mercantil, en AA.VV. *Las viviendas vacacionales: entre la economía colaborativa y la actividad mercantil*, GONZÁLEZ CABRERA, I. (dir.), Dykinson, Madrid, 2019, pp. 71-98; BENAVIDES VELASCO, P.G., "Estrategias regulatorias para abordar los problemas de explotación de las viviendas turísticas...", *op. cit.*, pp. 117-144; y FRANCH FLUXÀ, J., "Restricciones a la libertad de empresa y el mercado en la normativa urbanística aplicable a las viviendas vacacionales", *Estudios de Deusto*, núm. 69, 2021, pp. 43-76.

78 El Defensor del Pueblo recomendó con motivo de la presentación de la queja (18019511) la supresión del principio de unidad de explotación recogido en la norma Canaria por entender que existen otras vías menos restrictivas de derechos para la protección de los consumidores. *Vid.* Recomendación de 7 de octubre de 2019, disponible en: https://www.defensordelpueblo.es/resoluciones/requerimientos-en-canarias-de-destinar-inmuebles-residenciales-a-uso-turistico/. En línea similar, ya se había pronunciado con anterioridad con motivo de la queja (14018557) presentada por un particular que posee un apartamento en un edificio y deseaba alquilarlo como vivienda con fines turísticos. En esta ocasión argumentó que ...*[L]a necesaria cesión de alquiler del apartamento a la empresa que comercializa el resto de los apartamentos del edificio no va a redundar en una mejor planificación urbanística, pues el uso (turístico) será el mismo, ni va a contribuir a eli-*

recogido en el artículo 38 de la CE, y que, además, contraviene la Ley 20/2013, de 9 de diciembre, de garantía de la unidad de mercado (en adelante, LGUM)[79]. Los organismos que se han pronunciado al respecto han defendido que existen alternativas a la aplicación del principio, entre otras, la de permitir a los particulares, en aquellos casos en los que convivan en un mismo inmueble uso turístico y uso residencial, que oferten como vivienda con fines turísticos su propiedad[80]. Omitiéndose, de esta manera, la aplicación del principio de unidad de explotación.

En nuestra opinión, al encontrarnos ante alojamientos distintos, no deben someterse a la misma regulación y requisitos[81].

---

minar las molestias a los vecinos, dado que ya conviven con turistas ni va a evitar la "sobreoferta" en las Islas. El único efecto que va a producir es el recorte de los derechos de propiedad y libertad de empresa al ciudadano en beneficio de una empresa y sin contribución positiva alguna para el interés general. Vid. Recomendación de 7 de abril de 2015, disponible en: https://www.defensordelpueblo.es/resoluciones/prohibicion-de-alquiler-de-apartamentos-turisticos-por-particulares-en-las-illes-baleare-2/#:~:text=El%20art%C3%ADculo%2033%20establece%20que,explotación%20ejercida%20en%20cada%20establecimiento.

79 Con mayor detalle, el Informe de la CNMC de 22 de noviembre de 2017 sobre la Comunicación presentada, al amparo del artículo 28 de la Ley 20/3013, de 8 de diciembre, de Garantía de la unidad de Mercado, relativa al alquiler para usos turísticos de viviendas en Baleares (UM/125/17) establece que el principio ...*no se ajusta a los principios de garantía de las libertades económicas protegidos por la LGUM* al limitar la iniciativa económica y no existir una razón de interés general. El informe se encuentra disponible en: https://www.cnmc.es/sites/default/files/1904791_6.pdf.

80 Esta alternativa ha sido propuesta por el Defensor del Pueblo y acogida por la CNMC.

81 Aquí adquiere relevancia el ámbito de aplicación del principio de unidad de explotación. Para ello deberemos acudir a cada una de las normas autonómicas y comprobar si el mencionado principio se aplica a cualquier tipo de establecimiento de alojamiento turístico, solo a los hoteleros y no a los extrahoteleros... etc. Lo que no nos

Lo que nos llevaría, atendiendo a los argumentos expuestos, a eliminar la aplicación del principio de unidad de explotación en las viviendas con fines turístico[82] y mantenerlo en el condohotel. Esto no impide que, si se modifica la configuración del tipo de establecimiento, y siempre que las normas lo permitan, tanto urbanísticas como autonómicas, podrá suprimirse tal principio. Nos referimos, a modo de ejemplo, al condohotel que pasa a explotarse de manera separada por cada uno de los propietarios. Aunque tengamos serias dudas sobre ese posible cambio, dadas las implicaciones legales que posee ya que debería modificarse hasta el título constitutivo de la propiedad horizontal, en el supuesto en el que se diesen todos los presupuestos jurídicos tanto públicos como privados, entonces sería conveniente, por inoperativo, suprimir la aplicación del principio.

Como muestra podemos traer a nuestro estudio la normativa Catalana que, en apariencia, se consideró por algunos[83] que había eliminado el principio de unidad de explotación. La Ley 13/2002, de 21 de junio, de turismo de Cataluña exigía en el artículo 45 el respeto del principio de unidad de explota-

---

cabe ninguna duda es que se aplica al condohotel y, además, consideramos que debe ser así por las propias características de este producto de inversión y en aras de ofrecer garantías al adquirente.

82 Sobre el concepto administrativo de vivienda de uso turístico *vid.* GONZÁLVEZ PEQUEÑO, H., "Rememorando el big bang de las viviendas turísticas y la moderada administrativización del contrato de arrendamiento turístico de la vivienda", en AA.VV. *Desregulación y regulación de la economía colaborativa en la actividad turística y las actividades con incidencia turística,* GONZÁLVEZ PEQUEÑO, H. y BUENO ARMIJO, A.Mª (dirs.), Thomson Reuters Aranzadi, Cizur Menor, 2023, p. 60 y ss.

83 GONZÁLEZ CABRERA, I., "Principio de unidad de explotación y su incidencia en viviendas turísticas. El uso mixto de complejos extra hoteleros", en AA.VV. *Turismo post-covid-19. El turismo después de la pandemia global. Análisis, perspectivas y vías de recuperación,* BAUZÁ MORTORELL, F.J. y MELGOSA ARCOS, F.J. (dirs.), Universidad de Salamanca, 2020, p. 240.

ción por parte de los apartamentos turísticos. En 2011, la Ley de promoción de la actividad económica catalana[84] derogó el precepto. Si atendemos a la normativa de desarrollo, el Decreto 159/2012, de 20 de noviembre, de establecimientos de alojamiento turístico y viviendas de uso turístico, mantiene la obligación de respetar el principio de unidad de explotación en el caso de los hoteles (art. 33.3), hoteles-apartamento (art. 33.4) y apartamentos turísticos (art. 37). No lo reconoce para las viviendas de uso turístico. El Decreto fue derogado y actualmente se encuentra en vigor el Decreto 75/2020, de 4 de agosto, de turismo de Cataluña.

Esta última norma, por su parte, impone a los establecimientos hoteleros la obligación de respetar el principio que comentamos y, expresamente, señala para el caso de los establecimientos hoteleros y apartamentos turísticos en régimen de condominio el mantenimiento, en cualquier caso, de *la unidad empresarial de explotación de la totalidad de las unidades de alojamiento a lo largo de todos los días del año* (arts. 213-1 y 213-6).

En resumidas cuentas, al margen de la conflictividad nacida en torno a las viviendas con fines turísticos, sobre las que consideramos que antes de nada deberíamos detenernos a analizar y calificar su naturaleza jurídica, es decir, si sus titulares pueden considerarse empresarios turísticos o no, no podemos negar la eficacia y relevancia que posee este principio en el régimen del condohotel. El sometimiento al principio de unidad de explotación ofrece seguridad jurídica a nuestro establecimiento, no olvidemos que nacen obligados a respetar el uso exclusivo turístico y al propio de unidad de explotación ya advertidos por el título constitutivo. De manera que reunir la gestión empresarial en una única empresa, responde a esa imagen de uni-

---

[84] Ley 9/2011, de 29 de diciembre, de promoción de la actividad económica (B.O.E. núm. 12, de 14 de enero de 2012).

formidad y a la realidad de lo que el propietario adquiere: una unidad alojativa como parte inseparable del establecimiento[85].

En otro orden de cosas, la jurisprudencia menor[86], en relación con la aplicación del principio de unidad de explotación a los establecimientos hoteleros en régimen de propiedad horizontal, ha reconocido la dificultad que supone compaginar los derechos e intereses concurrentes de la pluralidad de propietarios de un apartamento con destino hotelero. Esta dificultad puede vencerse si evitamos que cada propietario explote a su antojo las habitaciones de las que son titulares y el establecimiento se explota como lo que es y viene reconocido en el título constitutivo y en los estatutos. Una explotación separada haría inviable el funcionamiento como establecimiento hotelero.

A pesar de la imperatividad de este principio, la realidad nos demuestra cómo, con frecuencia, los propietarios de unidades de alojamiento que forman parte de un condohotel se muestran contrarios a ceder su habitación para la explotación, lo que se convierte en un campo abonado de conflictos. Esta problemática sitúa a la empresa explotadora en una posición de indefensión, pues es incapaz de negociar la inclusión de estas unidades en la explotación y, en consecuencia, cumplir con el principio de unidad de explotación. La norma andaluza, a modo de ejemplo, conocedora de estas circunstancias y de manera excepcional para el supuesto de los establecimientos

---

85 Considera GONZÁLEZ CABRERA, I., "Principio de unidad de explotación… *op. cit.*, pp. 241 y 242, que en determinados supuestos resulta lógica la aplicación del principio de unidad de explotación. Principalmente para dar respuesta a las necesidades de calidad, ordenación y seguridad, pero, sobre todo, por la protección del turista. A lo que añadimos que en algunos casos el respeto del principio de unidad de explotación es intrínseco a las características del tipo de establecimiento de alojamiento.

86 Sentencia de la AP de Las Palmas, Sección 5ª, núm. 130/2020, de 3 de marzo de 2020 (Tol7.997.897).

de alojamiento sometidos al régimen de propiedad horizontal, salva la situación al permitir que un porcentaje igual o inferior al diez por ciento del total de apartamentos o unidades de alojamiento, por razones no imputables a la empresa explotadora, estén excluidas de esa gestión única (art. 41.5 *in fine).* Sin embargo, en ocasiones el porcentaje de cuota que ostentan los propietarios que se niegan a ceder su explotación al gestor sobre el edificio es superior, lo que conduce a que el establecimiento se vea inmerso en un procedimiento sancionador y pueda ver revocada la inscripción en el Registro de Turismo lo que, al mismo tiempo, genera graves perjuicios para todas las partes[87]. En estos casos, debemos tener en cuenta que el resto de propietarios que respetan el principio de unidad de explotación se van a ver también perjudicados porque se encuentran abocados a detener la explotación de sus inmuebles. En estos casos, una solución, que consideramos más acertada, es la que

---

87 *Vid.* la sentencia del TSJ de Andalucía, Sección 3ª, núm. 42/2019, de 17 de enero de 2019 (Tol7.207.193) y, especialmente, la sentencia del TSJ de Madrid, Sección 8ª, núm. 655/2020, de 16 de octubre de 2020 (Tol8.267.693). Esta última resolución conoce el recurso interpuesto frente a una sanción que revoca la inscripción en el Registro de Empresas Turísticas (equivalente al Registro de Turismo de Andalucía) impuesta a la explotadora de un establecimiento hotelero divido en propiedad horizontal por quedar seis habitaciones fuera del pool de explotación debido a la falta de acuerdo para la cesión de las mismas por parte de los propietarios, entre otros incumplimientos. El órgano juzgador, teniendo en cuenta las especiales características de este tipo de establecimiento, por tratarse de fincas registrales que tienen un destino limitado a *uso hotelero,* según los estatutos, sumado al *proceso de negociación iniciado para disponer del cien por cien de las habitaciones* y a que, a pesar de que las habitaciones estén a disposición de los propietarios, no se están usando por estos y aunque su uso esté limitado al hotelero tampoco *puede considerarse autorizable (este uso) de forma independiente,* concluye que es menester eliminar la sanción de anulación de la inscripción en el Registro de Empresas Turísticas que se había impuesto.

ofrece la LTB, *ex* artículo 33.3, al establecer que el incumplimiento del principio directamente imputable a un titular de unidades de alojamiento no supone la pérdida de licencia y, por tanto, cabe la continuidad de la explotación. Con independencia, entendemos, de las acciones que puedan ejercerse contra ese titular por parte del resto de propietarios.

Por tanto, cualquier intención de los titulares de partes del edificio de realizar una explotación separada está vedada. Debiéndose garantizar que los propietarios perjudicados por estas decisiones puedan ejercer las acciones oportunas para evitar el bloqueo de la explotación y, por tanto, exigir el cumplimiento del fin para el que se constituyó la propiedad horizontal. Tampoco podrá admitirse aquel acuerdo suscrito entre las empresas explotadoras, es decir, la principal y la del propietario que se separa del *pool* de la explotación para prestar su colaboración en la gestión del establecimiento[88].

Hasta el momento hemos interpretado el principio de unidad de explotación en relación con la prohibición de que cada propietario de manera separada explote su unidad alojativa. Esta interpretación debe extenderse a la prohibición de que cada propietario mantenga cerrado su inmueble. Como bien indican prácticamente la totalidad de las normas autonómicas, la empresa explotadora debe disponer de los títulos jurídicos suficientes que la habiliten a explotar la totalidad de las unidades de alojamiento que constituyan el establecimiento. De manera que todas las unidades deben estar en disposición de ser explotadas y el propietario no puede impedirlo.

Con todo lo que acabamos de exponer comprobamos que existe un especial interés en respetar el principio de unidad de explotación cuando se trata de establecimientos de alojamiento

---

88 Sentencia del TSJ de Canarias de Santa Cruz de Tenerife, núm. 165/2007, de 24 de julio de 2007 (Tol1.623.147).

turístico constituidos en régimen de propiedad horizontal. En concreto, como ya hemos adelantado, en el Registro de la Propiedad debe constar en nota marginal la afección al uso turístico que recae sobre cada unidad de alojamiento y la cesión del uso de forma permanente a la empresa explotadora. Esta constancia registral permite garantizar la naturaleza turística y la cesión de la explotación a una única empresa, ofreciendo seguridad jurídica a los terceros adquirentes y alertándolos de que a ellos se extiende también la situación particular que presenta la finca[89].

Es más, consideramos que estos requisitos de publicidad, impiden la compatibilidad en el mismo inmueble de distintos grupos o tipos de establecimientos que propugnan algunas normas autonómicas[90]. En primer lugar, para ser compatibles dos establecimientos ubicados en el mismo inmueble o conjunto deben poseer la misma categoría. Pueden convivir hoteles y hoteles-apartamentos si son de la misma categoría y hoteles u hoteles-apartamentos y apartamentos turísticos siempre que sean de similar categoría, es decir, ambos deben tener cuatro, tres, dos o una estrella/llave respectivamente.

Dado que esta convivencia de establecimientos debe realizarse *sin perjuicio del principio de unidad de explotación* (art. 6 Decreto 13/2020) y teniendo presente todo lo estudiado hasta el momento, no cabría en el supuesto del condohotel.

En segundo lugar, la exigencia en la propia definición del principio de unidad de explotación de que las dependencias del establecimiento deben constituir un todo homogéneo, con accesos propios e independientes, impide que en un edificio sometido al régimen de propiedad horizontal catalogado en

---

89 Sobre la eficacia de las notas marginales de afección al uso turístico, *vid.* GARCÍA GARCÍA, A., *Destino y uso de los bienes inmuebles. Régimen sustantivo y registral*, Thomson Reuters Aranzadi, Cizur Menor, 2019, p. 268 y ss.

90 *Vid.* artículo 45 de la LTA.

el grupo de hoteles o hoteles-apartamentos parte del mismo se explote, a modo de ejemplo, como apartamentos turísticos cuando no existan accesos independientes. En un condohotel nos encontramos, con carácter general, con accesos exclusivos para el establecimiento que son considerados elementos comunes en virtud del artículo 396 del Cc y cuya titularidad es compartida con la totalidad de propietarios del edificio. Por este motivo, para crear accesos independientes, todos los propietarios deben prestar su consentimiento. El requisito de la unanimidad hace que sea difícil alcanzar dicho acuerdo.

Como vemos en aras de garantizar esa convivencia y respeto al principio de unidad de explotación, los establecimientos que se sitúen en un mismo edificio deben estar correctamente diferenciados. Nos referimos a que deberán ocupar cada uno una parte independiente y correctamente delimitada del edificio. Es decir, tratarse de unidades funcionales autónomas, disponiendo cada una de sus propios servicios no compartidos según la categoría que ostenten: entradas propias separadas (ascensores y escaleras de uso exclusivo). Además, habrá que tener en cuenta que determinados servicios, esenciales para la explotación hotelera, pueden pertenecer como elementos privativos a un único propietario. De manera que habrá que pedir autorización a ese propietario, lo que no resultará fácil porque el nuevo establecimiento entrará en competencia directa con su unidad alojativa. Por tanto, de nuevo resulta inviable la convivencia de distintos establecimientos.

Por último, cabe recordar que el incumplimiento del principio de unidad de explotación, como ya adelantábamos, supone la incoación de un procedimiento sancionador por parte de los servicios de inspección de la Comunidad autónoma competente. La violación del principio, de acuerdo con la región en la que nos situemos, se considera una infracción muy grave[91] o grave[92]. Cada tipo de infracción lleva aparejada una sanción consistente en una multa que en algunos casos oscila desde los 10.001 hasta los 100.000 euros (art. 94.2 LTV), entre 18.001 y 150.000 euros (art. 78.3 LTA) o, en otros, entre los 30.001 y 300.000 euros (art. 79.2 letra c) LTC). Como sanción accesoria contemplan la suspensión temporal de la actividad y/o la modificación o revocación de la inscripción en el Registro de Turismo (arts. 41.5 y 78.3 LTA).

No todas las normas autonómicas identifican correctamente quienes son los sujetos responsables. Algunas utilizan una cláusula genérica, considerando responsable a toda persona, física o jurídica, que realice el incumplimiento[93] o enumeran a los sujetos responsables de manera indistinta, sean propietarios, sean explotadores[94]. Otras, en cambio, se detienen a enumerar quienes son responsables señalando, de manera específica, que lo serán las personas propietarias de unidades de alojamiento de establecimientos de alojamiento turístico en régimen de propiedad horizontal y las personas promotoras de establecimientos de alojamiento turístico en régimen de propiedad horizontal[95]. Resulta especialmente relevante esta última distinción.

En la mayoría de los casos, a quien se desvincula del cumplimiento del principio de explotación es a los propietarios y no a la empresa explotadora. Es decir, se sanciona a la empresa explotadora. Convendría, entonces, repensar las sanciones que se imponen, pues la revocación de la inscripción no debiera ser una de ellas en este caso, dado que afectaría al establecimiento en su totalidad y, por ende, a los propietarios que sí

---

91 Artículo 75.10 de la LTC y artículo 72.5 de la LTA.

92 Artículo 88 letra u) de la LTCat y artículo 92.4 de la LTV.

93 Artículo 73 de la LTC, artículo 117 de la LTB y artículo 88 de la LTV.

94 Artículo 91 de la LTCat.

95 Artículo 73 letras d) y e) de la LTA.

respetan el principio y a la entidad explotadora. En cuanto a la suspensión, entendemos que se debe aplicar exclusivamente sobre la unidad alojativa incumplidora.

Comprobamos pues que las consecuencias de la ruptura del principio de unidad de explotación por uno o varios propietarios tiene un efecto perjudicial para la totalidad del establecimiento, afectando a la posible continuidad de este y, por tanto, causando un daño tanto a los propietarios que no se han separado de la explotación como a la empresa gestora del establecimiento. Si se produce la revocación de la inscripción o la suspensión temporal de la actividad, los propietarios, de una parte, no podrán obtener una rentabilidad de su inversión y la empresa explotadora, de otra parte, se ve obligada a incumplir los contratos que tiene suscritos con los comuneros, por caso fortuito entendemos e, igualmente, se menoscaban sus expectativas de ganancia.

La causación de estos daños propicia que los afectados puedan dirigirse contra los propietarios incumplidores e iniciar las acciones civiles oportunas por las graves perturbaciones que sufran. Todo ello, sin perjuicio, como ya se ha hecho alusión en líneas anteriores, de que la incoación de un expediente administrativo sancionador por incumplimiento del principio de unidad de explotación, incorporado en el título constitutivo y en los estatutos, constituya un indicio de incumplimiento de ambas normas comunitarias y, por ello, la comunidad de propietarios pueda reclamar responsabilidad con la finalidad de ver resarcido el daño causado.

Capítulo III
La configuración jurídica del condohotel a través del contrato de sociedad

El recurso a la constitución de una sociedad de capital para la explotación del establecimiento hotelero en régimen de condohotel, en el contexto en el que lo vamos a estudiar, no desplaza al sistema de propiedad horizontal. Es decir, partimos del mismo supuesto: un inmueble dividido en propiedad horizontal donde se yuxtaponen diversos propietarios titulares de una o varias fincas. En el título constitutivo, como acabamos de estudiar, queda reflejado el destino hotelero del inmueble y la constitución de la comunidad de propietarios junto a los estatutos que la regirán.

Hasta aquí todo se mantiene igual que en el régimen de la propiedad horizontal, sin embargo, en este caso todos los propietarios tienen la voluntad de constituir una sociedad que será la titular de la explotación. Todos, o gran parte de ellos, pretenden colaborar para la consecución de un fin común: la explotación del establecimiento hotelero. Para conseguir este objetivo pueden elegir entre realizar una puesta en común, cada propietario cede el uso de la unidad alojativa de la que es titular; o bien obligarse con la sociedad a llevar a cabo una prestación accesoria consistente en la cesión del uso de la unidad alojativa. E, incluso, es posible otra alternativa, consistente en que los socios fundadores formalicen un contrato de cesión de uso de la unidad alojativa con la sociedad creada. Esta última opción, no posee incidencias tan relevantes en el seno de la sociedad como los dos casos que vamos a analizar ni afecta a la posición del socio, más bien lo asimilaríamos a un supuesto de los que estudiaremos en los próximos apartados sobre el régimen de condohotel *stricto sensu.*

Antes de entrar a analizar las dos primeras alternativas que ofrecemos para configurar la explotación con base en una sociedad de capital debemos hacer referencia a otra figura que también se utiliza y que se sitúa a medio camino entre la comunidad de bienes y la sociedad. Nos referimos a la creación de una comunidad de explotación por parte de los propietarios. Es menester, en aras de comprender las diferentes alternativas que el ordenamiento jurídico pone a nuestra disposición o, mejor dicho, las figuras utilizadas en la práctica que se han adaptado jurídicamente a las particularidades de la organización en régimen de condohotel, dedicar un apartado a esta modalidad con carácter previo al análisis de la organización a través de una sociedad de capital.

1. LA ORGANIZACIÓN A TRAVÉS DE UNA COMUNIDAD DE EXPLOTACIÓN

La modalidad de comunidad de explotación, también denominada como comunidad de empresa o comunidad de bienes con ánimo de lucro, es una especialidad de la comunidad de bienes en la que la propiedad común y proindivisa recae sobre una actividad empresarial. Esta comunidad de explotación no sustituye a la propiedad horizontal sino que la yuxtapone, podemos encontrarnos en la práctica un inmueble dividido en propiedad horizontal cuyos propietarios, todos o gran parte de ellos, deciden crear una comunidad de explotación sobre el establecimiento. Se trata de una opción que eligen algunas comunidades de propietarios para la explotación del inmueble en régimen de condohotel y que resulta bastante compleja, veamos por qué.

La comunidad de explotación, cuando se encuentra formada por todos los propietarios, se constituye por acuerdo de la junta de propietarios. En estos casos, la comunidad de explotación posee sus propios órganos, en paralelo a los de la comunidad de propietarios. Dispone de su propia Junta de comunidad de explotación en la que están representados todos los propietarios que pertenecen a la comunidad de explotación y cuyo funcionamiento vendrá establecido por los estatutos. Además, cabe el nombramiento de un presidente y un secretario cuyas funciones también vendrán descritas por los estatutos.

La comunidad de explotación, con órganos distintos de los de la comunidad de propietarios, desplaza la aplicación de la LPH en todos sus extremos. Esto es especialmente relevante en cuanto al régimen aplicable a la adopción de acuerdos relativos a la explotación hotelera que afecten al edificio. No debe respetarse el régimen que establece la LPH, en especial, no regirán las mayorías que regula. Como vemos adquirirá gran protagonismo la autonomía de la voluntad de todos los participantes en la comunidad de explotación, serán ellos los encargados de fijar las normas que regirán la comunidad en atención al artículo 1255 del Cc[96]. Esta situación también puede originar el nacimiento de importantes conflictos pensemos, por ejemplo, en la autorización de reformas y obras en el inmueble[97] o la falta de previsión de mecanismos de resolución de conflictos de índole extrajudicial.

---

96 Recordemos que la constitución de la comunidad puede llevarse a cabo a través de un negocio jurídico celebrado entre todos los comuneros o por imposición legal. Sobre esta cuestión *vid.*, entre otros, BERROCAL LANZAROT, A.I., "Capítulo II: La organización de la empresa familiar: comunidad de bienes, sociedad civil y cuentas en participación", *Cuadernos de Derecho y Comercio,* núm. extra. 2017, p. 62 y ss. y GARROTE FERNÁNDEZ-DÍEZ, I., "La comunidad de bienes de origen negocial", en AA.VV. *Tratado de contratos,* Bercovitz Rodríguez-Cano, R. (coord.), Tirant lo Blanch, Valencia, 2020, p. 3622 y ss.

97 Sirva de ejemplo la sentencia de la AP de Las Palmas núm. 129/2020, de 6 de marzo (JUR/2020/203347) que trata la oposición de uno de los propietarios de un apartamento que forma parte de la comu-

La comunidad de explotación puede estar formada por todos los propietarios de los inmuebles en que se divide el complejo hotelero o por parte de ellos. Tendrá sentido que alguno de los copropietarios no pertenezca a la comunidad de explotación cuando el título constitutivo permita la convivencia del uso turístico con el residencial o no se exija el cumplimiento del principio de unidad de explotación, si así también lo permite la normativa turística y urbanística. En caso contrario, no encontramos razón suficiente para que algún propietario no entre en la comunidad de explotación, más allá de aquellos casos en los que el propietario tenga intención de mantener cerrada su unidad de alojamiento.

Vemos, además, cómo se crea una suerte de paralelismo o, en algunos casos, duplicidad, entre los órganos que rigen ambas comunidades, la de propietarios y la de explotación, que puede inducir a confusión. Además, los órganos que se crean en la de explotación, incluso, nos pueden alejar de la verdadera naturaleza jurídica de la figura que se ha constituido para la explotación del condohotel, pues se aproxima a la sociedad.

Doctrina y jurisprudencia han tratado de identificar los límites entre la comunidad de bienes, en general, y la sociedad. La doctrina[98], por su parte, ha considerado que la principal diferencia radica en que en el caso de la sociedad existe *affectio societatis*. Es decir, las partes han querido realizar una puesta en común para constituir una sociedad y, por tanto, su origen es contractual[99]. En cambio, la comunidad de bienes nace de

---

nidad de propietarios pero no de la comunidad de explotación a la realización de obras de modernización del complejo aprobadas por la junta de comuneros de esta última.

98 DÍEZ-PICAZO, L., *Fundamentos de Derecho Civil Patrimonial*, T. III, 5ª ed., Thomson Reuters, Cizur Menor, 2008 (consultado *on line*).

99 Esa voluntad se convierte en la causa del contrato de sociedad, *vid.* GARROTE FERNÁNDEZ-DÍEZ, I., "La comunidad de bienes de origen negocial", *op. cit.*, p. 3617.

manera incidental, sin voluntad de los interesados. Cada una de las instituciones posee su propia regulación y finalidad, la primera busca la consecución de un lucro o beneficio y la segunda sólo persigue la conservación de la cosa común[100]. La cuestión no resulta tan diáfana cuando en ambos casos existe una voluntad expresa por parte de los comuneros o socios en explotar el inmueble y con ello obtener ganancias, como ocurre con la comunidad de explotación. Aquí la línea que separa ambas instituciones es muy delgada[101].

Ambas figuras presentan importantes rasgos comunes. En los dos casos tiene lugar una puesta común para crear un patrimonio colectivo con la finalidad de desarrollar una actividad de manera conjunta. Cada socio o comunero es propietario de una parte de ese patrimonio colectivo.

El artículo 1669 del Cc parece resolver las dudas que pudieran surgir entorno a esta materia. El precepto determina que aquellas sociedades que mantengan ocultos sus pactos y cuando cada uno de los socios contrate directamente con terceros no adquirirán personalidad jurídica y se regirán por las normas de la comunidad de bienes. Tal y como apunta la doc-

---

100 MATAMOROS MARTÍNEZ, R., "Las formas de cotitularidad", en AA.VV. *Estudios sobre la propiedad horizontal*, SAN CRISTÓBAL REALES, S. (coord.), La Ley, Madrid, 2009, p. 114.

101 La jurisprudencia se ha encargado de establecer algunos criterios que permiten distinguir aquellas situaciones jurídicas que se corresponden con la sociedad y aquellas otras que merecen la calificación de comunidad de bienes. En resumidas cuentas, esos rasgos van dirigidos a analizar el título que originó la situación de comunidad; la situación del patrimonio que se dedica a la actividad empresarial; el tipo de explotación de los bienes afectos a la misma; o la voluntad de las partes. ARPIO SANTACRUZ, J., "La falta de personalidad jurídica en Sociedades y Comunidades de Bienes", en AA.VV. *Comunidad de bienes y sociedad civil*, PARRA LUCAN, Á. (dir.), Valencia, Tirant lo Blanch, 2016, p. 178 y ss.

trina[102], del tenor expuesto no se desprende que estas sociedades no puedan ser consideradas como tales, sino que carecen de personalidad jurídica lo que implica que en el tráfico no pueden actuar como una única organización. La ausencia de personalidad jurídica nos lleva, entonces[103], a considerar que las sociedades externas no generan conflictos ni confusión con las comunidades de bienes. La sociedad externa[104] no debe calificarse como comunidad de bienes y, por tanto, la normativa aplicable será la correspondiente al tipo de sociedad con el que se identifique. En otro orden de ideas, las sociedades internas sí siembran un germen de dudas para poder discernir si su consideración se corresponde con las sociedades o con las comunidades de bienes e identificar así la normativa aplicable.

La sociedad interna[105] se caracteriza por la existencia de una voluntad negocial de los socios que conlleva la ausencia de personalidad jurídica, provocando únicamente efectos entre los socios, sin que en el tráfico externo se les reconozca y participen como una organización unitaria.

---

102 LECIÑENA IBARRA, A., "Diferencias entre sociedad y comunidad", en AA.VV. *Comunidad de bienes,* REYES LÓPEZ, Mª.J. (coord.), Tirant lo Blanch, Valencia, 2021, p. 84 y ss. Es más, la autora considera que la remisión a las normas sobre comunidad de bienes tampoco implica que debamos identificar a este tipo de organización con aquella.

103 PAZ-ARES, C., "Comentario al art. 1665 a 1708", *Comentario del Código Civil,* T.II, PAZ-ARES, C., DÍEZ-PICAZO, L., BERCOVITZ, R., SALVADOR CODERCH, P. (dirs.), Ministerio de Justicia, 1991, pp. 1353 y 1370. De manera nítida exponía el autor que …*[L]a sociedad interna es la sociedad que se estructura como vinculo; la sociedad externa es la sociedad que se estructura como organización.*

104 ALFARO ÁGUILA-REAL, J., *La persona jurídica,* Comares, Granada, 2023, p. 162 y ss.

105 La sociedad interna en el marco de la explotación hotelera ha sido estudiada en relación con los grupos de sociedades hoteleras por MOGUEL FERNÁNDEZ, J., *La vertiente societaria del contrato de gestión hotelera,* Atelier, Barcelona, 2022, p. 154 y ss.

En nuestro objeto de estudio estas características no se dan, la comunidad de explotación, aunque emplee esta denominación para actuar en el tráfico jurídico, lo hace como una organización[106]. En la práctica y, más teniendo en cuenta la actividad con marcada finalidad empresarial que llevan a cabo, esconden la existencia de una sociedad mercantil[107]. Esta interpretación, no obstante, no puede pasar por alto la verdadera voluntad de las partes[108].

Una muestra de su actuación como organización la encontramos cuando observamos el comportamiento que desempeñan frente a terceros. Este comportamiento de la comunidad en el plano externo desvela un tratamiento de la misma como unidad, evitando que exista un trato individual con cada propietario. Pensemos en la negociación con proveedores o en la celebración de contratos de hospedaje con los huéspedes. Estas señales son muestras indicativas de que realmente se ha constituido una sociedad, a todas luces irregular por la falta de cumplimiento de las formalidades exigidas. De manera que, quedarán sometidas a las normas relativas a las sociedades co-

---

106 Seguimos en este extremo la doctrina asentada por PAZ-ARES, C., "Comentario al art. 1665 a 1708", *op. cit.*, p. 1370 sobre las *comunidades societarias* que revisten un carácter personificado.

107 LECIÑENA IBARRA, A., "Diferencias entre sociedad y comunidad", *op. cit.*, pp. 85 y 86. Niega la autora la posibilidad de aplicar las normas de la comunidad de bienes a aquellas sociedades externas que aparecen ...*en el tráfico económico como una comunidad de bienes destinada al ejercicio de actividades empresariales o profesionales*... A lo que añade que ...*aunque fiscalmente pueda obtener un CIF correspondiente a una comunidad de bienes, escondería la existencia de una sociedad civil o mercantil en función de la naturaleza de la actividad que desarrollen. Y ello por ser esta la verdadera intención de las partes aunque no encaje con el nombre dado por éstas en la declaración de voluntad contractual exteriorizada*...

108 GIRÓN TENA, J., "Los conceptos y tipos de sociedades de los códigos civil y de comercio y sus relaciones", en AA.VV. *Centenario de la Ley del Notariado,* Vol. IV, Instituto Editorial Reus, Madrid, 1963, p. 59 y ss.

lectivas[109]. Aun así, como ocurre con carácter general, habrá que acudir a cada caso concreto y analizar si la intención de las partes fue constituir una u otra figura y, sobre la base de ello, sabremos el régimen jurídico aplicable.

De hecho, no queremos pasar por alto que la ausencia de reconocimiento de personalidad jurídica que pivota, en resumidas cuentas, sobre una y otra figura se convierte en un conflicto constante en lo que a la organización externa y explotación se refiere. Al carecer de personalidad jurídica propia la comunidad de explotación no puede actuar como una organización autónoma y, aún peor, no puede obligarse frente a terceros ni procurar que exista un único patrimonio que responda de las obligaciones que contraiga la organización[110]. A

---

109 Especialmente ilustrativa es la cuestión que aborda la sentencia del Juzgado de Primera Instancia e Instrucción de Puerto de la Cruz, núm. 81/2018, de 5 de noviembre (Tol7.755.655). El asunto objeto de litigio es la solicitud de separación de dos comuneros pertenecientes a una comunidad de bienes que *se formó por la agrupación de pequeños inversores que se reunieron para, bajo una unidad de promoción y gestión, llevar a cabo una actividad turística mediante la construcción de un edificio que se configuraba como un hotel o apartahotel, participando los inversores-propietarios desde el momento inicial del negocio turístico hotelero, que era gestionado por la propia Comunidad.* Los comuneros eran titulares de una cuota, no poseían la titularidad individual de las unidades alojativas.
El órgano juzgador consideró que …*una comunidad de bienes dinámica, cuya finalidad es el desarrollo en común de una actividad económica en el tráfico, puede y posiblemente debe equipararse a una sociedad irregular civil o mercantil en función de la naturaleza de la actividad.* Sobre la base de este criterio y siguiendo la doctrina del Tribunal Supremo, dada la marcada notoriedad mercantil de la actividad que desarrolla la mencionada comunidad, deben aplicársele, respecto de terceros, las normas de la sociedad colectiva y en las relaciones entre los socios, las normas de la copropiedad.

110 A todo ello debemos añadir las implicaciones fiscales. Determinados impuestos vinculados a la actividad empresarial que realiza la comu-

modo de ejemplo, si la comunidad de explotación desea encomendar la explotación a un tercero, deberán celebrarse tantos contratos de gestión como propietarios haya[111]. Igualmente, si la comunidad de explotación gestiona directamente el establecimiento a través de los órganos ya referidos y en virtud de los poderes de representación que se le hayan otorgado por parte de los propietarios, tampoco podrá solicitar ni beneficiarse de líneas de crédito o financiación, sean públicas, como ICOs o ayudas para la renovación de la planta hotelera, sean privadas, por la dificultad que supone su reconocimiento como empresa[112] frente a estas instituciones[113]. Encontramos aquí uno de los principales escollos por los que pasa la constitución de una comunidad de explotación para la configuración del régimen de condohotel: la ausencia de personalidad jurídica.

---

nidad de explotación la excluyen del reconocimiento como sujeto pasivo. Lo que conllevará que los responsables de tributar sean cada uno de los copropietarios. *Vid.* GARROTE FERNÁNDEZ-DÍEZ, I., "La comunidad de bienes de origen negocial", *op. cit.*, p. 3611.

111 Cabe la posibilidad de que se autorice al Presidente de la comunidad de explotación a que suscriba los mencionados contratos en nombre de cada uno de los comuneros.

112 *Vid.* sentencia de la AP de Salamanca, (Sección 1ª), núm. 229/2011, de 26 de mayo (Tol2.173.545).

113 Sobre esta cuestión destaca la crisis económico-sanitaria ocasionada recientemente por la pandemia de la COVID-19 en la que, entre otros, se vio gravemente perjudicado el sector turístico y para paliar las consecuencias tan dañinas los distintos operadores, también los de alojamiento, pudieron verse beneficiados con ayudas públicas que permitieron la refinanciación de deudas. Sobre esta cuestión *vid.* GARCÍA CABRERA, A. et al., "Covid-19 y turismo en España: impacto actual y disyuntivas futuras", *Economistas,* núm. extra 172-173, 2021, pp. 207-215.

2. LA ORGANIZACIÓN A TRAVÉS DE UNA SOCIEDAD DE CAPITAL

2.1 La aportación del uso de la unidad alojativa

2.1.1 Título y objeto de la aportación

En esta modalidad de organización de la explotación a través de una sociedad de capital cada uno de los propietarios realiza una aportación a la sociedad consistente en la cesión del uso[114] y aprovechamiento de la unidad alojativa sin producirse la enajenación efectiva de la misma. En resumidas cuentas, el patrimonio que integra el capital social de la sociedad, en la fase de constitución, estará formado por el conjunto de derechos de explotación cedidos por cada propietario.

La aportación no dineraria a título de uso o *quoad usum* consiste en la transmisión del uso de la cosa. Es decir, la titularidad del bien o, al menos, el derecho a disponer del mismo, sigue

---

114 Sobre la distinción entre la transmisión o constitución de un *derecho real de uso* y la transmisión del "uso del bien" puede consultarse VALPUESTA GASTAMINZA, E., *Comentarios a la Ley de Sociedades de Capital,* Bosch, Barcelona, 2015, p. 183 y ss.; PAZ-ARES, C., "La aportación de uso en las sociedades de capital", *Revista de Derecho de Sociedades,* núm. 5, 1995, pp. 33-46; EMPARANZA SOBEJANO, A., "Artículo 60. Título de la aportación", en AA.VV. *Comentario de la Ley de Sociedades de Capital,* GARCÍA-CRUCES, A. y SANCHO GARGALLO, I. (dirs.), Tirant lo Blanch, Valencia, 2021, pp. 997-1002. Aquellos casos en los que se produce la transmisión de un derecho real de uso, la constitución de un usufructo o la transmisión de un derecho arrendaticio deberán asimilarse a las aportaciones a título de propiedad, GALLEGO SÁNCHEZ, E., "Capítulo 62. Supuestos anómalos de aportaciones sociales. Aportaciones "a non domino", de bienes futuros y de uso", en AA.VV. *Estudios sobre órganos de las sociedades de capital: liber amicorum, Fernando Rodríguez Artigas, Gaudencio Esteban Velasco,* JUSTE MENCÍA, J. y ESPÍN GUTIÉRREZ, C. (coords.), T. 2, Aranzadi, Cizur Menor, 2017, p. 704.

recayendo sobre el socio y este celebra un contrato con la sociedad a través del cual le reconoce un derecho de uso sobre el bien, a cambio de participar en el capital social. Nada impide, si así lo estiman los fundadores, que la aportación se realice a título de propiedad. En este caso cabrían dos opciones. Una consistiría en la transmisión y entrega del bien, la sociedad pasaría a ser titular y ostentar la libre disposición sobre el mismo. Otra consistiría en la transmisión de un derecho de uso o usufructo[115] que posea el socio sobre la unidad alojativa, la sociedad se convertiría en usufructuaria. Siendo estas dos opciones plenamente válidas, en la práctica nos encontramos con aportaciones que no poseen ese carácter real, sino personal, aunque simulen una aportación en propiedad. Además, la referencia constante en el concepto de condohotel y en la normativa autonómica, como veremos más adelante, a la cesión de uso hace que se convierta en una característica de este tipo de explotación.

El acto negocial que ampara tanto la transmisión de la propiedad, la constitución del derecho real de uso o usufruc-

---

115 La doctrina aboga por considerar la constitución de un derecho de usufructo a favor de la sociedad sobre un bien titularidad del socio como una aportación a título de dominio, así puede verse a EMPARANZA SOBEJANO, A., "Artículo 60. Título...", *op. cit.*, p. 999. La misma interpretación la realiza, GALLEGO SÁNCHEZ, E., "Capítulo 62. Supuestos anómalos de aportaciones sociales...", *op. cit.*, p. 704, al entender que la transmisión a título de dominio no significa expresamente que la sociedad adquiera un bien, sino que en el caso de la constitución del derecho real de uso, la sociedad adquiere la titularidad de ese derecho como propietaria. Con anterioridad a estos pronunciamientos, otros se han mostrado partidarios de su consideración como aportación *quoad usum*, siempre que sea esa la voluntad de las partes y después de entender que en la aportación a título de propiedad el socio debe quedar realmente desvinculado, aspecto que no sucede en la constitución del derecho real de uso. Esta teoría fue mantenida por CAPILLA RONCERO, F., *La sociedad civil*, Publicaciones del Real Colegio de España en Bolonia, 1984, p. 85 y ss.

to como la cesión del uso de un bien es la aportación a una sociedad. De manera que nos encontramos con un negocio oneroso. La contraprestación que recibe el aportante consiste en adquirir la titularidad de las participaciones o acciones que representen dicha aportación. Y, sobre la base de este vínculo, adquirir la posición de socio. Las consecuencias de dicha aportación para las partes vendrán determinadas por la normativa aplicable según el título de la aportación y los pactos que hayan alcanzado las mismas.

En el caso de la aportación a título de uso de una o varias unidades alojativas el régimen jurídico aplicable es el del arrendamiento de cosa. Cuando el objeto de la aportación lo constituyen bienes inmuebles, el artículo 64 de la Real Decreto Legislativo 1/2010, de 2 de julio, por el que se aprueba el texto refundido de la Ley de Sociedades de Capital (en adelante, LSC) establece que para el caso de las aportaciones a título de propiedad se aplicaran las obligaciones de saneamiento y transmisión de riesgos propias del contrato de compraventa (arts. 333 a 336 Cc). Sin embargo, tal y como ha señalado la doctrina[116], esta disciplina no se aplica a los supuestos de cesión del uso por no suponer estrictamente una transmisión a título de propiedad. La transmisión y el mantenimiento en el uso se realizará, por analogía, siguiendo las reglas aplicables al arrendamiento. En virtud de las mismas, el aportante estará obligado a realizar todas las reparaciones necesarias para que el inmueble sirva para lo que ha sido destinado y mantenga a la sociedad en el goce pacífico del uso (art. 1554.2º y 3º Cc). En cuanto al saneamiento de la cosa, por remisión expresa del artículo 1553 del Cc, le serán de aplicación las normas de la compraventa. Es decir,

---

[116] GALLEGO SÁNCHEZ, E., "Artículo 64. Aportaciones de bienes muebles o inmuebles", en AA.VV. *Comentarios de la Ley de Sociedades de Capital*, T. I., ROJO, Á. y BELTRÁN, E. (coords.), Thomson Reuters Civitas, Cizur Menor, 2011, p. 602.

el aportante estará obligado al saneamiento por vicios ocultos del inmueble aunque los ignorase; no será responsable de los defectos manifiestos o que estuvieran a la vista, ni de aquellos que no estén a la vista cuando la otra parte podía conocerlos de manera fácil por razón de su profesión (arts. 1484 y 1485 Cc). En cuanto a los riesgos, deberemos acudir a la disciplina propia de las aportaciones sociales, recogida en el artículo 1687 del Cc, que los asigna al socio propietario del inmueble[117].

La aportación de uso es una obligación de tracto sucesivo, que se mantiene en el tiempo. En cuanto a la duración, corresponde al socio y a la sociedad fijar un tiempo determinado. En el ámbito de las aportaciones a título de uso de un inmueble las normas no establecen una duración determinada, tampoco exigen que la cesión permanezca durante toda la vida de la sociedad[118]. De manera que puede suceder que el inmueble esté a disposición de la sociedad hasta su extinción o durante un plazo determinado. Lo óptimo es que la duración se encuentre condicionada a la pervivencia de la sociedad, pues la situación contraria tendría consecuencias negativas para la explotación.

Nuestra jurisprudencia ha mostrado una preocupación constante respecto a las relaciones jurídicas abocadas a la perpetuidad, sobre todo aquellas que, como ocurre con la cesión de uso, la naturaleza es eminentemente de duración determi-

---

[117] Con mayor detalle sobre el régimen jurídico aplicable a las aportaciones de uso *vid.* GALLEGO SÁNCHEZ, E., "Capítulo 62. Supuestos anómalos de aportaciones sociales…", *op. cit.*, p. 708.

[118] Este es uno de los riesgos inherentes a este tipo de aportación que, como se ha señalado, deben tenerse en cuenta en el momento de la valoración. Y, además, *…[n]o cabe exigir que la aportación deba estar a disposición de la sociedad durante un determinado tiempo ni imponer el aplazamiento del derecho de su restitución…* como señala EMPARANZA SOBEJANO, A., "Artículo 60. Título de la aportación", *op. cit.*, p. 1001.

nada. El Tribunal Supremo[119] ha considerado que las partes por vía del artículo 4 de la Ley 29/1994, de 24 de noviembre, de Arrendamientos Urbanos (en adelante, LAU) y, en virtud, del artículo 1255 del Cc, no pueden prorrogar indefinidamente un contrato de arrendamiento de local de negocio, dado que esta situación supondría alterar la naturaleza temporal característica de este tipo de contratos. Para solventar esta situación, el Tribunal recurrió, por analogía, a la figura del usufructo[120] y, por tanto, fijó el límite de treinta años para la vigencia de ese contrato cuando el arrendatario es una persona jurídica.

Esta interpretación debemos matizarla. Aunque nos valgamos de las normas arrendaticias para interpretar las obligaciones que forman parte de la relación que nace de la aportación de uso, es menester adaptarlas a la naturaleza de la sociedad, es decir, al contexto en el que se realiza esa aportación de uso (art. 3.1 Cc). Creemos que no debiera haber impedimento para hacer depender el tiempo de la cesión del uso de la duración de la sociedad. En aquellos casos en los que la sociedad se constituya por tiempo indefinido, como consecuencia de ese vínculo, debiera aceptarse la aportación por tiempo indefinido.

---

119 Esta doctrina jurisprudencial la recogen las sentencias del TS núms. 582/2009, de 9 de septiembre de 2009 (Tol1.602.564) y 703/2012, de 14 de noviembre de 2012 (Tol2.686.332). Ambas se han pronunciado de forma clara al señalar que: *...[A] este respecto, en relación con arrendamientos sujetos al Código Civil y con base en argumentos que resultan también aquí aplicables, parte de la doctrina se ha inclinado por acudir a la analogía del arrendamiento con la figura del usufructo y, en consecuencia, entender que cuando - como aquí sucede- el arrendatario es persona jurídica la duración máxima que cabe imponer al arrendador, sin perjuicio de que la voluntad de las partes pueda llevar los efectos del contrato más allá del indicado tiempo, es la de treinta años que la ley establece como límite temporal para el usufructo en el artículo 515 del Código Civil...*

120 *Vid.* artículo 515 del Cc.

Las particularidades del condohotel hacen que, en términos de duración de la aportación, deba tenerse en cuenta lo regulado en la normativa autonómica. Es decir, las normas regionales establecen una duración mínima del contrato de, al menos, diez años con la posibilidad de disponer de prórrogas.

Llegado el término del contrato, el socio mantendrá su posición en la sociedad, el número de participaciones o acciones asignadas no sufrirán alteraciones, ni el valor de las mismas. El derecho de uso saldrá del patrimonio de la sociedad y deberá restituirse el bien al socio[121]. En estos casos, consideramos que las partes deberán liquidar la relación, es decir, la sociedad deberá recuperar las inversiones realizadas en la unidad alojativa y el socio recibir una indemnización en aquellos casos en los que el bien haya sufrido importantes mermas o daños, e incluso resulte inservible.

2.1.2 Presupuestos de la aportación

El artículo 58 de la LSC define qué puede ser objeto de aportación, estableciendo como requisitos que se trate de bienes o derechos con contenido patrimonial y que puedan valorarse económicamente. El derecho de uso de la unidad alojativa es

---

[121] Esto también sucederá en aquellos casos en los que se produzca la liquidación de la sociedad. GALLEGO SÁNCHEZ, E., "Capítulo 62. Supuestos anómalos de aportaciones sociales...*op. cit.*, pp. 705 y 706; FERNÁNDEZ FERNÁNDEZ, I., *Aportaciones no dinerarias en la Sociedad Anónima*, Aranzadi, Navarra, 1997, p. 170; MAMBRILLA RIVERA, V., "Fundación con aportaciones «in natura»", en AA.VV. *Derecho de Sociedades Anónimas. La fundación*, T.I, ALONSO UREBA, A. *et. al* (coords.), Civitas, Madrid, pp. 729-773; SOLER MASOTA, P., "Art. 119. Cuota de liquidación", en AA.VV. *Comentarios a la Ley de Sociedades de Responsabilidad Limitada*, ARROYO, I. y EMBID, J.M. (coords.), Tecnos, Madrid, 1997, p. 1169 y ss.; VALPUESTA GASTAMINZA, E., *Comentarios a la... op. cit.*, p. 184, entre otros.

patrimonial en cuanto cabe su transmisión a la sociedad y, por tanto, puede ser inscrito en el activo del balance. Del mismo modo, puede valorarse económicamente y con el valor fijado determinar las participaciones o acciones que deben asignarse al socio. Sin embargo, la fijación del valor debe ajustarse a los riesgos que puedan recaer sobre la unidad alojativa. Los vemos a continuación.

Como punto de partida destacamos que para calcular el valor del bien habrá que valerse de determinadas referencias. En nuestro caso, tomaremos en consideración el equivalente de la renta de mercado que debería satisfacer la sociedad por disponer del uso de una unidad alojativa de semejantes características a la que se aporta. Ese valor debe ponderarse con la duración de la cesión de uso. La duración debe quedar determinada[122] en el momento de realizar la aportación, llegado el término, la sociedad cesa en el uso, por tanto, esta circunstancia influye en el valor que se asigne al bien.

La modalidad de aportación a título de uso, como ha señalado la doctrina[123], deviene inestable casi por naturaleza, pues sobre ella pende el riesgo de que el propietario, de manera voluntaria o forzosa, transmita las participaciones o acciones o enajene el bien. Recordemos que una de las obligaciones que recae sobre el socio es la de mantener a la sociedad en su uso, sin injerencias de terceros. Si a ello le añadimos que, en el supuesto del condohotel, el bien que se cede en uso va a encontrarse afecto al desarrollo del objeto social[124], la pérdida

---

122 PAZ-ARES, C., "Comentario al art. 1665 a 1708", *op. cit.*, pp.1428-1431.

123 EMPARANZA SOBEJANO, A., "Artículo 60. Título de la aportación", *op. cit.*, p. 1000 y ss. A las situaciones enumeradas, recuerda también el autor en este tipo de aportación el derecho que posee el socio de obtener la restitución del bien en caso de liquidación de la sociedad.

124 Encontramos en el condohotel un ejemplo paradigmático de la esencia del concepto de aportación social *ser medio para conseguir el*

imprevista puede tener graves consecuencias para la sociedad llegando, incluso, a incurrir en causa de disolución. Por tanto, la cifra asignada al valor debe ajustarse correctamente y responder a criterios objetivos.

En cuanto al desembolso, el mismo deberá realizarse de conformidad con las reglas establecidas para cada tipo social. En la sociedad de responsabilidad limitada la aportación debe estar desembolsada en su totalidad en el momento de otorgar la escritura de constitución de la sociedad (art. 78 LSC). En la cesión de uso el momento del desembolso se produce cuando el socio y la sociedad acuerdan la cesión propiamente dicha y la sociedad puede disfrutarlo. A pesar de que la relación jurídica esté formada por obligaciones que se mantendrán en el tiempo[125], como es la de mantener a la sociedad en el goce pacífico de la unidad alojativa, esto no afecta al desembolso efectivo[126].

En el caso de la sociedad anónima, donde cabe el desembolso parcial, habrá que estar a la tipología del bien. En el caso de la cesión del uso de la unidad de alojamiento, deberemos

---

fin común, tal y como definía GARRIGUES, J., "Teoría General de las Sociedades Mercantiles", *Revista de Derecho Mercantil*, núm. 132, 1974 (Bib 1974/93), p. 26.

125 En este sentido, se reconoce que el *desembolso* de la aportación se realiza en un solo acto, pero perdura en el tiempo como consecuencia de ese compromiso que asume el propietario de observar todas las medidas necesarias para que la sociedad pueda usar y disfrutar libremente del bien. EMPARANZA SOBEJANO, A., "Artículo 60. Título de la aportación", *op. cit.*, p. 1001; así también, GALLEGO SÁNCHEZ, E., "Capítulo 62. Supuestos anómalos de aportaciones sociales... *op. cit.*, p. 707.

126 Como señala PAZ-ARES, C., "La aportación de uso... op. cit., p. 45: ... La finalidad que persiguen [las reglas del desembolso] no consiste, en efecto, en agotar uno actu la relación obligatoria, sino en asegurar que la utilidad prometida a la sociedad puede aprovecharse a partir de un determinado momento sin requerir nuevos esfuerzos del socio.

analizar si el bien es divisible. Cuando el socio disponga de varias unidades alojativas, no habría problema en que ceda su uso en distintos momentos, según lo acordado. En cambio, no creemos que fuera posible aportar una única unidad alojativa por estancias (dormitorio, baño...) pues no tendría sentido la cesión del uso hasta que la aportación se completara. También sería posible, como prevé el artículo 80 de la LSC, un primer desembolso parcial con aportaciones no dinerarias – la cesión de la unidad alojativa- y los restantes desembolsos con aportaciones dinerarias o no dinerarias.

Además de los requisitos que deben cumplirse para que el bien sea aportable, la LSC contempla otros de índole formal. Para su validez el artículo 63 y ss. de la LSC establece que en la escritura de constitución de la sociedad deberán describirse las aportaciones con sus datos registrales, la valoración en euros que se les atribuya y la numeración de las acciones o participaciones asignadas. El artículo 133.1 del Real Decreto 1784/1996, de 19 de julio, por el que se aprueba el Reglamento del Registro Mercantil (en adelante, RRM) reitera la necesidad de incluir en la escritura la descripción de la finca. Al tratarse la unidad alojativa de un bien inmueble inscrito en el Registro de la Propiedad debería incluirse la descripción del bien objeto de explotación y la información y referencias contenidas en él[127]. Este extremo responde, como ha indicado la doctrina administrativa[128], a la exigencia de ofrecer una descripción del bien aportado de manera que permita que su identificación e individualización sean suficientes.

---

127 En relación con este extremo debemos recordar que la inscripción de la aportación de uso en el Registro Mercantil es meramente informativa, no oponible frente a terceros adquirentes del bien como sí ocurre en el caso del Registro de la Propiedad. GALLEGO SÁNCHEZ, E., "Capítulo 62. Supuestos anómalos de aportaciones sociales..., *op. cit.*, p. 705.

128 Resolución de la DGRN de 19 de julio de 2013.

Debe, además, identificarse el título o concepto de la aportación. Habrá que especificar expresamente que la aportación consiste en la cesión del uso del inmueble. De no ser así se presumirá que la aportación se realiza a título de propiedad[129]. Entendemos, como señala la doctrina[130], que cuando se trate de la cesión de un derecho de uso habrá de identificarse adecuadamente el derecho objeto de aportación y su alcance. Por esta razón, habría que hacer referencia a alguna de las condiciones de la cesión del uso, sobre todo aquellas que han influido en el valor asignado como por ejemplo el periodo de duración.

Dado que la cesión del uso del bien inmueble se realiza junto con otros bienes muebles accesorios, lo conveniente sería incorporar a la escritura un inventario, tal y como señala el artículo 133.1 parr. 2 del RRM para el caso de la aportación de empresa o establecimiento comercial.

Unida a la descripción del bien se encuentran la valoración del mismo, ya referida, y la determinación de las participaciones adjudicadas en contraprestación por cada aportación no dineraria. La exigibilidad de esta última obligación, junto con la descripción de la aportación, no deja de constituir una garantía en aras de identificar qué sujeto es legalmente responsable de la realidad y valor de la aportación[131]. La asignación de participaciones o acciones según el tipo social elegido configuraran la posición del socio en la misma y el reconocimiento de determinados derechos.

---

129 Resolución de la DGRN de 20 de abril de 1998.

130 EMPARANZA SOBEJANO, A., "Artículo 63. Aportaciones no dinerarias", en AA.VV. *Comentarios de la Ley de Sociedades de Capital*, GARCÍA-CRUCES GONZÁLEZ, J.A. y SANCHO GARGALLO, I. (dirs.), Valencia, Tirant lo Blanch, 2021, p. 1019.

131 *Vid.*, entre otras, resoluciones de la DGRN de 25 de septiembre de 2003 y de 21 de junio de 2012.

2.1.3 Situaciones conflictivas

El régimen de la aportación de uso de una unidad alojativa como alternativa a la configuración de un condohotel presenta algunas características propias que pueden ser generadoras de conflicto en el seno de la sociedad. Entre las situaciones que pueden darse vamos a distinguir las relacionadas con la transmisión de las acciones o participaciones sociales asignadas por la aportación del uso, la transmisión del bien aportado en uso y la falta de reparto de dividendos.

En la primera situación relativa a la transmisión de las acciones o participaciones sociales, salvo previsión contraria de los estatutos[132] y atendiendo a las propias características del tipo

---

[132] Los estatutos pueden fijar límites a la libre transmisión de las participaciones o acciones que procedan de una aportación a título de uso. Al margen de las características propias de cada tipo social en el ámbito de la transmisión, se ha dado el caso, y así lo hemos podido comprobar en la práctica, de incluir un pacto estatutario que expresamente condicionaba la transmisión de las participaciones sociales a la transmisión de la titularidad de la unidad alojativa al mismo adquirente.
La enajenación del bien puede concebirse como una causa de exclusión del socio si así se ha previsto en los estatutos (art. 351 LSC). De suceder la causa, la misma afectaría a dos ámbitos, uno al social, por el incumplimiento de la obligación de mantener la realidad de la aportación y en el goce pacífico a la sociedad, y otro personal, relativo a la capacidad de disposición sobre el bien de su titularidad. La causa entraría dentro de los límites que establece la LSC. De un lado, no es contraria a la Ley, la moral o el orden público (arts. 1255 Cc y 28 LSC); y, de otro lado, si se diese el presupuesto de hecho, la frustración de la aportación dificultaría gravemente la consecución del fin común.
Por último, como solución preventiva, cabe la incorporación en los estatutos de una cláusula penal. En virtud de la misma, cuando se produzca un incumplimiento operará automáticamente el pago de la pena por el socio aportante. Con esta salvaguarda y siempre que la pena sea de una cuantía considerable, se disuade al socio de rea-

social, el hecho de que la aportación se haya realizado a título de uso no influye en la potestad que tiene el socio para llevar a cabo la transmisión. El socio aportante puede transmitir sus acciones o participaciones pero no puede alterar la cesión de uso que recae sobre la sociedad si todavía se encuentra en vigor[133]. Si el socio originario recupera el bien, se produce un incumplimiento de sus obligaciones y, por tanto, la sociedad podría exigirle responsabilidad.

La segunda situación, referida a la transmisión del bien a un tercero, es la que mayor problemática puede presentar. Como sabemos, el tercer adquirente, en principio, no se ve afectado por el contrato de cesión de uso en el que no ha intervenido (art. 1257 Cc.), de manera que se impone la necesidad de dotar de seguridad la realidad de la aportación para que permanezca en el patrimonio de la sociedad el tiempo que se había acordado.

Una garantía para mantener en el goce a la sociedad al tratarse de un bien inmueble, es la inscripción del título en el Registro de la Propiedad. El artículo 2.5º de la LH permite la inscripción de los contratos de arrendamiento y sus alteraciones[134], proporcionando una excepción a la regla general contenida en el artículo 9 de la LH. Para que la sociedad se viese beneficiada por la presunción de existencia y pertenencia del derecho a favor del titular inscrito (art. 38 LH) y de la exactitud e integridad del Registro en beneficio de tercero hipotecario (art. 32 y 34 LH), debemos analizar la naturaleza del contrato de aportación, en definitiva, la naturaleza de la cesión de uso. Aunque es una cuestión que se abordará en el epígrafe oportuno, conviene analizar-

---

lizar cualquier actuación que pueda alterar el uso pacífico del bien por parte de la sociedad.

133 PAZ-ARES, C., "La aportación de uso… *op. cit.*, p. 35.

134 Las cuestiones que a continuación se analizan se verán con mayor detalle en el Capítulo IV en relación con el contrato de arrendamiento para uso distinto al de vivienda.

lo someramente en estos momentos uniéndolo a la aportación. Adelantamos que vamos a llegar a la misma conclusión.

La aportación social *quoad usum* de un bien inmueble en origen no está concebida ni como derecho real de uso ni como un contrato de arrendamiento. Como se ha visto, cabe recurrir, por vía de la analogía para cubrir la laguna o el silencio legal, a las normas del Código civil sobre el arrendamiento de cosa. Además, para la aplicación analógica de estas normas debemos tener en cuenta las especiales características de la figura de la aportación social, por lo que la aplicación no ha de ser nunca automática.

El concepto de arrendamiento recogido en el artículo 2.5 de la LH es bastante amplio, pues abarca tanto los regulados por la LAU como aquellos otros, urbanos o rústicos, que contempla el Código civil. A pesar de ser derechos personales, gozan de las presunciones relativas a la existencia y pertenencia del derecho a favor del titular inscrito (art. 38 LH) y de la exactitud e integridad del Registro en beneficio del tercero hipotecario (arts. 32 y 34 LH)[135] antes mencionados.

La naturaleza jurídica de la cesión de uso de una unidad de alojamiento presenta relevantes semejanzas con el contrato de arrendamiento de local de negocio[136]. Como consecuencia de ello este título podría elevarse a escritura pública e inscribirse en el Registro de la Propiedad. En este caso, de producirse, la enajenación del bien, no podría afectar al uso que tiene reconocido registralmente la sociedad. En cambio, cuando el negocio jurídico no esté inscrito, nos encontramos con el problema del tercer adquirente de buena fe. La Ley protege al tercero

---

135 GARCÍA RUÍZ DE HUIDOBRO, A., "El objeto de la inscripción", en AA.VV. *Tratado de Derecho Inmobiliario Registral*, DEL RAY BARBA, S. y ESPEJO LERDO DE TEJADA, M. (dirs.), Tirant lo Blanch, Valencia, 2021, p. 316; PAU PEDRÓN, A., *La publicidad registral*, Fundación Beneficiencia et peritia iuris, 2001, p. 409 y ss.

136 *Vid.* infra.

registral, de manera que la alternativa que tenemos en estas situaciones es la ruptura del principio de buena fe registral[137]. Los actos externos y el empleo de una diligencia mínima por parte del adquirente pueden quebrar la presunción contenida en el artículo 34 de la LH y, por tanto, el nuevo titular queda obligado a respetar el contrato de cesión del uso.

La responsabilidad que nace en los supuestos que acabamos de exponer es la contenida en el Código civil para el supuesto del incumplimiento del contrato de arrendamiento. Por vía de la analogía con este negocio jurídico, aplicaríamos el régimen general contenido en los artículos 1101 y 1124 del Cc. En virtud de los mismos, el socio originario quedará sujeto a la indemnización de los daños y perjuicios que su actuación haya podido ocasionar. Por su parte, la sociedad, en aplicación del artículo 1124 del Cc, podrá elegir entre exigir el cumplimiento, retornando la explotación de la unidad alojativa, o bien la resolución del negocio[138].

La reclamación de responsabilidad, consideramos, también podría ir por la vía del ejercicio de la acción de responsabilidad solidaria por aportaciones no dinerarias prevista del artículo 73 al 76 de la LSC para las sociedades de responsabilidad limitada; y, tenor similar, en el artículo 77 de la LSC para las sociedades anónimas. Una valoración irreal, por falta de previsión adecuada de los riesgos, la sobrevaloración del bien u otras circunstancias, como la desposesión del bien a la sociedad, traen consigo la posible imputación de responsabilidad al socio aportante y a los socios restantes.

---

137 *Vid.* infra.

138 Además, como señala GALLEGO SÁNCHEZ, E., "Capítulo 62. Supuestos anómalos de aportaciones sociales...", *op. cit.*, p. 706, en caso de incumplimiento por parte del socio, *...la sociedad está autorizada a pedir la resolución del contrato y la indemnización de daños y perjuicios (art. 1556 Cc).*

El régimen de responsabilidad solidario, frente a la sociedad y sus acreedores, es exigible por la realidad de dichas aportaciones y el valor que se les haya atribuido en la escritura. La solidaridad, en virtud de lo dispuesto en el artículo 73 de la LSC, se extiende a los socios fundadores, a las personas que posean la posición de socio en el momento de acordarse la ampliación de capital, y, a los terceros adquirentes de participaciones desembolsadas mediante aportaciones no dinerarias. En el caso de la sociedad anónima (art. 77 LSC) serán los socios fundadores quienes responderán solidariamente frente a la sociedad, el resto de accionistas y los terceros. En cuanto a la realidad, la misma se identifica con la falta de entrega, es decir, cuando no se produce efectivamente el desembolso, el bien se destruye o es inservible para el uso al que fue destinado[139]. En nuestra opinión, la realidad de las apor-

---

[139] Son escasos los autores que han entrado a estudiar y desarrollar en detalle el ámbito objetivo de este tipo de responsabilidad solidaria, prestando más atención al análisis de los sujetos responsables que enumera la Ley de Sociedades de Capital. La mayoría no aluden a la *realidad de las participaciones.* Como ejemplo, *vid.* VALPUESTA GASTAMINZA, E., *Comentarios a la Ley…", op. cit.*, p. 213; BONARDELL LENZANO y R. CABANAS TREJO, R., "Art. 21. Responsabilidad de la realidad y valoración de las aportaciones no dinerarias", en AA.VV. *Comentarios a la Ley de Sociedades de Responsabilidad Limitada,* ARROYO, I. y EMBID, J.M. (coords.), Tecnos, Madrid, 1997, p. 255; MARTÍNEZ ROSADO, J., "Aportación no dineraria SRL (responsabilidad)", en AA.VV. *Diccionario de Derecho de Sociedades,* ALONSO LEDESMA, C., (dir.), Iustel, Madrid, 2006, p. 220; y GARRIDO DE PALMA, V., "La causa del contrato de sociedad y su continuada influencia: la separación y la exclusión de socios", en AA.VV. *El derecho de separación y la exclusión de socios en las sociedades de capital,* GONZÁLEZ FERNÁNDEZ, MªB. (dir.), T.I, Tirant lo Blanch, Valencia, 2023, p. 574.
Otros como LA CASA GARCÍA, R., *Responsabilidad y aportaciones no dinerarias en la sociedad limitada,* Marcial Pons, Madrid, 2008, p. 84, diferencian entre la irrealidad de la aportación del incumplimiento de las obligaciones que le incumben al aportante, señalando de manera clara que *…si el verus dominus rescata finalmente el ius fruendi tras*

taciones no solo abarca el momento previo de la constitución o ampliación de capital sino al posterior, a las situaciones que afectan al bien una vez la sociedad se encuentre utilizándolo[140]. No

---

el disfrute por la sociedad del bien durante un tiempo, no podrá invocarse la irrealidad de la aportación, sino sólo la violación por el aportante de sus obligaciones. Únicamente cuando la sociedad no haya tenido nunca a su disposición la cosa aportada o cuando se disfrutó del bien durante un tiempo extremadamente corto cabrá atribuir carácter ficticio a la aportación. Otros identifican claramente el momento de la apreciación de la realidad con el acto de realización la aportación, CARRIÓN GARCÍA DE PARADA, P., "La responsabilidad por las aportaciones no dinerarias", en AA.VV. *Tratado de Sociedades de Capital: comentario judicial, notarial, registral y doctrinal de la Ley de sociedades de capital,* PRENDES CARRIL, P., MARTÍNEZ-ECHEVARRÍA Y GARCÍA DE DUEÑAS, A. y CÁBANAS TREJO, R. (dirs.), T. I., Aranzadi, Cizur Menor, 2017 (consultado *on line*).

140 RIBELLES ARELLANO, J.Mª., "Comentario al art. 73. Responsabilidad solidaria", en AA.VV. *Comentario de la Ley de Sociedades de Capital,* GARCÍA-CRUCES, A. y SANCHO GARGALLO, I. (dirs.), Tirant lo Blanch, Valencia, 2021, p. 1114, considera que la aportación también puede dejar de ser real *por circunstancias que se manifiesten de forma sobrevenida a la aportación.* Esta postura es compartida por LAGOS RODRÍGUEZ, B., *Responsabilidad por aportaciones no dinerarias en la sociedad limitada,* Aranzadi, Cizur Menor, 2017, p. 145 y ss., así podemos desprenderla del análisis que realiza de las obligaciones que incumben al socio aportante del uso de un bien. Por su parte, LOJENDIO OSBORNE, I., "Aportaciones sociales", en AA.VV. *Comentario al régimen legal de las sociedades mercantiles,* URÍA, R., MENÉNCEZ, A. y OLIVENCIA, M. (dirs.), T. XIV, vol. 1ºA, Civitas, Madrid, p. 585, en el análisis que lleva a cabo del artículo 21 de la Ley de la Sociedad de Responsabilidad Limitada de 1995 aboga por una aplicación restrictiva de la responsabilidad solidaria adaptada a cada tipo de aportación. Considera el autor que este tipo de responsabilidad promueve una protección excesiva de la sociedad y que la solidaridad debería predicarse en aquellos supuestos en los que el aportante no queda liberado de la obligación de efectuar la prestación debida o bien, mantiene los riesgos de la cosa aportada. Este sería el caso de la aportación de uso de una unidad alojativa,

nos corresponde en estos momentos detenernos en esta cuestión pues se aleja del objeto de nuestro estudio.

La tercera y última situación concierne a los conflictos que puedan surgir entorno a la falta de reparto de dividendos. El condohotel es un producto de inversión, se configura como la cesión de unidades alojativas a cambio de una rentabilidad. En el supuesto de que la fórmula elegida sea la constitución de una sociedad, deberá analizarse cómo se reparten entre los socios-propietarios los ingresos obtenidos por la explotación de cada unidad alojativa. A diferencia de otros supuestos como ocurre con el régimen de condohotel *stricto sensu*, el encargado de proponer la aplicación del resultado y el posible reparto de dividendos es el órgano de administración y corresponderá a la junta general la aprobación de dicha propuesta. Como hemos adelantado el socio recibe una contraprestación por la aportación que consiste en la asignación de un número de participaciones o acciones, sin poderse pactar ninguna remuneración adicional. En virtud de la adquisición de la posición de socio ostenta el derecho a participar en los beneficios obtenidos con la explotación del establecimiento hotelero, pero para hacer efectivo este derecho es necesario el voto favorable del resto de socios[141].

Encontramos aquí una de las principales diferencias respecto a otros modos de organización del condohotel. Para que se produzca un reparto de las ganancias deben darse dos circunstancias: que existan beneficios que no deban cubrir las atenciones previstas estatutaria o legalmente (art. 273 LSC) y se pro-

---

debiéndose reconocer una afectación a la realidad de la aportación con posterioridad.

141 Sobre la naturaleza abstracta del derecho al reparto de beneficios y su distinción del derecho al dividendo, *vid.* ALCALÁ DÍAZ, MªA., "Viejos y nuevos perfiles del derecho al dividendo", en AA.VV. *Derecho de Sociedades. Los derechos del socio*, GONZÁLEZ FERNÁNDEZ, MªB. *et al.* (dir.), Tirant lo Blanch, Valencia, 2020, p. 249.

duzca un acuerdo válido conforme a las reglas de la mayoría para la distribución del mismo[142]. En la modalidad que estudiaremos de organización en régimen de condohotel *stricto sensu*, en lugar de referirnos a un reparto de ganancias nos referiremos a la retribución y esta operará en todo caso, sin depender de la voluntad de otros propietarios y de conformidad con lo pactado por las partes. Además, en el ámbito de la sociedad, no se distinguen las ganancias obtenidas por cada unidad alojativa sino que los ingresos obtenidos en su totalidad pertenecerán a una *bolsa común*, de manera que los propietarios/socios recibirán beneficios de acuerdo a las participaciones o acciones de las que sean titular, con independencia de que su unidad alojativa haya sido más o menos rentable.

Así las cosas, nos podemos encontrar ante uno de los mayores inconvenientes que posee esta fórmula. La obtención de beneficios no depende exclusivamente de la explotación de la unidad de alojamiento sino del funcionamiento de la organización empresarial en su conjunto, quedando sometido el reparto en primer término, a la decisión del órgano de administración y, en segundo término, a la voluntad de la junta general. El legislador, para la protección de este derecho a participar en el reparto de beneficios, ofrece una alternativa que ha sido objeto de intenso debate por la doctrina mercantilista[143], la misma con-

---

142 Por tanto, no se reconoce un derecho a un reparto anual mínimo en concepto de dividendos ni, en consecuencia, la obligación de la sociedad de repartir las ganancias generadas en cada ejercicio económico. ALCALÁ DÍAZ, MªA., "Viejos y nuevos perfiles…", *op. cit.* p. 247.

143 La bibliografía en esta materia es bastante amplia, de manera que entre la doctrina que ha estudiado y tratado la materia *vid.* PEINADO GRACIA, J.I., "El reparto de dividendos: limitaciones excepcionales de carácter temporal", en AA.VV. *El derecho mercantil y la pandemia: algunos problemas del pasado, la crisis coyuntural y las perspectivas de futuro*, GUERRERO LEBRÓN, M.J. y ALVARADO HERRERA, L. (dirs.), Colex, A Coruña, 2023, pp. 247-260; JIMÉNEZ SÁNCHEZ,

siste en el reconocimiento de un derecho de separación al socio por falta de distribución de dividendos (art. 348 *bis* LSC)[144].

El ejercicio de este derecho de separación se encuentra sometido al cumplimiento de determinados requisitos[145] y, en el seno del condohotel, podría tener importantes consecuencias negativas tanto para el socio que se separa como para la sociedad. La separación supone la salida del propietario del *pool* de explotación, lo que aboca a mantener cerrado el apartamento

---

G. y PEINADO GRACIA, J.I., "Reflexiones sobre el art. 348 bis de la Ley de Sociedades de Capital", *Revista de derecho mercantil*, núm. 321, 2021 (Bib 2021\4446); GONZÁLEZ FERNÁNDEZ, MªB., "Separación e impugnación en el artículo 348 bis de la Ley de Sociedades de Capital: ¿acciones compatibles?", *Revista de Derecho Mercantil*, núm. 319, 2021 (Bib 2021\81); PÉREZ MORIONES, A., "Acerca de la eficacia del derecho de separación en caso de falta de distribución de dividendos: consideraciones tras su reforma" en AA.VV., *Derecho de sociedades. Los derechos del socio*, GONZÁLEZ FERNÁNDEZ, Mª *et al.* (dirs.), Tirant lo Blanch, Valencia, 2020, pp. 889-910; BRENES CORTÉS, J., *El nuevo régimen jurídico del derecho de separación en caso de falta de distribución de dividendos*, Comares, Granada, 2019.

144 Una solución alternativa es la impugnación del acuerdo social que aprobó el destino de la aplicación del gasto. En la causa de separación que contempla el art. 348 bis LSC subyace un conflicto mayoría-minoría, el socio minoritario disconforme con el no reparto de dividendos que ha decidido la mayoría, siempre que se den los presupuestos del precepto mencionado, podrá ejercer su derecho de separación. Este argumento, el abuso de la mayoría con daño directo en la minoría, es uno de los motivos que permiten impugnar el acuerdo social (art. 204.1 LSC). Sobre la convivencia de ambas soluciones y su compatibilidad debe consultarse GONZÁLEZ FERNÁNDEZ, MªB., "Separación e impugnación…", *op. cit.*

145 Sobre el supuesto de hecho del artículo 348 bis LSC, *vid.* BRENES CORTÉS, J., *El nuevo régimen jurídico del Derecho de separación…*, *op. cit.*, p. 95 y ss.

pues, en virtud de los principios de unidad de explotación y uso exclusivo turístico, no podrá explotarlo por su cuenta ni darle un uso residencial. Por su parte, la sociedad explotadora dispondrá de menos unidades de alojamiento para ofertar y deberá soportar el coste de tener apartamentos cerrados al público. Consecuentemente sufrirá una merma en los ingresos y llegado el caso de que el socio separado disponga de un número significativo de unidades alojativas, la sociedad puede verse incursa en causa de disolución[146].

---

[146] En estos casos podríamos encontrarnos ante el supuesto regulado en el artículo 363 letra c) LSC. La reducción significativa de unidades alojativas hace disminuir considerablemente la actividad económica y, por ende, los beneficios repartibles. La sociedad mantiene su objeto social pero no puede alcanzar el fin para el que fue creada. *Vid.* FUENTES DEVESA, R., "Art. 363. Causas de disolución", en AA.VV. *Comentario de la Ley de Sociedades de Capital,* GARCÍA-CRUCES, A. y SANCHO GARGALLO, I. (dirs.), Tirant lo Blanch, Valencia, 2021, p. 4977.
Son constantes en el ámbito de los condohoteles las desavenencias que se producen entre los propietarios y la sociedad gestora del condohotel, llegando a frenar la consecución del fin social. Las estrategias de negociación para evitar estos conflictos se encuentran siempre vinculadas al contrato de cesión de uso de la unidad alojativa, dada la importancia que tiene tanto para el desarrollo del objeto social como para la consecución del fin social. La ausencia de capacidad por parte de la sociedad para exigir la suscripción de un nuevo contrato impide que pueda conseguirse el fin social. Muestra de la relevancia de la situación que exponemos, MORALEJO MENÉNDEZ, I., *La disolución de las sociedades de capital,* Tirant lo Blanch, Valencia, 2023, p. 135, subraya como ejemplos para la aplicación de la causa de disolución contenida en la letra c) del art. 363 LSC la ... *terminación de una relación laboral o negocial singularmente valiosa para la actuación empresarial de la sociedad.*

2.2 La cesión del uso de la unidad alojativa como prestación accesoria

2.2.1 Objeto de la prestación

Una alternativa a la estudiada es la cesión del uso de la unidad alojativa por vía de la creación de prestaciones accesorias. El artículo 86 de la LSC regula tal posibilidad lo que permite afianzar y completar el vínculo[147] que ha nacido entre el socio y la sociedad a través de la aportación.

La prestación accesoria consistirá en la cesión del uso a la sociedad para su explotación de la unidad o unidades alojativas de las que es titular el socio[148]. Como sabemos, este acto no es equi-

---

147 PEÑAS MOYANO, MªJ., "Artículo 86. Carácter estatutario", en AA.VV. *Comentarios de la Ley de Sociedades de Capital*, T. I., ROJO, Á. y BELTRÁN, E. (coords.), Thomson Reuters-Civitas, Cizur Menor, 2011 (consultado *on line*), afirma que las prestaciones accesorias permiten que los socios se vinculen ...*de un modo más completo, estable y duradero con la sociedad.* Así también, ALFARO ÁGUILA-REAL, J., "Prestaciones accesorias", en AA.VV. *El patrimonio familiar, profesional y empresarial: sus protocolos*, GARRIDO MELERO, M. y FUGARDO ESTIVILL, J.Mª (coords.), Bosch, Barcelona, 2005, p. 434, destaca que ...*si los socios se han elegido recíprocamente en virtud de sus cualidades personales, parece lógico que se aseguren que la sociedad podrá disfrutar de tales cualidades personales imponiendo a los socios la realización de determinados comportamientos en beneficio de la sociedad.* En nuestro caso, las *cualidades personales* pasan a ser *cualidades patrimoniales* que hacen que todos los socios deban estar comprometidos con la cesión del uso de sus inmuebles para la consecución del fin social.

148 Como advierte ALFARO ÁGUILA-REAL, J., "Prestaciones accesorias", *op. cit.*, p. 453, ...el recurso a las prestaciones accesorias es especialmente útil cuando la cosa es idónea para que la sociedad pueda desarrollar su objeto social pero los socios no consiguen ponerse de acuerdo.... Situación bastante frecuente en la explotación en régimen de condohotel. Al respecto, VIÑUELAS SANZ, M., Las prestaciones accesorias en la Sociedad de Responsabilidad Limitada, Dykinson, Madrid, 2004, (consultado on line), considera que las especialidades de las aportaciones de uso y los riesgos y amenazas

parable a las aportaciones sociales que realizan los socios para adquirir tal condición dado que, siguiendo lo establecido en el artículo 86.2 de la LSC, las prestaciones accesorias no integran el capital social. Es más, en muchos casos, permiten salvar algunas dificultades que presentan las aportaciones de uso como puede ser su valoración, así como la identificación de los riesgos[149].

El valor económico de esta cesión, en nuestro objeto de estudio y en la mayoría de las ocasiones, será mayor que la aportación que ha desembolsado el socio e incluso que el interés. Esta circunstancia, salvo que se realice con una intención fraudulenta, no desvirtúa el contenido de la prestación accesoria frente a la aportación social y, por ende, su validez.

El artículo 187 del RRM fija diferentes opciones, al igual que para cualquier otra obligación (art. 1088 Cc), para configurar las prestaciones, pudiendo consistir en dar, hacer o no hacer. De partida descartamos que la prestación que tratamos pueda tener un contenido de no hacer, pues la cesión de uso requiere una actuación por parte del socio. En relación con las dos restantes, podremos enmarcarla tanto en una prestación de dar como en una de hacer, seleccionar una u otra dependerá de cómo lo hayan contemplado las partes en los estatutos sociales.

Nos encontraremos ante una prestación de dar cuando se obligue al socio a entregar el uso del bien a la sociedad. Como sucedía en las aportaciones sociales, esa entrega puede llevarse

---

continuas que genera para la sociedad la convierten en contenido perfectamente adecuado de una prestación accesoria.

149 Han sido numerosos los autores que han considerado que la prestación accesoria es la vía idónea para ceder el uso de bienes por parte de los socios a la sociedad. Por todos, *vid.* ARANGUREN URRIZA, F.J., "La prestación accesoria como instrumento de financiación interna en sociedades de capital", *Academia Sevillana del Notariado,* núm. 14, 2006, pp. 73-102.

a cabo a título de propiedad o a título de uso[150]. El compromiso de entrega que asume el socio deberá realizarse en las condiciones que aparezcan en los estatutos. De manera que no requiere la celebración de ningún contrato posterior o en paralelo, pero sí fijar las condiciones de la cesión en el contrato de sociedad[151].

En relación con las prestaciones de hacer, generalmente asociadas a realizar en favor de la sociedad un trabajo o una actividad intelectual[152], cabe que consistan en imponer al socio la obligación de celebrar un contrato de cesión de uso de la unidad alojativa con la sociedad. Reconocemos, como veremos, que puede resultar bastante compleja la interpretación de este tipo de pactos estatutarios y, por ende, su cumplimiento. Si las partes se decantan por esta opción, deberán prestar mayor diligencia a la hora de definir los extremos de la prestación. En el tráfico jurídico este tipo de prestación se utiliza con carácter general en el ámbito de los protocolos familiares[153].

Cuando el contenido se refiera estrictamente a la celebración del contrato deberemos, entonces, diferenciar la presta-

---

150 MARTÍNEZ NADAL, A., *Las prestaciones accesorias en la sociedad de responsabilidad limitada*, Bosch, Barcelona, 1997, p. 57.

151 SOTILLO MARTÍ, A. "El contenido de las prestaciones accesorias en la Sociedad de Responsabilidad Limitada", *Revista de Derecho Mercantil*, núm. 135-136, 1975, p. 106, destaca la importancia que tiene reflejar en el contrato de sociedad la duración temporal, forma y condiciones de las prestaciones accesorias que consisten en una obligación de dar el uso de una cosa.

152 HIJAS CID, E., "Prestaciones accesorias: una herramienta útil para personalizar las sociedades de capital", *Cuadernos de Derecho y Comercio*, 2019, núm. 72, p. 99, enumera como manifestaciones principales de las prestaciones accesorias de hacer que el socio trabaje de forma dependiente o independiente para la sociedad y el préstamo de dinero.

153 Sobre esta cuestión, *vid.* PÉREZ MILLAN, D., "La inscripción de la prestación accesoria de cumplimiento de un protocolo familiar", *Revista de Derecho Mercantil*, núm. 311, 2019 (Bib 2019/713).

ción accesoria del contrato de cesión. Esta cuestión adquiere relevancia ya que con la conclusión del contrato se daría por cumplida la prestación, por tanto, el incumplimiento posterior del contrato celebrado no conllevaría una infracción de la prestación accesoria[154].

Podrían alcanzarse efectos distintos, tal y como ha apuntado la doctrina[155], cuando junto a la celebración se exija el cumplimiento del contrato y parte o todo el contenido del mismo se incorpore en los estatutos sociales[156]. En tales casos entendemos que las

---

154 *Vid.*, VIÑUELAS SANZ, M., *Las prestaciones accesorias en la Sociedad de…, op. cit.* (consultado *on line*), así también MARTÍNEZ NADAL, A., *Las prestaciones accesorias… op. cit.*, p. 63 y PEÑAS MOYANO, Mª J., "Empresas familiares y prestaciones accesorias", en AA.VV. *Estudios de derecho de sociedades y de derecho concursal*, PEÑAS MOYANO, M.J. (coord.), Universidad de Valladolid, 2023, p. 631 y ss.

155 Se ha debatido si es oponible frente a la sociedad el cumplimiento de un protocolo familiar recogido como prestación accesoria. EMPARANZA SOBEJANO, A., "Art. 86. Carácter estatutario", en AA.VV. *Comentarios de la Ley de Sociedades de Capital*, GARCÍA-CRUCES GONZÁLEZ, J.A. y SANCHO GARGALLO, I. (dirs.), Valencia, Tirant lo Blanch, 2021, p. 1228, no se muestra partidario de esta posibilidad en atención a la heterogeneidad de las obligaciones que incorpora el protocolo familiar. Además, dificulta a la sociedad comprobar el verdadero cumplimiento, a lo que debemos añadir las graves consecuencias que se generan para el socio incumplidor.

156 Pone en entredicho EMPARANZA SOBEJANO, A., "Art. 86. Carácter estatutario…", *op. cit.*, p. 1228, que una mera referencia al cumplimiento sea suficiente, por lo que las obligaciones que resulten del contrato de cesión deben estar incluidas en los estatutos. Tampoco es menester la transcripción íntegra de estas obligaciones como señala MUÑOZ CERVERA, M., "La exclusión de socios por incumplimiento de prestaciones accesorias y los pactos parasociales", en AA.VV. *El derecho de separación y la exclusión de socios en las sociedades de capital*, GONZÁLEZ FERNÁNDEZ, MªB. (dir.), T. II., Tirant lo Blanch, Valencia, 2021, p. 1408. Recuerda el autor que las menciones que prevé el artículo 86.1 de la LSC van dirigidas a dotar de seguridad jurídica

obligaciones contenidas en el contrato de cesión integran la prestación accesoria y, por tanto, un incumplimiento del contrato de cesión supone también un incumplimiento del contrato social.

Este tipo de prestación, a diferencia de otras, no es fungible, pues ninguna persona distinta del socio puede realizarla. Además, siguiendo la clasificación que realiza la doctrina[157], se trata de una obligación de resultado, pues tanto si la misma consiste en la celebración del contrato como en el cumplimiento, al socio se le exige efectivamente que realice con ese fin la actividad. En el caso de la celebración del contrato, este no se entenderá formalizado únicamente con el inicio de los tratos preliminares. Tampoco se ejecutará correctamente la prestación en el segundo caso cuando se celebre el contrato pero no se cumpla lo acordado.

En atención a su configuración como obligaciones de naturaleza societaria que nacen de la relación jurídica existente entre socio y sociedad y con ánimo de precisar el régimen jurídico aplicable, se acudirá, de manera supletoria, a las normas sobre obligaciones y contratos del Código Civil, con especial interés en los artículos 1115, 1256, 1447 y 1449[158][159]. Por extensión, deberán aplicarse las normas del contrato típico que representa el contenido de la prestación accesoria, en nuestro

---

a la prestación, de manera que el contenido que finalmente incluya el pacto estatutario debe perseguir ese mismo fin.

157 *Vid.* SOTILLO MARTÍ, A. "El contenido de las prestaciones accesorias...", *op. cit*, p. 107.

158 Entre otras, *vid.* las resoluciones de la actual DGSJyFP de 7 de marzo de 2000 (BOE 31 de marzo de 2000) o 27 de julio de 2001 (BOE 8 de septiembre de 2001).

159 En este sentido, SOTILLO MARTÍ, A. "El contenido de las prestaciones accesorias...", *op. cit*, p. 106, considera aplicable, además de las normas comunes relativas a las obligaciones de dar y hacer, las propias del contrato de arrendamiento cuando se trate de una prestación consistente en dar el uso del bien.

caso, las normas generales del arrendamiento de cosa. La razón reside, como ha apuntado la doctrina[160], en que deberá considerarse *celebrado explícita o implícitamente un contrato de intercambio entre la sociedad y el socio*, donde queden reflejados los derechos y obligaciones que asumen las partes.

Tal y como sucedía con las aportaciones de uso, nos encontramos ante obligaciones de tracto sucesivo. Las obligaciones que nacen entre las partes se extienden en el tiempo y es menester concretar su duración. A pesar de que la norma societaria no reconozca un momento o periodo durante el que debe ejecutarse la prestación accesoria, lo adecuado, en atención a las características de la misma y en aras de garantizar el mantenimiento de la explotación, será que las partes fijen un período de tiempo durante el cual la sociedad podrá usar la unidad alojativa. Debido a la vinculación que existe entre la cesión del uso y el desarrollo del objeto social, la prestación debería seguir vigente mientras no se extinga la sociedad o se modifique el objeto social.

Volvemos aquí, no obstante, sobre la cuestión de la perpetuidad de las relaciones jurídicas. La falta de fijación de un tiempo determinado o si este deviene indefinido puede considerarse contrario a la naturaleza de algunas prestaciones, nos remitimos aquí a lo ya apuntado en el apartado anterior. De nuevo, en tales casos, podemos apelar a las particulares características del vínculo entre el contrato y la sociedad, teniendo

---

160 ALFARO ÁGUILA-REAL, J., "Prestaciones accesorias"..., *op. cit.*, p. 438 y ss. Analiza además el autor el debate doctrinal que ha girado en torno a la aplicación directa o por analogía de las normas del tipo de contrato de que trate la prestación, mostrándose claramente partidario de su aplicación directa cuando la prestación accesoria se haya articulado a través de un contrato obligatorio. Esto sucederá cuando la prestación accesoria tenga carácter retribuido o sea de tracto sucesivo (p. 440). Ambas características se dan en el tipo de prestación que venimos analizando.

presente, además, el papel que juega la autonomía de la voluntad (art. 1255 Cc). No obstante, habrá que evaluar en cada caso concreto si deben operar los límites que ha establecido la jurisprudencia, ya analizados, en el supuesto de los derechos reales de usufructo y, por analogía, para los contratos de arrendamiento de cosa.

2.2.2. Presupuestos de la prestación

El presupuesto necesario para el éxito de esta alternativa es que se haga constar la obligación de realizar prestaciones accesorias en los estatutos sociales (art. 86 LSC). Esta mención puede incluirse en el momento de la constitución o bien con posterioridad, en virtud de una modificación estatutaria. La mención (arts. 127 y 187 RRM) debe expresar el contenido de la prestación, su carácter gratuito o retribuido, las acciones o participaciones que lleva aparejada la obligación de realizarlas, las consecuencias de su incumplimiento y las cláusulas penales aplicables al caso.

Con la incorporación de las condiciones del contrato de cesión del uso en la prestación accesoria daríamos cumplimiento a la primera de las exigencias del artículo 187 del RRM que establece que la redacción de la cláusula estatutaria debe ser concreta y determinada. Deben también aceptarse aquellos casos en los que la prestación sea determinable, tal y como ha admitido la doctrina administrativa[161], siempre que se incluyan las referencias o criterios que permitan determinar ese contenido. En nuestro caso, cuando se trate de una prestación de hacer, las

---

161 En tal caso *...será necesario que se establezcan las bases o criterios que permitan hacerlo de suerte que otorguen la debida claridad y seguridad a las relaciones entre los interesados...*, como indican las resoluciones de la DGRN de 25 de septiembre de 2014 y de 26 de junio de 2018 (B.O.E. de 26 de junio de 2018).

referencias podrán hacerse a otro documento donde consten los compromisos que asumen las partes. La remisión a un documento distinto a los estatutos no requiere mayores exigencias, ni constancia en escritura pública ni inscripción en el Registro[162][163].

No olvidemos, como veremos en las próximas líneas, que cabe la posibilidad de que el contrato de cesión de uso, celebrado como contrato de arrendamiento de local de negocio, pueda acceder al Registro de la Propiedad, de manera que cuando se encuentre publicado registralmente bastará que la mención estatutaria incluya esas referencias.

En resumidas cuentas, de un lado, deberá detallarse el régimen aplicable a la prestación accesoria, es decir, concretar que la prestación consiste en la cesión del uso de una unidad alojativa o bien en la celebración y cumplimiento de un contrato de cesión de uso de una unidad alojativa a la sociedad para la explotación del bien con fines turísticos. De otro lado, habrá que identificar la unidad alojativa con los datos que obran en el Registro de la Propiedad y las principales condiciones que se aplican a la cesión. La duración, referida en el epígrafe anterior, es un dato que debe incorporarse también.

El carácter gratuito o retribuido de la prestación es otra de las referencias estatutarias esenciales. En el condohotel,

---

162 PÉREZ MILLAN, D., "La inscripción de la prestación accesoria...", *op. cit.*

163 Antes de la aprobación del Real Decreto 171/2007, de 9 de febrero, por el que se regula la publicidad de los protocolos familiares se cuestionaba por parte de la doctrina que se pudiera considerar determinado en una prestación accesoria un protocolo familiar por la mera referencia a la fecha de celebración, a su protocolización o por remisión a una página web u otro espacio en el que se encuentre publicado. *Vid.* FERNÁNDEZ DEL POZO, L., "El «enforcement» societario y registral de los pactos parasociales. La oponibilidad de lo pactado en protocolo familiar publicado", *Revista de Derecho de Sociedades,* núm. 29, 2007 (Bib 2007/2027).

evidentemente, estaremos ante una prestación retribuida[164], de manera que habrá que fijar en qué consiste dicha retribución[165], como veremos, sin superar los límites legales. No es necesario fijar una cantidad concreta, basta con la determinación del sistema a través del cual puede calcularse su importe[166]. En general, el pago a cambio de la cesión de uso está sometido a un porcentaje sobre los ingresos percibidos por la explotación de la unidad alojativa. De manera que este puede ser el criterio elegido por las partes, estipulando que el porcentaje que se fija se aplicará sobre los ingresos recaudados en exclusiva por la unidad alojativa cedida.

Esta mención quedará completada con la determinación del momento a partir del cual nace la obligación del pago. Nos encontramos ante obligaciones de dar o hacer de tracto sucesivo, de manera que siempre será conveniente fijar los momentos de pago – mensuales o anuales – y cuándo comenzarán a

---

164 Como advierte, PÉREZ DE LA CRUZ, A., *La sociedad de responsabilidad limitada: disposiciones generales. Fundación. Aportaciones de capital y prestaciones accesorias. Las participaciones sociales. Sociedad unipersonal*, Marcial Pons, Madrid, 2004, p. 171, las prestaciones accesorias gratuitas son, en la práctica, poco frecuentes.

165 Esta remuneración no está condicionada a la existencia de beneficios por parte de la sociedad. En este sentido, *vid.* LÓPEZ ORTEGA, R., "Las aportaciones sociales", en AA.VV. *Derecho Mercantil*, vol. 3º, Jiménez Sánchez, G. y Díaz Moreno, A. (coords.), Marcial Pons, Madrid, 2013, p. 303; PEÑAS MOYANO, MªJ., "Artículo 87. Prestaciones accesorias retribuidas", en AA.VV. *Comentarios de la Ley de Sociedades de Capital*, T. I., Rojo Fernández Río, Á. y Beltrán Sánchez, E. (coords.), Thomson Reuters-Civitas, Cizur Menor, 2011 (consultado *on line*), PÉREZ DE LA CRUZ, A., *La sociedad de responsabilidad… op. cit.*, 2004, p. 172, entre otros.

166 EMPARANZA SOBEJANO, A., "Artículo 87. Prestaciones accesorias retribuidas", en AA.VV. *Comentarios de la Ley de Sociedades de Capital*, GARCÍA-CRUCES GONZÁLEZ, J.A. y SANCHO GARGALLO, I. (dirs.), Valencia, Tirant lo Blanch, 2021, p. 1233.

hacerse efectivos. En este caso podrá especificarse que el inicio del pago se producirá en el primer mes o anualidad a contar a partir de la entrega efectiva del inmueble a la sociedad para su uso o en el momento en que esta inicie la explotación, es decir, la comercialización de la estancia a terceros.

Frente al elemento dinerario de la retribución que hemos descrito, cabe el abono de parte de la misma en especie. Es decir, en ocasiones se le reconoce al propietario de la unidad alojativa un derecho de disfrute durante un determinado periodo cada año. Dicho uso temporal del bien debe constar también en los estatutos o en el contrato al que se remitan estos, fijando el número de días al año e incluso las épocas en las que podrá disfrutar del mismo. El reconocimiento de este derecho hace que la remuneración finalmente devenga mixta.

Como adelantábamos, habrá que asegurarse que la retribución no supere los límites legales contenidos en el artículo 87.2 de la LSC, es decir, la retribución no puede ser superior al valor real que corresponde a la prestación. A tenor del procedimiento de cálculo de la retribución que percibe el socio – un porcentaje sobre los ingresos obtenidos con la explotación de la unidad alojamiento–, entendemos que difícilmente podrá superarse el valor de la cesión propiamente dicha. Siempre que ese valor coincida con la realidad del mercado, con el precio que pagaría la sociedad por la cesión del uso de una unidad de alojamiento fuera del ámbito societario, podremos hablar de un valor proporcional a la prestación. El porcentaje de ingresos fijado deberá ser aquel que habitualmente se aplique en este ámbito. Establecer uno mayor sería excesivo, podría superar el límite legal e, incluso, podríamos estar ante un reparto de dividendos encubierto.

La siguiente mención a tener en cuenta es concretar la asignación de las acciones o participaciones que llevan aparejadas la obligación de realizar prestaciones accesorias. El artículo 86.3 de la LSC ofrece dos alternativas para llevar a cabo esta asignación. Una de ellas consiste en establecer el carácter obligatorio de su cumplimiento para todos o cada uno de los socios. Otra va referida a vincular la obligación a ostentar la titularidad de determinadas participaciones o acciones. En el caso del condohotel, lo lógico es que las prestaciones accesorias se establezcan con carácter especial, solo para algunos socios. Los socios son los que poseen la titularidad del bien o, al menos, la capacidad de disposición sobre el mismo. Además, podemos encontrarnos socios que pertenezcan a la sociedad que no deban estar sometidos a este tipo de prestación accesoria por no ser propietarios de ninguna unidad de alojamiento. Nos referimos, claro está, a socios capitalistas como fondos de inversión o empresas gestoras, en aquellos casos en los que la explotación del establecimiento se haya encargado a un tercero, una cadena hotelera, y este asuma la condición de socio en la sociedad. Cabe la posibilidad, igualmente, de la creación de sociedades formadas, en exclusiva, por socios propietarios de unidades de alojamiento y, por tanto, esta obligación social podrá concebirse como general para todos los socios (art. 86.3 LSC).

Por último, deben especificarse las consecuencias de su incumplimiento y las cláusulas penales aplicables al caso. El incumplimiento de la prestación accesoria por parte del socio, al igual que cualquier otra obligación social, puede llevar aparejado unas consecuencias que deben concretarse estatutariamente.

Los supuestos más comunes de incumplimiento, como ocurre con las aportaciones sociales, comprenden principalmente el cierre de la unidad de alojamiento por parte del propietario o la explotación por su cuenta, con las exigencias que ya conocemos que impone la normativa autonómica, y la enajenación del bien[167]. En respuesta a estas situaciones, como consecuen-

---

[167] Aquí, por las razones que acabamos de comentar, excluimos la enajenación del bien que se produce en favor de otro socio. PEÑAS MOYANO, J.Mª, "Artículo 88. Transmisión de las participaciones

cia de los graves efectos que produce un incumplimiento, los remedios pasan por la aplicación de las normas generales de obligaciones[168] y contratos o la introducción de medidas disuasorias como las cláusulas penales.

En los dos primeros supuestos podrá exigirse el cumplimiento de la obligación y de resultar imposible, instar la resolución contractual, es decir, expulsar al socio incumplidor. En el segundo caso, sería inviable exigir el cumplimiento, por lo que conllevaría de manera automática la resolución contractual y la consecuente expulsión del socio. En ambos casos, si aplicamos lo establecido en el artículo 1124 del Cc nace un derecho para la parte perjudicada a pedir una indemnización de los daños causados, en virtud de los artículos 1106 y 1107 del Cc, que comprende las pérdidas que se hayan generado y el lucro cesante.

En cuanto a la figura de la resolución contractual debemos aclarar que esta hará referencia al fin del vínculo socio-sociedad y a la expulsión del socio conforme a los artículos 89 y 350 de la LSC[169]. Recordemos que, como su propio nombre indica,

---

o de acciones con prestación accesoria", AA.VV. *Comentarios de la Ley de Sociedades de Capital,* T. I., ROJO FERNÁNDEZ RÍO, Á. y BELTRÁN SÁNCHEZ, E. (coords.), Thomson Reuters-Civitas, Cizur Menor, 2011 (consultado *on line*).

168 *Vid.* RECALDE CASTELLS, A., "De las prestaciones accesorias", en AA.VV. Comentarios a la Ley de sociedades de responsabilidad limitada, ARROYO, I. y EMBID, I. (coords.), Tecnos, Madrid, 1997, p. 296.

169 Debido a que la consecuencia es la expulsión del socio, los incumplimientos han de ser esenciales. VALPUESTA GASTAMINZA, E., *Comentarios a la... op. cit.*, p. 241, así también RECALDE CASTELLS, A., "De las prestaciones accesorias...", *op. cit.*, p. 297. Cuando quepa exigir el cumplimiento al socio, como puede ser el caso del cierre de la unidad alojativa, no estaríamos ante un incumplimiento esencial salvo que devenga definitivo. En tales casos, dada la vinculación del objeto de la prestación con la finalidad de la sociedad, debe operar

la prestación accesoria lo es de la principal, es decir, es accesoria al contrato social en virtud del cual el socio adquiere tal condición. Se convierte, por tanto, en una obligación adicional que asume en atención a su posición de socio y a su vínculo con la sociedad[170].

La opción de expulsar al socio se ha calificado, por algunos autores[171], como *drástica.* Sin embargo, si la observamos a la luz del objeto de la sociedad que explota el condohotel y a las

---

la expulsión del socio. PEÑAS MOYANO, MªJ. "Prestaciones accesorias", en AA.VV. *Comentario al régimen legal de las sociedades mercantiles,* URÍAM R., MENÉNDEZ, A. y OLIVENCIA, M. (dirs.), T.XIV, Civitas, Madrid, 1999, p. 673.

170 Especialmente ilustrativas, en el ámbito de la naturaleza jurídica de la relación socio-sociedad y las obligaciones sociales que nacen entorno a la misma, son las reflexiones vertidas por el maestro URÍA, R., "Las prestaciones accesorias en la sociedad de responsabilidad limitada española", *Revista de Derecho Mercantil,* núm. 60, 1956 (Bib 1956/5). A propósito del vínculo socio-sociedad, recuerda ALFARO ÁGUILA-REAL, J., "Prestaciones accesorias...", *op. cit.*, p. 440, que en cuanto al cumplimiento de la prestación se ...*intensifican los deberes de buena fe...*, lo que puede tener importantes efectos sobre el incumplimiento de la obligación.

171 EMPARANZA SOBEJANO, A., "Artículo 89. Modificación de la obligación de realizar prestaciones accesorias", en AA.VV. *Comentarios de la Ley de Sociedades de Capital,* GARCÍA-CRUCES GONZÁLEZ, J.A. y SANCHO GARGALLO, I. (dirs.), Valencia, Tirant lo Blanch, 2021, pp. 1253 y 1254 y, más recientemente, en "Noción, contenido e incumplimiento de las prestaciones accesorias", en AA.VV. *Derecho de Sociedades, Concursal y de los Mercados Financieros,* CAÑABATE POZO, R. *et al.*, Sepin, Madrid, 2022, p. 210. Pese a resultar ser la solución más extrema, los escasos asuntos que han llegado a los tribunales han contemplado la expulsión del socio como consecuencia del incumplimiento de una prestación accesoria. Sobre esta cuestión, *vid.* MIQUEL RODRÍGUEZ, J., "Las prestaciones accesorias de las sociedades de capital", en AA.VV. *Estudios jurídicos sobre la acción,* VEIGA COPO, A.B., (dir.), Thomron Reuters, Cizur Menor, 2014, p. 268 y ss.

consecuencias tan gravosas que genera el incumplimiento de la obligación, es una solución proporcional al daño causado, aunque quizás no la más adecuada pues merma la capacidad de negocio de la sociedad. No olvidemos que la expulsión genera que la sociedad deje de explotar las unidades alojativas que estaban cedidas en uso. Sin embargo, frente al incumplimiento de la prestación, las soluciones de las que dispone la sociedad para continuar explotando las unidades son limitadas, salvo que intente una renegociación de la prestación accesoria, es decir, del contrato de cesión.

La previsión sobre las consecuencias del incumplimiento voluntario de la obligación de realizar prestaciones accesorias se encuentra en el artículo 350 de la LSC, considerándolo causa legal de exclusión en las sociedades de responsabilidad limitada. Este supuesto abarcaría las situaciones enumeradas con la matización normativa de aquellas en las que se produzca la enajenación forzosa del bien cedido a la sociedad. En tal caso, salvo previsión estatutaria, el socio no perdería su condición.

En la sociedad de responsabilidad limitada, para que los incumplimientos involuntarios se consideren causa de exclusión, deberán recogerse así expresamente en los estatutos, bien como una causa de exclusión en virtud del artículo 351 de la LSC[172] o en la propia cláusula relativa a las prestaciones accesorias (art. 187 del RRM *in fine*). Tal y como ha señalado la doctrina[173], existen causas involuntarias que no se encuentran bajo el control del socio, como la perdida de la cosa no imputable a este o la imposibilidad de explotar la unidad alojativa en aquellos casos en los que la autoridad competente revoca

---

172 En el caso de la sociedad anónima, tanto en un supuesto como en otro, la causa de expulsión debe venir previamente fijada en los estatutos, en virtud de los establecido en el artículo 351 de la LSC.

173 EMPARANZA SOBEJANO, A., "Artículo 89. Modificación de la obligación…" *op. cit.*, p. 1256.

la licencia turística al establecimiento. Estas circunstancias no deberían llevar aparejada la expulsión automática del socio. En cambio, la enajenación forzosa por culpa[174] del socio, por ejemplo, por falta de pago de las deudas que tenga contraídas, a todas luces, debiera considerarse una causa de exclusión tal y como acabamos de indicar.

El daño que sufre la sociedad al impedirle, sea de manera voluntaria o involuntaria, explotar una o varias unidades de alojamiento reviste gran relevancia y afecta negativamente a la viabilidad de la empresa. Por esta razón cabe fijar garantías que sirvan de medidas coercitivas que persigan prevenir el incumplimiento de este tipo de prestaciones. Incorporar cláusulas penales, salvo que los estatutos digan otra cosa, sustituirá la indemnización de los daños y perjuicios. Los términos en los que las mismas se fijen deberán respetar lo establecido en el artículo 56 del C.d.com y los límites contenidos en los artículos 1152 a 1155 del Cc. La sanción que se imponga, generalmente, será pecuniaria aunque podrá tener otra naturaleza como aquella consistente en la limitación de los derechos del socio[175]. El importe al que ascienda la misma vendrá fijado libremente en los estatutos, debiendo, en nuestra opinión, alcanzar la cuantía suficiente para amilanar cualquier posible actuación incumplidora del socio. La pena fijada podrá verse moderada

---

174 PEÑAS MOYANO, MªJ., "Incumplimiento de las prestaciones accesorias y sanciones aplicables", en AA.VV. *Derecho de sociedades: comentarios a la jurisprudencia*, RODRÍGUEZ ARTIGAS, F. (dir.), Thomson Reuters Aranzadi, Cizur Menor, 2010, p. 989, señala que el incumplimiento debe ser "definitivo y culposo". RECALDE CASTELLS, A., "De las prestaciones accesorias...", *op. cit.*, p. 297, aboga, compartiendo la tesis de la doctrina tradicional, porque el incumplimiento debe ser imputable al deudor.

175 PEÑAS MOYANO, MªJ., "Incumplimiento de las prestaciones accesorias...", *op. cit.*, pp. 990 y 991.

por el Juez cuando no exista un incumplimiento absoluto de la prestación, sino parcial (art. 1154 Cc).

2.2.3 Situaciones conflictivas

Centrando nuestro análisis en los supuestos conflictivos, hemos adelantado el régimen de responsabilidad aplicable al incumplimiento de las prestaciones accesorias debido a la obligación *ex lege* de concretar en los estatutos las consecuencias que se derivan del incumplimiento en determinados casos. Por tanto, resta ahora tratar un supuesto que presenta ciertas particularidades en sede de prestaciones accesorias, nos referimos a la transmisión de acciones o participaciones sociales.

La transmisión voluntaria por actos inter vivos de las participaciones o acciones titularidad de un socio personalmente obligado a realizar una prestación accesoria está sometida a un régimen de autorización que no difiere del régimen general (art. 107.2 LSC)[176]. El artículo 88 de la LSC exige la autorización previa de la junta general en el caso de la sociedad de res-

---

[176] En los supuestos de transmisión forzosa y transmisión mortis causa, habrá que estar al régimen jurídico contenido en los artículos 109, 110, 124 y 125 de la LSC. *Vid.* RECALDE CASTELLS, A., "De las prestaciones accesorias", en AA.VV. *Comentarios a la Ley de sociedades de responsabilidad limitada,* ARROYO, I. y EMBID, I. (coords.), Tecnos, Madrid, 1997, pp. 285 y 286; PEÑAS MOYANO, J.Mª, "Artículo 88. Transmisión de las participaciones o de acciones con prestación accesoria", en AA.VV. *Comentarios de la Ley de Sociedades de Capital,* T. I., ROJO FERNÁNDEZ RÍO, Á. y BELTRÁN SÁNCHEZ, E. (coords.), Thomson Reuters-Civitas, Cizur Menor, 2011 (consultado *on line*); EMPARANZA SOBEJANO, A., "Artículo 88. Transmisión de participaciones o de acciones con prestación accesoria", en AA.VV. *Comentarios de la Ley de Sociedades de Capital,* GARCÍA-CRUCES GONZÁLEZ, J.A. y SANCHO GARGALLO, I. (dirs.), Valencia, Tirant lo Blanch, 2021, p. 1238.

ponsabilidad limitada y del órgano de administración en la sociedad anónima, salvo que los estatutos prevean otra cosa[177178].

Debemos llamar la atención sobre la vinculación existente entre las participaciones o acciones y la prestación accesoria que origina que a la transmisión de las primeras le siga la transmisión de la segunda[179]. Los supuestos, como el que nos ocupa, en los que la prestación accesoria posee un carácter personalísimo, resulta difícil que la transmisión de las participaciones lleve aparejada la transmisión de la obligación de realizar la prestación accesoria al nuevo socio.

---

177 Si en el periodo de dos meses contados desde que el socio solicitó el trámite de autorización la sociedad no contesta, se considerará que la autorización ha sido concedida (art. 88. 2 *in fine* LSC). Cuando los estatutos no contengan una disposición contraria a lo establecido *ex lege* y el socio transmitiera sus participaciones sin recabar la preceptiva autorización, el negocio jurídico de transmisión podría considerarse válido, pero no tendrá ningún efecto sobre la sociedad. LÓPEZ SÁNCHEZ, M.Á., "Configuración estatutaria de las prestaciones accesorias", en AA.VV. *Derecho de Sociedades Anónimas. La fundación,* T.I, ALONSO UREBA, A. *et al.* (coords.), Civitas, Madrid, p. 861.

178 Se ha considerado excesiva la exigencia de autorización en aquellos casos en los que el socio obligado a realizar la prestación accesoria mantiene su posición y sólo transmite parte de las acciones o participaciones que titula. OLIVENCIA, M., "Las prestaciones accesorias", en AA.VV., *La sociedad de responsabilidad limitada,* NIETO CAROL, U. (coord.), Dykinson, Madrid, 1998, p. 266.

179 PEÑAS MOYANO, J.Mª, "Artículo 88. Transmisión de las participaciones…", *op. cit.* (*consultado on line*) señala la obligación que recae sobre el adquirente de mantener el cumplimiento de la prestación accesoria. Por su parte, HIJAS CID, E., "Prestaciones accesorias:…", *op. cit.*, p. 101, advierte, como una de las características de las prestaciones accesorias, que son inherentes a la condición de socio. Si el socio deja de serlo no existe la prestación, …*en tal caso, estaríamos ante obligaciones meramente contractuales entre la sociedad y un tercero ajeno.*

Cuando la transmisión es parcial, el socio permanecerá obligado frente a la sociedad, pues sigue ostentando su posición[180]. En cambio, cuando se produce la transmisión de la totalidad de las acciones o participaciones deberemos analizar qué soluciones cabe plantearse. Nosotros consideramos que, al menos, existen dos. La primera consistiría en consignar en los estatutos una disposición que obligue al socio que desea transmitir sus participaciones o acciones con vinculación personal a una prestación accesoria a transmitir, al mismo tiempo, la titularidad del bien objeto de la prestación. Esta opción permitiría que participaciones y prestación pasaran en un mismo acto al nuevo socio.

La segunda consiste en condicionar la autorización de la junta general o del órgano de administración, según el caso, a la cesión del uso del bien por parte del socio que se va. Es decir, el socio asumiría el compromiso de celebrar un contrato con la sociedad consistente en la cesión del uso del inmueble a cambio de una contraprestación.

Cuestión distinta a las expuestas es la transmisión aislada de la prestación accesoria a otro socio. El supuesto no aparece recogido en la norma societaria[181]. Esta situación no plantearía problemas, siempre y cuando, tratándose de una prestación personalísima, se transmitiera también a ese socio el bien cedido en uso[182]. Aunque pueda parecer un supuesto poco habi-

---

180 RECALDE CASTELLS, A., "De las prestaciones accesorias", *op. cit.*, p. 288.

181 PEÑAS MOYANO, J.Mª, "Artículo 88. Transmisión de las participaciones…", *op. cit.* (consultado *on line*).

182 El carácter personalísimo es el principal inconveniente para transmitir la prestación accesoria. PEÑAS MOYANO, J.Mª, "Artículo 88. Transmisión de las participaciones…", *op. cit.* (consultado *on line*) reconoce que para que tenga lugar la transmisión es necesario que la prestación no sea personal y …*pueda llevarse a cabo por una persona diferente del socio personalmente obligado*… Para vencer este impedimento, la única opción es condicionar vía estatutaria la transmisión de la prestación a la transmisión del bien objeto de la misma.

tual[183], en los establecimientos gestionados en régimen de condohotel, con frecuencia, cuando uno de los propietarios desea desprenderse de su unidad alojativa ofrece el bien, de manera preferente, a los propietarios de otras unidades alojativas, reconociéndoles un derecho de tanteo. En un gran número de ocasiones son ellos los que finalmente adquieren el bien. De manera que la transmisión aislada de la prestación accesoria tiene perfectamente cabida en el condohotel, aunque debemos recordar que la misma no supondrá un incremento en las participaciones o acciones del socio-propietario adquirente.

En cuanto a la autorización de la sociedad, según el tipo social de que se trate y lo contemplado en los estatutos, debemos plantearnos qué sucede cuando el órgano competente deniega la transmisión de las participaciones. En primer lugar, al igual que cualquier otra decisión que adopta la sociedad, la falta de consentimiento debe justificarse en aras del respeto al interés social. Pensemos que, al tratarse de una prestación personalísima, cuando no se ha previsto la transmisión de manera automática de la unidad alojativa al nuevo socio, la aprobación de la transmisión puede generar importantes perjuicios en la explotación del establecimiento, lo que ampara que la sociedad deniegue la autorización. Para evitar este desenlace, como hemos mencionado ya, la sociedad y el socio saliente podrían llegar a un acuerdo en virtud del cual le ceda el uso de la unidad alojativa a cambio de una contraprestación. En tales casos, al mantener la sociedad la explotación del bien, sería difícil justificar su oposición a la transmisión.

De no alcanzarse un acuerdo favorable, en aquellos casos en los que el socio transmitente no esté conforme con la negativa dada por la sociedad y siempre que se den los presupuestos para

183 RECALDE CASTELLS, A., "De las prestaciones accesorias", *op. cit.*, p. 291.

ello, podrá impugnar el acuerdo adoptado[184]. Las causas que permiten denegar la autorización pueden preverse en los estatutos, lo que es conveniente a efectos de evitar posibles impugnaciones injustificadas. En el caso de la sociedad anónima, así lo contempla expresamente el artículo 123.3 de la LSC. En cuanto a la sociedad de responsabilidad limitada, será aplicable la causa prevista en el régimen de transmisión contenido en el artículo 107.2 letra c)[185]. Por tanto, el socio cuando considere que la actuación del órgano social competente denegando la autorización no es conforme con ninguna de las causas legal o estatutariamente previstas y no se encuentre suficientemente motivada[186] podrá ejercer la acción de impugnación (art. 204 de la LSC)[187].

---

184 Gran parte de la doctrina coincide en reconocer como acuerdo impugnable aquel que rechaza la autorización de la transmisión de participaciones sociales o acciones con prestaciones accesorias cuando esa negativa se haya realizado sin justificación alguna y sea abusiva. *Vid.*, entre otros, PEÑAS MOYANO, J.Mª, "Artículo 88. Transmisión de las participaciones…", *op. cit.* (consultado *on line*); MARTÍNEZ NADAL, A., *Las prestaciones accesorias… op. cit.*, p. 165;

185 EMPARANZA SOBEJANO, A., "Artículo 88. Transmisión de participaciones…", *op. cit.*, p. 1241.

186 *Vid.* RDGRN de 18 de junio de 2012.

187 *Vid.* GONZÁLEZ FERNÁNDEZ, MªB., "Sobre la posibilidad de impugnar los acuerdos negativos de la junta general", en AA.VV. *Derecho de sociedades: cuestiones sobre órganos sociales*, GONZÁLEZ FERNÁNDEZ, MªB. *et al.* (dir.), Tirant lo Blanch, Valencia, 2019, pp. 1369-1395. Resulta especialmente interesante el tratamiento que realiza la autora sobre la impugnación de los acuerdos que, como el que estudiamos, consisten en rechazar la propuesta de autorización de la transmisión de participaciones del socio obligado a realizar una prestación accesoria. El ejercicio de la acción de impugnación, como apunta, presenta importantes problemas para ser admitida, pues resulta difícil acreditar el contenido de la tutela solicitada (p. 1383), es decir, habrá que valorar si es suficiente la pretensión del socio que busca declarar nulo el acuerdo negativo con la finalidad de volver a presentar la solicitud de autorización.

Centrándonos en la falta de aprobación del acuerdo que autoriza la transmisión por parte de la junta general[188], el resultado alcanzado es un acuerdo consistente en no autorizar la transmisión, es decir, un acuerdo en sentido negativo. Sobre la impugnabilidad de los denominados acuerdos negativos, la jurisprudencia[189], en una primera aproximación, ha analizado si es posible recabar el auxilio judicial por otras vías, concluyendo que cuando existan otros mecanismos alternativos no prosperará la impugnación del acuerdo pues habrá que recurrir preferiblemente a tales mecanismos. En nuestro caso no existe alternativa jurídica.

La impugnación persigue unos efectos concretos. El socio-propietario pretende recabar el auxilio judicial para que el acuerdo sea nulo[190], quede sin efectos por varias razones. Una

---

188 Lo que vamos a estudiar a continuación, por remisión expresa del artículo 251 de la LSC, es plenamente aplicable a los acuerdos que se adopten en el seno del órgano de administración.

189 *Vid.* sentencia del Tribunal Supremo núm. 268/2015, de 2 de junio de 2015 (Tol5.190.984). El órgano confirma que las propuestas no aprobadas tienen la consideración de acuerdos y, por ende, pueden ser impugnados. En cuanto al supuesto objeto de litigio, se desestima la impugnación de un acuerdo de la junta general que denegó el ejercicio de la acción social de responsabilidad al considerar que *la Ley ya prevé cómo se puede recabar el auxilio judicial para contradecir lo acordado.* Un análisis sobre la resolución referida puede verse en ROJO ÁLVAREZ-MANZANEDA, R., "Comentario a la Sentencia de 2 de junio de 2015. La impugnación de los acuerdos sociales y los efectos sustitutivos y procesales de las sentencias recaídas en dicha materia. Especial consideración a la impugnación de los acuerdos negativos y de aquellos por los que la Junta rechaza el ejercicio de la acción social de responsabilidad", *Cuadernos Civitas de Jurisprudencia Civil,* núm. 100, 2016, (Bib 2016/278).

190 Este tipo de acuerdos no produce ningún efecto, por lo que no cabe reclamar al juez la remoción de los efectos provocados. *Vid.* el análisis que realiza GONZÁLEZ FERNÁNDEZ, MªB., "Sobre la posibilidad de impugnar los acuerdos negativos…", *op. cit.*, p. 1377, sobre la eficacia de la impugnación de los acuerdos negativos.

de ellas puede ser porque tenga intención de volver a presentar su propuesta para la autorización de la transmisión al haber recabado los apoyos suficientes para su aprobación[191]. Otra razón podría consistir en solicitar que el juez sustituya la voluntad social, convirtiendo ese acuerdo negativo en uno positivo y permitir así la transmisión de las participaciones.

Detengámonos en la segunda razón expuesta, dada su mayor complejidad. Partimos de que al juez no le compete alterar la voluntad social[192]. Solo en contadas ocasiones podríamos solicitar una modificación del resultado y que se proceda a la aprobación judicial del acuerdo. La doctrina[193] ha reconocido

---

191 Esta razón no ha sido considerada suficiente por la jurisprudencia pues no permite advertir claramente el contenido de la tutela solicitada. GONZÁLEZ FERNÁNDEZ, MªB., "Sobre la posibilidad de impugnar los acuerdos negativos...", *op. cit.*, p. 1382, especialmente nota 30. En sentido parecido, afirma IRIBARREN BLANCO, M., "La impugnación de los acuerdos negativos de la junta general", *Revista de Derecho Mercantil*, núm., 304, 2017 (Bib 2017\11944) que ...*Ni se elimina con ello ningún efecto ni tampoco la impugnación es útil para hacer prosperar la pretensión opuesta...*

192 *Vid.* FARRANDO, I., "Impugnación de acuerdos sociales negativos", en AA.VV. *Estudios de derecho de sociedades y de derecho concursal*, PEÑAS MOYANO, M.J. (coord.), Universidad de Valladolid, 2023, p. 296.

193 GONZÁLEZ FERNÁNDEZ, MªB., "Sobre la posibilidad de impugnar los acuerdos negativos...", *op. cit.*, p. 1384. En este mismo sentido, SANCHO GARGALLO, I, "Artículo 204. Acuerdos impugnables" en AA.VV. *Comentarios de la Ley de Sociedades de Capital,* García-Cruces González, J.A. y Sancho Gargallo, I. (dirs.), Valencia, Tirant lo Blanch, 2021, p. 2840 y ss. Otros, como MARÍN DE LA BÁRCENA, F., "Proclamación de acuerdos y acciones declarativas del resultado positivo de una votación", *Revista de derecho mercantil,* núm. 276, 2010 (Bib 2010/7471), en cambio, han considerado que los acuerdos negativos son impugnables por las mismas razones que los positivos, aunque reconocen que *el problema de la tutela de los intereses de los socios reside en que los acuerdos negativos no provocan un cambio en la relación jurídico-material existente*... El autor se refiere expresamente al acuer-

que cabe plantearse esta posibilidad en los acuerdos de contenido binario como el que nos ocupa. Se trata de acuerdos que solo pueden adoptarse en sentido positivo o negativo, excluyentes el uno del otro y sin existir otra alternativa. Sobre la base de este argumento la jurisprudencia menor[194], de manera excepcional, ha integrado la voluntad social en el marco de un proceso de impugnación en determinadas ocasiones.

Lo cierto es que una negativa reiterada por parte de la sociedad puede llegar a ser perjudicial para el socio, obligándolo a permanecer en la sociedad de manera indefinida. Ante esta

---

do que el presidente de la junta proclama erróneamente como no adoptado por un mal cálculo del cómputo de las mayorías. Por su parte, ALFARO ÁGUILA-REAL, J., "Artículo 204. Acuerdos impugnables", en AA.VV. *Comentario a la reforma del Régimen de las Sociedades de Capital en materia de Gobierno Corporativo (Ley 31/2014): sociedades no cotizadas,* JUSTE MENCÍA, J. (coord.), Thomson Reuters Civitas, Cizur Menor, 2015, p. 170, afirma claramente que los acuerdos negativos son impugnables.

194 *Vid.* Las sentencias del Juzgado de lo Mercantil de Madrid de 28 de noviembre de 2013 (ECLI:ES:JMM:2013:490) y de la AP de Madrid (Sección 28ª), núm. 335/2015, de 20 de noviembre de 2015 (ECLI:ES:APM:2015:18439). El Juez aclara que el contenido exclusivo de la acción de impugnación de acuerdos sociales es el de la declaración de nulidad o anulación de los acuerdos sociales. Ante determinadas circunstancias que acontecen cuando el acuerdo es binario, entre otras, cuando el socio quede expectante de que la junta adopte un nuevo acuerdo en sentido contrario, es necesario emitir un pronunciamiento que junto a la nulidad del acuerdo integre la voluntad social.

Igualmente, pero en sentido contrario, resultan de interés los argumentos que se esgrimen en la sentencia del Juzgado de lo Mercantil núm. 18/2018, de 5 de marzo (Tol6.577.897) para denegar un pronunciamiento que integre la voluntad social por parte del órgano juzgador. El motivo de impugnación que se alega en la demanda es el abuso de derecho, sobre la base del mismo no procede que el juez determine un resultado distinto, sino únicamente si debe declararse nulo o no.

situación, la LSC no prevé ninguna solución expresa ya que no la contempla como causa legal de separación. En cambio, consideramos que sí podrá fijarse de manera estatutaria, eso sí, siempre que las consecuencias de la negativa revistan cierta entidad, sean gravosas para el socio[195] y, como decíamos, podamos garantizar que la unidad alojativa siga siendo explotada por la sociedad, salvaguardando también el interés social.

195 MARTÍNEZ NADAL, A., *Las prestaciones accesorias… op. cit.*, p. 164 y ss.

Capítulo IV
El régimen jurídico del condohotel stricto sensu

Visto el régimen jurídico de la propiedad horizontal que permite sentar las bases y la estructura jurídica previa del condohotel, corresponde ahora analizar la configuración del condohotel siguiendo esa misma base, la del régimen de la propiedad horizontal. De ahí que hayamos considerado denominar esta modalidad como propiedad horizontal *stricto sensu*, pues el régimen inicial se mantiene invariable desde el comienzo de la organización del establecimiento, de manera que la propiedad horizontal se mantiene en su forma más pura y estricta.

Algunas de las cuestiones que vamos a analizar a continuación podrían perfectamente tenerse en cuenta en otras modalidades de condohotel como aquel creado a través de una sociedad de capital. Nos referimos, en particular, a la tipificación contractual de la cesión de la unidad alojativa. La calificación del contrato resulta relevante también en esos casos para interpretar la relación que subyace tanto en la aportación de uso como en la prestación accesoria.

En el contexto de la propiedad horizontal *stricto sensu*, no obstante, existen varias cuestiones que es necesario tener en cuenta. Las mismas van desde la identificación de los sujetos que participan en esta configuración hasta las relaciones jurídicas que nacen entre ellos. Del mismo modo, para conocer el programa de obligaciones es menester identificar antes la naturaleza jurídica de esas relaciones y las herramientas que el ordenamiento jurídico pone a nuestra disposición para protegerlas, no solo *inter partes*, sino también frente a terceros.

1. SUJETOS QUE PARTICIPAN EN LA CREACIÓN Y EXPLOTACIÓN DEL CONDOHOTEL

En las relaciones jurídicas necesarias para la efectiva explotación del condohotel identificamos, al menos, los siguientes sujetos: el promotor, el inversor y la empresa explotadora.

El promotor, como se ha mencionado anteriormente, es el encargado de realizar la construcción y promoción del inmueble. En ocasiones, la construcción puede llevarla a cabo un tercero por encargo del promotor y viceversa, la promoción realizarla una persona distinta al constructor. Una vez construido el inmueble y realizados los trámites que acabamos de analizar – división en propiedad horizontal –, el promotor, bien directamente o a través de un tercero, lleva a cabo la comercialización y venta individualizada o colectiva de las fincas.

El comprador adquirirá un derecho de propiedad de naturaleza especial, sometido a limitaciones, de una o varias fincas. Esta persona recibirá la calificación de inversor[196], pues su intención es la de participar en una explotación mercantil con la finalidad de obtener un rendimiento por el bien adquirido[197]. Esto

---

[196] En el mercado existen diferentes vías para invertir en una explotación hotelera y el condohotel es una de ellas. Otras, a modo de ejemplo, van dirigidas a adquirir una participación en la sociedad propietaria o explotadora del establecimiento, o bien, muy frecuente en estos momentos, la compra de participaciones del fondo de inversión titular del establecimiento.

[197] Sobre la protección del inversor en el ámbito del sistema financiero y su calificación como tal *vid.* DE VIVERO DE PORRAS, C., "Instrumentos financieros, fondos de inversión y derivados", en AA.VV., *Situación, tendencias y retos del sistema financiero*, Thomson Reuters Aranzadi, Cizur Menor, 2022, pp. 143-191.

debe ser así, entendemos, con independencia de que durante determinados periodos de tiempo pueda disfrutar del bien[198].

El adquirente además de inversor debe ser considerado consumidor cuando se den los presupuestos establecidos por el Real Decreto Legislativo 1/2007, de 16 de noviembre, por el que se aprueba el texto refundido de la Ley General para la Defensa de los Consumidores y Usuarios y otras leyes complementarias (en adelante, TRLGDCU). Esto supone que en aquellos casos en los que el comprador sea una persona física, no se dedique habitualmente a realizar transacciones con activos hoteleros y adquiera la unidad alojativa al margen de su actividad profesional, gozará de una especial protección en su condición de consumidor (art. 3.1 TRLGDCU). Así lo ha declarado también el Tribunal Supremo[199] al señalar que la persona física que actúa al margen de una actividad empresarial es consu-

---

198 Esta intención inversora impide que se apliquen determinadas normas dirigidas a proteger a los adquirentes de viviendas destinadas a residencia. Nos referimos, especialmente, a la Ley 57/1968, de 27 de julio, sobre percibo de cantidades anticipadas en la construcción y venta de viviendas, derogada por Ley 20/2015, de 14 de julio, de ordenación, supervisión y solvencia de las entidades aseguradoras y reaseguradoras. Aquellos inmuebles adquiridos con anterioridad al 1 de enero de 2016 que tengan como destino la explotación hotelera, cuando sea deducible esta actividad de las propias características del inmueble y de las referencias que puedan incluirse en el documento de compraventa u otros indicios, se encuentran fuera del ámbito de aplicación de la citada norma. En este sentido resultan interesantes los recientes pronunciamientos del Tribunal Supremo sobre esta cuestión en relación con la reclamación interpuesta por varios propietarios de inmuebles que forman un condohotel. *Vid.* las sentencias del TS núms. 857/2021, de 10 de diciembre de 2021 (Tol8.702.134), 98/2022, de 7 de febrero, de 2022 (Tol8.807.323), 103/2022, de 7 de febrero de 2022 (Tol8.818.687) y 845/2022, de 28 de noviembre de 2022 (Tol9.318.717).

199 *Vid.* especialmente, la sentencia del TS (Sala de lo Civil), núm. 16/2017, de 16 de enero de 2017 [Tol5.935.365].

midora, aunque tenga ánimo de lucro[200]. A lo que debemos añadir las pautas dadas por la jurisprudencia del TJUE[201] para identificar a la persona consumidora considerando que lo será con independencia de los conocimientos y de la información de la que disponga o de la especialización que pueda alcanzar en el ámbito en el que se produce la transacción. Además, se mantendrá la calificación de consumidor cuando la persona celebre un contrato para un uso relacionado con su actividad profesional siempre que ese vínculo sea *tan tenue que pudiera considerarse marginal*. Por el contrario, entendemos que, en los supuestos que nos ocupan, cuando el comprador sea una persona jurídica actuará siempre con ánimo de lucro, pues es muy difícil desligar el fin lucrativo de la propia explotación hotelera en los términos que establece el segundo párrafo del artículo 3.1 del TRLGDCU.

El análisis que acabamos de realizar debemos ponerlo en relación con la normativa autonómica. Las normas de turismo califican al adquirente de una unidad de alojamiento como consumidor al someterlo a la normativa sobre defensa y protección de personas consumidoras y usuarias. Así reza, a modo de ejemplo, el artículo 42.4 de la LTA. El mismo no distingue cuando el comprador es una persona física o jurídica, pero sí establece el deber de observar las obligaciones de información dispuestas en dicha norma en todo caso. Interpretación que se desprende de su tenor literal: *[S]in perjuicio de las obligaciones de información dispuestas en la normativa de defensa y protección de personas consumidoras y usuarias* (…). En términos muy simila-

---

200 Con mayor detalle, sobre la condición de inversor del consumidor *vid.* GONZÁLEZ CABRERA, I., "La protección del inversor: el contrato de condohotel", en AA.VV. *La protección de los consumidores en tiempos de cambio,* MIRANDA SERRANO, L., PAGADOR LÓPEZ, J. y PINO ABAD, M., (coords.), Iustel, Madrid, 2015, pp. 413 y ss.

201 Por todas, *vid.* la sentencia del TJUE de 25 de enero de 2018, C-498/16 (Tol6.483.457).

res lo recogen las normas turísticas de Baleares (art. 35.7) y Canarias [art. 30.2 letra d)]. Otras, en cambio, como la norma valenciana, no hacen referencia alguna a la normativa sobre consumidores y usuarios[202].

En nuestra opinión, como hemos indicado, no puede afirmarse que el comprador de este tipo de alojamiento actúa siempre con el rol de consumidor, por tanto, el sometimiento a las normas tuitivas de consumidores y usuarios no tendrán cabida en todos los casos. Sería más adecuado que los legisladores autonómicos añadan a sus textos normativos expresiones que dejen claro que no siempre son aplicables. Así la norma andaluza podría incorporar al final del precepto: (…) *cuando sean de aplicación.*

Con independencia de la calificación de consumidor del adquirente el promotor está obligado a entregar un documento informativo que contenga información suficiente y detallada sobre la operación que se va a llevar a cabo. Evidentemente, la especial protección que se busca alcanzar en estos casos va orientada a cumplir con los deberes informativos[203] y el respeto que debe presidir las prácticas comerciales entre empresarios y consumidores o empresarios.

En concreto, en sede de normativa sobre consumidores y usuarios destacan las obligaciones sobre la información precontractual que debe facilitar el promotor (art. 20 TRLGDCU). En concreto, nos referimos a la que concierne a la entrega de información sobre las características esenciales del bien. Dentro de estos datos el promotor deberá comunicar al futuro comprador que el bien inmueble que adquiere es de uso ex-

---

202 Artículo 68.4 de la LTV.

203 Sobre esta cuestión, *vid.* BLANCO SÁNCHEZ, Mª J., *El deber de información en la contratación de instrumentos financieros,* Thomson Reuters Aranzadi, Cizur Menor, 2021.

clusivamente turístico y se encuentra sometido a explotación como establecimiento de alojamiento turístico junto con el resto de unidades alojativas. De manera que deberá conocer que no podrá explotarlo directamente ni utilizarlo como residencia, sino que tiene la obligación de cederlo a un tercero para su explotación. Esta información, a pesar de constar, tal y como analizaremos, en el Registro de la Propiedad y tener efectos frente a terceros, entendemos que, cuando nos encontremos ante un consumidor, debe entregarse expresamente para garantizar que el mismo ha comprendido el tipo de inversión que va a realizar y presta su consentimiento sin errores[204].

Estos deberes informativos nos recuerdan al régimen de aprovechamiento por turnos[205], donde el adquirente debe ser consciente de que compra un derecho limitado de uso de una estancia vacacional[206]. Aunque se trata de supuestos distintos,

---

204 Con el fin de evitar cualquier error invalidante es necesario que la oferta, promoción y publicidad de la unidad alojativa *explicite las verdaderas características, condiciones y utilidad del producto ofrecido.* El destino de alojamiento turístico y la privación de la facultad de libre disposición se convierten en ...*una condición esencial del inmueble objeto de la compraventa, de importancia decisiva para la celebración del contrato.* Sentencia de la AP de Málaga núm. 777/2017, de 14 de diciembre de 2017 (ECLI:ES:APMA:2017:3591).

205 Por supuesto, salvando las distancias con esta figura, pues el condohotel no es ningún subtipo de aprovechamiento por turnos o multipropiedad, *vid.* MUNAR BERNAT, P.A., "Aproximación a la figura del condohotel..., *op. cit.*, pp. 323-331. En estos últimos casos nos encontramos ante paquetes turísticos con una finalidad lúdica, en cambio en el condohotel la finalidad es especulativa, de inversión. *Cfr.* CARRASCO PERERA, Á., "Tipos contractuales y modos de elusión en el sistema español de multipropiedad", *Revista CESCO de Derecho de Consumo*, núm. 3, 2012, p. 50.

206 En este sentido, expresamente se prohíbe que este derecho pueda llamarse multipropiedad o propiedad para evitar la confusión del consumidor sobre el producto que está adquiriendo. *Vid.* artículo

las particularidades que posee el acto jurídico que se lleva a cabo, hace que se preste especial atención a la información que se ofrece. Debemos tener presente que en el caso del condohotel el comprador, que no se dedique profesionalmente a esta industria ni a la especulación, puede desconocer que realiza una inversión en una explotación hotelera para recibir a cambio una remuneración económica y, de manera meramente accesoria, disfrutar durante determinados periodos al año de dicho alojamiento. Por tanto, hay que vencer este desconocimiento ofreciendo una información adecuada y suficiente[207].

En este mismo sentido, a modo de ejemplo, los artículos 42.4 de la LTA, 30.2 letra d) de la LTC o 68.4 de la LTV es-

---

23.4 de la Ley 4/2012, de 6 de julio, de contratos de aprovechamiento por turno de bienes de uso turístico, de adquisición de productos vacacionales de larga duración, de reventa y de intercambio y normas tributarias.

Sobre la doctrina del Tribunal Supremo en esta materia puede verse MUNAR BERNAT, P.A., "Aprovechamiento por turno de bienes de uso turístico", en AA.VV. *Derecho de consumo: visión normativa y jurisprudencial actual,* SANTOS MORÓN, Mª y MATO PACÍN, Mª (coords.), Tecnos, Madrid, 2022, pp. 247-272.

207 Reiteramos el carácter de clara y suficiente de la información sin suponer una carga para el promotor. Conviene recordar que en el ámbito del aprovechamiento por turnos se ha considerado desproporcionada la obligación que soporta el empresario de facilitar información en favor del consumidor. GARCÍA MÁS, F.J., "Aprovechamiento por turno: evolución normativa y novedades de la Ley 4/2012. Especial referencia a la práctica notarial y registral", *Revista CESCO de Derecho de Consumo,* núm. 3, 2012. En relación con la normativa anterior, se ha llegado a calificar de excesiva la información que recibía el consumidor, pudiendo producir un *efecto contrario* al previsto que aleja al consumidor de la compra de ese producto turístico, BENAVIDES VELASCO, P.G., "La propuesta de Directiva sobre protección de los consumidores de aprovechamiento por turno de bienes de uso turístico y su incidencia en el ordenamiento jurídico español", *Revista Aragonesa de Administración Pública,* núm. 31, 2007, p. 329.

tablecen el deber que recae sobre el promotor de facilitar al adquirente de una unidad de alojamiento, *con carácter previo a la venta, un documento informativo, con carácter de oferta vinculante, en el que se consignará toda la información de manera exhaustiva sobre la afectación del inmueble al uso turístico y demás condiciones establecidas en el presente artículo.* Por *demás condiciones* debemos entender las referidas al sometimiento al principio de unidad de explotación y la cesión de uso de forma permanente a la empresa explotadora. En cuanto a este último extremo, es menester, no solo informar sobre la obligación que existe de cesión de uso, sino también sobre las condiciones de esta cesión. El adquirente debe conocer los extremos e implicaciones que conlleva esa cesión futura, al menos los aspectos más relevantes como los gastos que deberá soportar, el sistema de remuneración, las condiciones del disfrute de la habitación y de los servicios hoteleros, la duración del contrato, entre otros[208]. Igualmente, deberá conocer quién se hará cargo de la explotación del establecimiento. Con carácter general, el promotor antes de la venta de las unidades alojativas ha iniciado negociaciones y ha concretado quien será el gestor hotelero. Incluso, en muchos casos, el promotor es quien pasa a ser explotador. Pero esta situación no es común en todos los casos.

En cambio, resulta llamativo que ninguna norma autonómica disponga nada sobre las siguientes transacciones que se realicen con la unidad de alojamiento. Una vez que el adquirente se convierte en titular de la unidad alojativa puede realizar los negocios que considere sobre la misma siempre respetando el contenido del título constitutivo. Entre estos actos cabe la transmisión a un

---

208 En este sentido, *vid.* GONZÁLEZ CABRERA, I., "La protección del inversor: … *op. cit.*, p. 417 y ss.

tercero[209]. Es aquí donde nos plantemos si el adquirente está obligado a cumplir con los deberes informativos que comentamos.

En nuestra opinión, pueden darse diversas situaciones. De un lado si el vendedor es un particular, no estaría obligado a facilitar información. En cambio, si fuese un empresario, de acuerdo con su estatuto jurídico, tendrá que facilitar la información mencionada. Además, el grado de información que se entregue diferirá según sea el adquirente un consumidor o un empresario. Al margen de lo mencionado, no debemos olvidarnos que, en cumplimiento de las normas generales sobre obligaciones y contratos (arts. 1254 y ss. Cc), entendemos, que esa información deberá facilitarse con independencia de que el vendedor y el adquirente reciban indistintamente la calificación de consumidor, en garantía siempre del principio de buena fe (art. 7 del Cc) que debe presidir las relaciones entre las partes.

2. NATURALEZA JURÍDICA DE LAS RELACIONES DERIVADAS DEL CONDOHOTEL

La naturaleza jurídica de la relación que vincula al adquirente con la explotación en la modalidad de condohotel ha sido muy discutida y merece un análisis separado. En primer lugar, debemos identificar la relación o relaciones que nacen con la finalidad de constituir el condohotel. No cabe duda que poseen un carácter complejo.

De manera clara diferenciamos, al menos, dos actos jurídicos: la compraventa y la cesión del inmueble. Con el primero se produce la adquisición de una unidad alojativa en régimen de

---

209 La casuística es tan amplia que abarca también la transmisión que se produce en venta judicial o pública subasta e, incluso, el supuesto de adquisición del inmueble por parte de la entidad financiera en ejecución de la garantía hipotecaria constituida sobre el mismo.

propiedad horizontal a cambio de un precio. Con el segundo se cede dicha unidad a un tercero para su explotación. Ambos actos están vinculados, pues no puede darse el uno sin el otro, con independencia de que se realicen de manera simultánea o no. Una de las condiciones a la que se encuentra sometida la compraventa es la posterior cesión[210]. Esta situación nos puede llevar a pensar que existe un único contrato como ha afirmado la doctrina[211] y que ha denominado *contrato de condohotel.* Este negocio jurídico se ha configurado como un contrato atípico que combina el de compraventa y el de cesión. En este punto el contrato resulta complejo no en cuanto a estar compuesto de varios elementos propios de diversas figuras jurídicas, sino en cuanto a producirse la unión de dos contratos que forman una unidad representada en el condohotel[212]. A pesar de que

---

210 Con frecuencia se introduce un pacto en el contrato de compraventa que obliga a la cesión de la unidad alojativa. Así por ejemplo traemos una estipulación contenida en un contrato cuyo litigio aborda la sentencia AP de Valencia, núm. 251/2022, de 10 de junio de 2022. El tenor literal de la misma establecía que: *Como ha quedado recogido en la parte expositiva el apartamento objeto de la presente compraventa formará parte de una Unidad empresarial de Explotación por lo que en este acto la COMPRADORA se obliga a ceder en el momento del otorgamiento de la Escritura pública de Compraventa a favor de la Gestora del COMPLEJO el apartamento objeto de compraventa para explotación en régimen de Hotel Apartamento Residencia por cuenta de la PROPIEDAD dentro del Complejo de HOTEL APARTAMENTO denominada HOTEL (…) de una estrella en (…) y sin perjuicio del derecho de uso del apartamento.*

211 GONZÁLEZ CABRERA, I., "Aproximación al régimen jurídico…", *op. cit.*, p. 76 y LÓPEZ SÁNCHEZ, C., *El condohotel:… op. cit.*, p. 77.

212 Afirma LÓPEZ SÁNCHEZ, C., *El condohotel… op. cit.*, p. 79 que … *estamos ante la unión de contratos, no ante un contrato complejo.* En este sentido, no se funden las prestaciones propias de cada tipo contractual sino que cada contrato se regirá por sus propias normas. En nuestra opinión el contrato es complejo de acuerdo con la definición de *complejo* que ofrece el Diccionario de la lengua española en su acepción número 3: Conjunto o unión de dos o más cosas que

no tiene regulación propia, sí puede beber de la fuente de las normas aplicables a cada una de las relaciones jurídicas en las que se divide. El contrato de cesión lo analizaremos con mayor detalle en el siguiente apartado.

En segundo lugar, siendo una cuestión discutida, cabe identificar si su naturaleza es civil o mercantil. Del análisis de cada uno de los contratos por separado podemos llegar a la conclusión de que el contrato de compraventa, a simple vista, es un negocio jurídico de naturaleza civil y el de cesión posee un marcado carácter mercantil. El primero, no obstante, y a pesar de algunas afirmaciones vertidas por la doctrina[213], entendemos que cabría concebirlo de naturaleza mercantil si atendemos a un concepto moderno de compraventa.

El art. 325 del C.d.com. define como compraventa mercantil toda aquella que tenga por objeto la transmisión de bienes muebles y se realice con la intención de revender para obtener un lucro. Estas son las notas características que en una primera aproximación despojarían de cualquier tipo de mercantilidad la compraventa que estudiamos, pues recae sobre un inmueble y es dudoso el ánimo de reventa. Pues bien, en cuanto al elemento inmobiliario que *prima facie* está excluido del concepto

---

constituyen una unidad. Esto nos permite compartir el criterio de la autora al entender que se identifican dos contratos de manera separada y que cada uno de ellos está sometido a sus propias normas. Tal y como ha indicado la jurisprudencia en la sentencia del TS núm. 137/2000, de 21 de febrero (Tol4.927.273), el hecho de que ambos actos en ocasiones estén reflejados en un mismo documento no atribuye al contrato la naturaleza de complejo en el sentido de que el negocio está compuesto por diferentes elementos, sino que se trata de negocios jurídicos coligados, cada operación tiene su propio precio (el coste de la adquisición de un lado y los honorarios por la explotación de otro lado).

213 LÓPEZ SÁNCHEZ, C., *El condohotel... op. cit.*, p. 80.

de compraventa mercantil, el Tribunal Supremo[214] ha considerado que cuando las partes sean dos empresas la compraventa se reputará mercantil al actuar estas en el mercado con evidente ánimo de lucro en la reventa o en la explotación del inmueble[215]. En consecuencia y enlazándolo con la intención de revender, el adquirente de la unidad alojativa no compra para consumo propio, sino con la finalidad de especular[216], realizando otra transacción -mediante la cesión de la explotación a un tercero- y lucrándose con ese acto. Lo cierto es que no se especula con una reventa en sentido estricto, pero sí con la obtención de un rendimiento como ocurre con la compra de valores en bolsa (aunque aquí, como sabemos, el carácter mercantil atiende al lugar de celebración de la operación). Por tanto, una vez aceptado que la cosa puede ser un inmueble y se actúa con ánimo especulativo, y si todo ello lo ponemos en relación, además, con que cabe una compraventa mercantil sin la intervención de ningún comerciante, nada impide que califiquemos este contrato como lo que es, una compraventa mercantil.

---

214 *Vid.* sentencia del Tribunal Supremo (Sala Primera) núm. 482/2021 de 5 julio 2021 (Tol8.510.318) y el comentario a la misma realizado por ALCOVER GARAU, G., "La compraventa de bienes inmueble entre empresarios. Comentario crítico a la STS 482/2021, de 5 de julio", *La Ley Mercantil*, núm. 85, 2021 (La Ley 12617/2021).

215 Sobre la exclusión de los inmuebles se pronuncia GARRIGUES, J., "Estudios sobre el contrato de compraventa mercantil", *Revista de Derecho Mercantil*, núm. 78, 1961 (Bib 1961/6), p. 13, afirmando que pueden constituir objeto de una compraventa mercantil. A modo de ejemplo señala específicamente la venta de una instalación hotelera.

216 GARRIGUES, J., "Estudios sobre el contrato de compraventa mercantil... *op. cit.*, identifica el concepto de compraventa mercantil con el de *compra por especulación*, considerando que la reventa tiene un propósito especulativo.

A mayor abundamiento, como señala la doctrina[217], cabe que califiquemos un contrato como compraventa mercantil en virtud del artículo 2 del C.d.com. y no del artículo 325 del C.d.com. En este caso, nos encontraríamos ante un acto de comercio propio de la actividad empresarial que desarrolla la entidad promotora del inmueble hotelero.

En cuanto al segundo contrato, no debe caber duda alguna de su naturaleza mercantil. La propia cesión, con independencia de la calificación que obtenga ese negocio jurídico, lleva implícita una actividad empresarial y, por tanto, un acto del comercio.

Aunque hayamos concluido que ambos contratos poseen naturaleza mercantil, consideramos que lo adecuado es analizar el contrato de condohotel como resultado de esta unión y no de manera separada, lo que nos permite insistir todavía con mayor intensidad en su naturaleza mercantil. La dependencia existente entre los contratos no deja lugar a dudas para entender que la finalidad con la que el comprador adquiere el bien es mercantil, al estar conectados ambos actos y buscar obtener un rendimiento económico gracias a la actividad hotelera. Se trata de dos actos que buscan una única operación económica e intención especulativa. El fin principal y último no consiste en el consumo particular a través del disfrute temporal del alojamiento, como sí sucede con otro tipo de contratos turísticos, sino en la inversión en el mercado turístico. De manera que este contrato que, en apariencia, reviste un carácter mixto, siguiendo lo apuntado por notables voces[218], debe considerarse un contrato mercantil pues, en definitiva, el fin último del negocio jurídico es la explotación mercantil.

---

217 ALCOVER GARAU, G., "La compraventa de bienes inmueble entre empresarios..., *op. cit.*, p. 2.

218 Por todos, *vid.* GONZÁLEZ CABRERA, I., "Aproximación al régimen jurídico...", *op. cit.*, p. 77.

3. TIPICIDAD CONTRACTUAL DE LA CESIÓN DE LA UNIDAD ALOJATIVA

La calificación jurídica del negocio que formaliza el inversor y la empresa explotadora merece un análisis separado. En virtud de este contrato el inversor cede la unidad alojativa a la empresa que se ha designado por todos los propietarios como explotadora del inmueble hotelero a cambio de una remuneración. En una primera aproximación, la cesión del inmueble que se lleva a cabo con la finalidad de ejercer una actividad mercantil, que no es otra que la explotación hotelera, coincide con el concepto de arrendamiento para uso distinto del de vivienda definido en el artículo 3 de la LAU[219]. Este tipo contractual se identifica con aquel arrendamiento que recae sobre una edificación destinada al ejercicio de una actividad industrial, comercial o profesional, entre otras. En estos supuestos el régimen jurídico aplicable reside en la voluntad de las partes y, en su defecto, en los artículos 29 a 35 de la LAU. De manera supletoria serán de aplicación las normas del Código civil.

La cesión se realiza en aras de satisfacer una intención especulativa, en ningún caso cabrá el uso residencial de la unidad alojativa, lo que, además de encontrarse expresamente prohibido por las normas autonómicas, el título constitutivo y los

---

219 La LAU dedica el artículo 5 a enumerar los arrendamientos que se encuentran excluidos del ámbito de aplicación de la norma. Entre ellos menciona la cesión temporal de uso de la totalidad de una vivienda comercializada o promocionada en canales de oferta turística o por cualquier otro modo y realizada con una finalidad lucrativa. La exclusión no debe llevarnos a confusión, el caso que nos ocupa no tiene relación alguna con el alquiler de viviendas para uso turístico, de manera que no tiene que entenderse como un supuesto excluido. *Vid.* VALLADARES RASCÓN, E. y ORDÁS ALONSO, M., "Comentario al artículo 5", en AA.VV. *Comentarios a la Ley de Arrendamientos Urbanos*, BERCOVITZ RODRÍGUEZ-CANO, R. (coord.), Aranzadi, Cizur Menor, 2020, p. 181 y ss.

estatutos, así lo establece también la propia LAU, siendo una condición para poder calificar el contrato como de uso distinto al de vivienda. Ni siquiera podrán combinarse ambas actividades estando vigente este tipo de contrato[220].

La cesión para la explotación por parte de un tercero, no obstante, puede presentar semejanzas con el contrato de gestión hotelera. En virtud de este negocio jurídico, ampliamente utilizado en el mercado hotelero, el titular de la cadena hotelera gestiona, en nombre y por cuenta del propietario del hotel, la explotación del mismo a cambio de una contraprestación[221].

---

220 Observamos, pues, que este régimen jurídico no será aplicable a las *branded residences* que mencionábamos en nuestra introducción. La cesión en explotación de aquellas unidades alojativas que forman parte de este tipo de condohotel cuando estén destinadas a residencia no puede calificarse como arrendamiento distinto al de vivienda. En tales supuestos, de permitir nuestras normas autonómicas el uso mixto, deberemos acudir a las normas sobre el arrendamiento de cosa contenidas en el Cc o aproximarnos al negocio jurídico de cesión que se celebra en el caso de las viviendas de uso turístico. Negocio, este último, cuya naturaleza jurídica presenta importantes interrogantes, no habiendo sido resueltos todavía por la doctrina ni la jurisprudencia. *Vid.*, sobre esta última cuestión, FERNÁNDEZ PÉREZ, N., *El alojamiento colaborativo*, Tirant lo Blanch, Valencia, 2018, p. 239 y ss.

221 Esta definición fue la propuesta por ALCOVER GARAU, G., "Aproximación al régimen jurídico del contrato de gestión hotelera", *Revista de Derecho Mercantil*, núm. 237, 2000, p. 1004. El concepto es plenamente aplicable a los contratos que se suscriben en la actualidad, con independencia de la posible vinculación con otros contratos de colaboración cuando nos encontramos ante un gran grupo hotelero gestor en el que los distintos servicios que presta (comercialización, gestión, marca...) corresponden a sociedades diferentes sometidas a una misma dirección tal y como señala MARTÍNEZ CAÑELLAS, A., "Naturaleza jurídica del contrato de gestión hotelera y delimitación de las funciones propias de las empresas gestoras de cadenas hoteleras", *La Ley Mercantil*, núm. 76, 2021 (La Ley 923/2021). Además, huelga decir que, en aras de adaptar la definición a la realidad

La atipicidad propia del contrato de gestión hotelera y la complejidad del mismo ha llevado a la doctrina[222] a identificar diversas tipologías de contrato de gestión. Entre ellos se ha considerado la explotación de condominios como una modalidad de contrato de gestión hotelera, en el que el gestor presta todos los servicios, como consecuencia del desconocimiento que poseen los cotitulares del inmueble sobre la materia. No compartimos esta visión cuando se trata de contratos suscritos individualmente con cada uno de los propietarios. En cambio, sí podría operar en aquellos casos en los que es la comunidad la que suscribe el contrato de gestión hotelera. Es decir, podemos encontrarnos condohoteles en los que es la comunidad de propietarios la titular de la explotación turística por tener cedidas las unidades alojativas y así constar en los estatutos. En tales casos la comunidad puede asumir dicha explotación directamente o bien, más frecuente, acordar con un tercero la gestión del establecimiento hotelero[223]. Aclaremos, en este ex-

---

del mercado y siguiendo una moderna interpretación del mismo, en los negocios formalizados hoy en día no existe estrictamente un acatamiento de instrucciones por parte de la cadena hotelera, pues se han convertido en la parte fuerte del contrato teniendo capacidad para adoptar las decisiones en materia de gestión que estimen oportunas sin verse afectadas por la injerencia del titular del establecimiento. En este sentido la definición ofrecida por PÉREZ MORIONES, A., *El contrato de gestión hotelera*, Tirant lo Blanch, Valencia, 1998, según la cual el contrato de gestión hotelera es aquel en el que *una cadena hotelera se obliga a administrar un hotel, en nombre y por cuenta y riesgo de su titular, sirviéndose habitualmente para ello, de técnicas de gestión y de signos distintivos propios siguiendo, en lo esencial, las instrucciones dictadas por aquel, a cambio de una contraprestación de naturaleza económica*, debe modificarse.

222 MARTÍNEZ CAÑELLAS, A., "Naturaleza jurídica del contrato de gestión hotelera… *op. cit.*, p. 6.

223 Para conocer esta modalidad resulta relevante consultar los casos que abordan las sentencias de la AP de Las Palmas núm. 130/2020, de 3 de marzo (ECLI:ES:APGC:2020:479) y núm. 84/2016, de 8 de

tremo, que la comunidad no posee personalidad jurídica por lo que tendrán que otorgar poderes al presidente para que celebre el contrato o los contratos de gestión en nombre de cada propietario. Igualmente, cuando el condohotel se ha configurado como una sociedad de capital puede esta entidad, ahora sí directamente, celebrar un contrato de explotación con un tercero. En tales supuestos, claramente el negocio jurídico suscrito sería un contrato de gestión hotelera.

Sin embargo, cada uno de estos contratos de explotación presenta determinadas características que deberemos comprobar si operan en la configuración del condohotel. Antes es necesario identificar algunas notas comunes a cualquier contrato de explotación hotelera que se incorporan de igual modo en el negocio que estudiamos. Nos referimos a que se trata de contratos que contienen obligaciones de tracto sucesivo, dado que estas se extienden en el tiempo al encontrarnos con negocios con una duración determinada que suele oscilar entre los diez y los veinticinco años. En relación con la duración, con carácter especial, la Comunidad autónoma andaluza ha establecido que no podrá ser inferior a los 10 años [art. 42.2 b) LTA], así también la valenciana y la canaria en virtud de los artículos 68.2 letra a) de la LTV y 30.2 letra b) de la LTC.

En este contexto resulta interesante comprobar la imperatividad de estas normas administrativas que interfieren en el marco de la autonomía privada de las partes. Según jurispru-

---

marzo (ECLI:ES:APGC:2016:269). A mayor abundamiento, cabe, además del contrato de gestión hotelera, que la comunidad suscriba otro tipo de contratos, incluso de índole arrendaticia para la explotación del establecimiento. A modo de ejemplo de este último supuesto puede consultarse la sentencia de la AP de Canarias núm. 467/2018, de 24 de septiembre (ECLI:ES:APGC:2018:2100).

dencia del Tribunal Supremo[224], podría sostenerse la nulidad o ineficacia del pacto que sea contrario a una norma administrativa en virtud del artículo 6.3 del Cc. Y ello, con independencia, de la consideración como infracción administrativa y la imposición de la consecuente sanción que pueda llevar aparejada. De manera que lo recomendable será fijar periodos superiores a los diez años.

El contenido del contrato está formado por cláusulas que difícilmente el propietario negocia de manera separada, por lo que son contratos de adhesión. Estos pactos pueden ser predispuestos desde una doble vertiente. En primer lugar, nos referimos a la imposición por parte del empresario explotador con la finalidad de uniformarlos respecto de otros contratos pertenecientes a su red hotelera. Y, en segundo lugar, nos referimos a los contratos que suscribe cada uno de los propietarios del condohotel. Exceptuando contadas ocasiones, el contrato al que se adhiere cada propietario presenta el mismo clausulado siempre adaptado al tipo de apartamento o local[225]. Esta característica conlleva, como sabemos, el obligado sometimiento de las condiciones generales de contratación a un doble control. De incorporación, consistente en garantizar que el adherente conoce el contenido, aplicable tanto si es empresario como consumidor, y de control de contenido, solo cuando la contraparte sea un consumidor[226]. A ellos debe sumarse un ter-

---

224 *Vid.*, entre otras, las sentencias del Tribunal Supremo núm. 861/2006, de 25 de septiembre (RJ 2006\6577).

225 Como señala GONZÁLEZ CABRERA, I., "Aproximación al régimen jurídico...", *op. cit.*, p. 85, estas condiciones pueden ser más favorables al propietario cuando este renuncie al disfrute de la estancia o posea un mayor número de unidades alojativas. Lo que, a nuestro modo de ver, no alteran el carácter de adhesión que posee el contrato.

226 En sede de contratación interempresarial, sobre esta cuestión *vid.* PETIT LAVALL, MªV., "El control de las condiciones generales de la contratación entre empresarios, en AA.VV. *Retos de la contratación*

cer control denominado de transparencia material, aplicable exclusivamente al consumidor, consistente en garantizar que ha conocido y comprendido las condiciones predispuestas del contrato evitando así la asimetría informativa[227].

Se trata de un contrato consensual, aunque, en la práctica, resulta cuasi obligatorio la formalización en documento privado en aras de que el adquirente tenga conocimiento del contenido antes de la compra del inmueble y que consten de manera fehaciente los términos alcanzados. Siendo, además, recomendable su inscripción en el Registro de la Propiedad para ofrecer la publicidad que este tipo de establecimiento necesita. En este último caso es inevitable la formalización por escrito.

---

mercantil moderna, GONZÁLEZ CASTILLA, F. y NIETO CAROL, U. (dirs.), Tirant lo Blanch, Valencia, 2022, pp. 247-266.

227 Para profundizar sobre esta cuestión, en aras de conocer las obligaciones que en cuanto a condiciones predispuestas debe observar el promotor según la naturaleza de la persona adherente recomendamos el estudio de, entre otros, MIRANDA SERRANO, L.Mª., "¿Hacia un [errático] control de abusividad de las cláusulas predispuestas relativas a los elementos esenciales de los contratos de consumo?", *La Ley Mercantil,* núm. 87, 2022 (La Ley 501/2022) y en "Sistemas de contratación a través de condiciones generales y clausulados predispuestos, a distancia y fuera de los establecimientos mercantiles", en AA.VV. *Bases del derecho de obligaciones y contratos mercantiles,* MIRANDA SERRANO, L.Mª., CASADO NAVARRO, A. y GONZÁLEZ JIMÉNEZ, P. (coords.), Don Folio, Córdoba, 2022, pp. 91-128; CARRASCO PERERA, Á. y CORDERO LOBATO, E., "El espurio control de transparencia sobre condiciones generales de la contratación", *Revista CESCO de Derecho de Consumo,* núm. 7, 2013, pp. 164-183; ALFARO ÁGUILA-REAL, J., "Cláusulas abusivas, cláusulas predispuestas y condiciones generales", *Anuario jurídico de La Rioja,* núm. 4, 1998, pp. 53-70.

3.1 Contenido habitual del contrato

Tomando en consideración lo anterior, es conveniente analizar el programa de obligaciones al que se someten ambas partes.

De un lado, el titular del apartamento se encuentra obligado a ceder su propiedad para que la gestione un tercero. En este punto es importante subrayar que se produce la entrega del inmueble, no de la explotación como sucede en el caso del contrato de gestión hotelera o en el de arrendamiento de empresa. Como hemos visto, la compra de esta propiedad lleva implícita una importante limitación de uso. Sumado a que, como consecuencia del sometimiento al principio de unidad de explotación, no cabe que el propietario la explote directamente.

Esta cesión lleva aparejada la realización de un inventario de los bienes afectos al inmueble y además el propietario se encuentra sometido a la prohibición de usar la unidad alojativa con fines residenciales, como se ha comentado. En este extremo, el contenido obligacional coincide con el contrato de arrendamiento para uso distinto del de vivienda.

Sobre el propietario recae la obligación de respetar las características de la unidad alojativa, sin alterar la sintonía con el resto del mobiliario y el *trade dress* del establecimiento hotelero. En cuanto a las reformas, estas correrán a cargo del propietario salvo las destinadas a un fin estético que deberá asumirlas la empresa explotadora. Hasta el momento nos estamos alejando del contrato de gestión hotelera y nos aproximamos al arrendamiento.

Por su parte, la entidad explotadora está obligada a gestionar el establecimiento en nombre propio. Será ella, a modo de ejemplo, la titular de las relaciones laborales con los trabajadores, así como la responsable de formalizar los contratos con los diversos proveedores del establecimiento hotelero (*f&b*, mantenimiento, central de reservas, TTOO...) y con los huéspedes que se alojarán en el mismo, asumiendo igualmente la responsabilidad que pueda nacer del incumplimiento de estos contratos e incluso una potencial responsabilidad aquiliana. Esta es, por tanto, una de las cuestiones decisivas que nos lleva a excluir la posibilidad de calificar este tipo contractual como gestión hotelera. Entre otras razones que nos permiten llegar a esta conclusión, una de las principales radica en que en el contrato de gestión hotelera se produce una explotación en nombre del titular del establecimiento y no por cuenta de la empresa gestora. Debiendo aquel otorgar un poder de representación[228] en favor de esta última para concederle todas las facultades necesarias para el correcto funcionamiento del establecimiento.

Otra de las obligaciones básicas que posee la entidad explotadora es remunerar al propietario. Este pago generalmente se calcula por aplicación de un porcentaje, pactado por las partes con anterioridad, sobre los ingresos obtenidos por la cesión a terceros de la habitación. La remuneración, en ocasiones, es mixta estableciendo una cuantía fija a la que se le añade un porcentaje sobre los ingresos mencionados o se determina un beneficio mínimo garantizado en favor del propietario. Esta suerte de comisión se asimila tanto a la pactada en sede del contrato de gestión hotelera como a la renta variable pactada en el contrato de arrendamiento para uso distinto del de vivienda. Si bien, debemos señalar que en el caso de la gestión hotelera la remuneración agrupa varios conceptos, es decir, está formada por un porcentaje sobre los ingresos totales que obtiene el titular del establecimiento en un sentido amplio, no solo se incluyen los percibidos en concepto de cesión de las habitaciones sino también los ingresados por otros servicios como pueden ser el restaurante o el spa. En cambio, en

---

228 Este acto es esencial para que sea efectivo el contrato de gestión hotelera, así lo hemos tratado en OTERO COBOS, Mª T., *Los contratos de explotación hotelera: control y riesgo*, Marcial Pons, Madrid, 2019, p. 176 y ss.

el condohotel los ingresos generados por estos conceptos son percibidos por la empresa explotadora, sin perjuicio de las cantidades que deba detraer para abonarlos a los propietarios de los locales destinados al desarrollo de actividades complementarias. En estas situaciones el sistema de remuneración sería el mismo que para el caso de la cesión de las unidades alojativas, un porcentaje sobre el precio de los servicios prestados.

Además, recordemos que es característico de la gestión el cobro al propietario de otros pagos por servicios accesorios como la licencia de marca, la central de reservas, el marketing conjunto... Con carácter general, en el condohotel los gastos del negocio los soporta la empresa explotadora.

En relación con la renta, en el contrato de arrendamiento de local de negocio encontramos jurisprudencia que en algunos casos ha considerado este pacto como uno de los indicios que permiten distinguir este tipo contractual del arrendamiento de empresa. En concreto, cuestiones como la elevada renta - por incluir en la unidad patrimonial no sólo el inmueble – o el hecho de que la renta sea variable – al dar por sentado que el arrendador asume los riesgos de la empresa - se han considerado rasgos característicos que, en combinación con otros aspectos, evidencian que no nos encontramos ante un contrato de arrendamiento de local de negocio.

Consideramos que, hoy en día, atendiendo a la realidad del mercado y siempre que no consideremos de manera asilada la renta como hecho diferenciador de los tipos de arrendamiento[229], debe primar la voluntad privada de las partes. Lo cierto

---

229 Recordemos que la imposición de una renta variable es muy habitual en el arrendamiento de espacio en los centros comerciales. En este sentido, podemos observar la inclusión de esta cláusula en los arrendamientos de local de negocio gracias a algunos de los asuntos tratados por nuestra jurisprudencia. A modo de ejemplo, véanse las sentencias de la AP de Castellón núm. 344/2016, de 17 de octu-

es que habrá contratos sometidos a una renta variable que merezcan la calificación de arrendamiento de local de negocio, pero, en cualquier caso, siempre habrá que estar al contenido obligacional del contrato y su interpretación global.

La contraprestación que obtiene el propietario se completa con la posibilidad de disfrutar durante determinado periodo del año de la estancia que tiene cedida. Las partes pactan las condiciones y duración del uso de la misma, así como las posibles bonificaciones de las que puede beneficiarse el propietario o sus familiares respecto a los gastos ocasionados por el tipo de pensión elegido o el acceso a otros servicios que oferte el establecimiento.

La entidad explotadora asume todos los riesgos de la explotación, de manera que no encontramos en esta modalidad la obligación de rendir cuentas como puede ocurrir en el contrato de gestión hotelera. En cambio, sí observamos un interés por parte del propietario en el devenir del negocio, en la situación de su inversión. Fruto de ese interés y del sometimiento a una renta variable nace la obligación, exigible a la empresa explotadora, de facilitar documentación e información contable así como responder a los requerimientos que, en este ámbito, haga el propietario de acuerdo con la costumbre y sin extralimitaciones. Esto no supone ni debe suponer una injerencia en la gestión.

La empresa explotadora se encargará del mantenimiento de las dependencias y el cuidado del buen estado de las instalaciones. En el contrato deberá establecerse qué sujeto es el responsable de realizar las obras de reparación y conservación del inmueble, así como las mejoras que contribuyan a la modernización del inmueble o se realicen en cumplimiento de un

---

bre (Tol5.935.029), AP de Valencia núm. 462/2001 de 19 de julio (ECLI:ES:APV:2001:4588) y, especialmente, del TS núm. 248/2015, de 30 de abril (Tol4.952.106).

mandato de la autoridad pública competente[230]. En este punto existen contratos que disponen que esta obligación recae sobre la comunidad junto con los gastos relativos a la administración, recepción, seguridad, mantenimiento del complejo y demás estancias comunitarias y de uso común. Otros, en cambio, hacen responsables de estos costes a la entidad explotadora.

Por su parte, la adaptación del inmueble a la actividad que se va a desarrollar desde el punto de vista estético, es decir, la adaptación a la imagen de marca de la empresa explotadora y el diseño del establecimiento correrá a cargo de la entidad gestora.

En este tipo de explotaciones turísticas resulta difícil desligar cuales son gastos propios de la explotación del establecimiento que asume la entidad gestora y cuales deben correr a cargo de la comunidad. En este sentido, es recomendable incluir un apartado que los concrete. Una cuestión controvertida consiste en identificar qué sujeto asume las inversiones que se realicen en inmovilizado, especialmente en mobiliario, maquinaria… Se trata de una prestación más sobre la que las partes deben alcanzar un acuerdo.

Todos los extremos expuestos, así como otros pactos que resultarán de las propias características y particularidades del condohotel de que se trate y de las partes deberán expresarse en el contrato. Además, como es habitual, deberá contener un régimen de imputación de responsabilidad, las causas de resolución contractual, la normativa y jurisdicción aplicable, entre otras cuestiones.

---

230 *Vid.*, a modo de ejemplo, el Decreto 13/2020.

3.2 Aproximación al contrato de arrendamiento para uso distinto del de vivienda

Sentado el contenido del contrato y teniendo en cuenta esa información, resulta difícil acudir, en exclusiva, a una de las figuras contractuales típicas que conocemos. Atendiendo a la práctica del sector y según los negocios jurídicos a los que hemos tenido acceso hemos comprobado que las partes suelen calificarlo de *contrato de arrendamiento de uso distinto del de vivienda.* Sobre la tipificación contractual, cabe recordar que, siguiendo los pronunciamientos del Tribunal Supremo[231], la calificación de un contrato y por ende su naturaleza jurídica viene dada por el contenido obligacional, no por cómo las partes han querido nominarlo, incluso, aunque el documento haya sido formalizado ante fedatario público. De manera que si acudimos al contenido obligacional probablemente la conclusión a la que lleguemos sea distinta.

Analizando los compromisos que asumen las partes, tal y como hemos descrito, el negocio presenta semejanzas muy destacables con el contrato de arrendamiento para uso distinto del de vivienda. En efecto, la enumeración y análisis de las obligaciones, en muchos casos nos trae a la memoria las propias del arrendamiento de local de negocio, sin embargo, quizás esta sea una solución cómoda, que responde más al deseo del jurista de encontrar una figura típica afín que a la realidad del mercado.

Si seguimos los pronunciamientos de nuestra jurisprudencia[232], podríamos calificar el contrato como de arrendamiento

---

231 Entre otras, *vid.* sentencias del TS núms. 38/2008, de 22 de enero de 2008 (Tol1.245.344), 1195/2002, de 5 de diciembre de 2002 (Tol229.110), 413/1995, 10 de mayo de 1995 (TOL1.667.441), 7 de julio de 1987 (La Ley 92721-NS/0000) y 6 de marzo de 1987 (JUR/1987/1417).

232 Por todas, *vid.* sentencia del TS núm. 313/1993, de 31 de marzo de 1993.

para uso distinto del de vivienda cuando las prestaciones no tengan una entidad suficiente que nos permitan alejarnos del arrendamiento y contenga otras propias de este tipo de contratos. No debemos olvidar, además, que estos negocios responden a la libertad de pactos *ex* artículo 1255 del Cc, lo que lleva implícito la inclusión de acuerdos que no se presuman expresamente arrendaticios.

Conforme al análisis del contenido, la doctrina ha señalado[233] que nos encontramos ante un contrato de cesión atípico para la explotación en régimen de alojamiento. Sin perjuicio de que esta definición pueda abarcar otras realidades además del condohotel[234], consideramos que puede ser la que mejor encaja con la figura. Se trata de un contrato que en origen es típico por su afinidad con el arrendamiento para uso distinto del de vivienda pero cuyas particularidades y objeto lo convierten en un negocio atípico. Esta clase de contrato, en nuestra opinión, requiere una regulación más minuciosa por parte de los sujetos firmantes.

La práctica, no obstante, nos ha demostrado todo lo contrario. Es decir, nos hemos encontrado negocios jurídicos en los que apenas se detallan las obligaciones que asumen las partes, tampoco asumen compromisos más allá de lo legalmente previsto y no incorporan un régimen de responsabilidad adecuado a la altura de la complejidad del contrato. La razón, la en-

---

233 GONZÁLEZ CABRERA, I., "Aproximación al régimen jurídico…", *op. cit.*, p. 84. Así también, LÓPEZ SÁNCHEZ, C., *El condohotel:…*, *op. cit.*, p. 95 y ss., tras realizar una comparativa entre los distintos contratos de explotación hotelera y el propio del condohotel concluye que, a pesar de reconocer su parecido con el arrendamiento, estaríamos ante un contrato que califica *…de cesión de bien inmueble para su explotación turística.*

234 Nos referimos especialmente a la cesión de viviendas de uso turísticos a un tercero para su explotación. Sobre la relación contractual entre empresa gestora y titular de la vivienda *vid.* FERNÁNDEZ PÉREZ, N., *El alojamiento colaborativo, op. cit.*, p. 239 y ss.

contramos, entendemos, en el propio desconocimiento de la figura del condohotel unido a la necesidad, que con frecuencia tienen las partes, de aproximarse a alguna figura típica, cuando no debiera ser así. Tal y como se ha afirmado[235], es habitual que la atipicidad de los contratos derive de haberse añadido a un contrato típico cláusulas que prevén efectos o prestaciones ajenas a su configuración legal típica.

Tomando en consideración lo anterior, el Tribunal Supremo en su sentencia de 16 de enero de 1987[236] excluyó la calificación de este contrato como arrendaticio pues no consideró que fuese un *establecimiento abierto en relación directa con la clientela, ni el público en general tiene acceso a las dependencias arrendadas*, pasando a denominarlo *contrato atípico de alquiler turístico de rentabilidad.* No compartimos la justificación expuesta por el Tribunal para llegar a tal conclusión, resulta una interpretación muy restrictiva nada acorde con la realidad de este tipo de explotaciones turísticas que, efectivamente, se encuentran abiertas al público en su sentido más amplio[237]. Por su parte, la jurisprudencia menor lo ha nominado, que no tipificado, como *contrato de cesión de apartamento para explotación turística en régimen de administración*

---

235 *Vid.* BERCOVITZ RODRÍGUEZ-CANO, R., "Introducción al Derecho de contratos", en AA.VV. *Tratado de contratos,* BERCOVITZ RODRÍGUEZ-CANO, R. (coord.), Tirant lo Blanch, Valencia, 2020, p. 123.

236 ECLI:ES:TS:1987:75.

237 No cabe duda de que las habitaciones de los hoteles son espacios accesibles fácilmente al público. Sin ir más lejos recordemos los pronunciamientos del TJUE en relación con los derechos de autor y la transmisión de obras protegidas en las habitaciones de establecimientos hoteleros. Se han considerado espacios abiertos a un número indeterminado de destinatarios potenciales, implicando un número considerable de personas (sentencias TJUE de 27 de febrero de 2014, asunto C-351/12 [Tol4.117.782] y de 7 de marzo de 2013, asunto C-607/11 [Tol3.297.907], más recientemente, sentencia de 16 de febrero de 2017, asunto 641/15 [Tol5.958.288]).

o gestión[238] y *contrato sobre cesión para aprovechamiento turístico*[239]. Reconociendo, por tanto, que se trata de una clase de contrato de explotación turística distinto del de gestión hotelera o arrendamiento de empresa y de local de negocio.

A modo de conclusión, son innegables las connotaciones que presenta este tipo de contrato con el de arrendamiento de local de negocio. Pero, también, sería por nuestra parte aventurado afirmar que siempre que nos encontremos ante un establecimiento explotado en la modalidad de condohotel, la cesión de las habitaciones se realiza bajo el paraguas de ese tipo contractual. En definitiva, la preeminencia de la voluntad de las partes origina que debamos atender para su calificación a cada caso concreto.

4. INSCRIPCIÓN REGISTRAL DEL CONTRATO DE CESIÓN DE LA UNIDAD ALOJATIVA

Sentado lo anterior, resulta complejo alcanzar una única conclusión común a todas las realidades del condohotel. Teniendo en cuenta lo comentado hasta el momento y tomando en consideración el interés manifestado por las partes en calificar el contrato como arrendamiento para uso distinto del de vivienda y, otro dato relevante, el interés que en muchos casos poseen las principales cadenas hoteleras que gestionan este tipo de complejos en inscribir el contrato en el Registro de la Propiedad, es necesario que nos detengamos en este tipo contractual y en su posible acceso al Registro.

---

238 Esta denominación es muy común en los contratos suscritos en las Islas Canarias y así lo han acogido los tribunales de la zona. Entre otras, *vid.* las sentencias de la AP de Santa Cruz de Tenerife núms. 158/2019, de 23 de abril de 2019 (Tol7.445.695) y 135/2009, de 22 de abril de 2009 (Tol6.723.545).

239 *Vid.* sentencia de la AP de Almería, núm. 192/2017 de 9 de mayo de 2017 (Tol6.788.774).

Tal y como hemos mencionado, la totalidad de los documentos privados utilizados en la práctica para la explotación de condohoteles a los que hemos tenido acceso han sido calificados por las partes como *contrato de arrendamiento de uso distinto al de vivienda.* Como se ha señalado con anterioridad, este reconocimiento no predetermina la naturaleza jurídica del contrato que han celebrado. Habrá que analizar el contenido obligacional para llegar a tal conclusión, así lo haremos a continuación.

A estos efectos, debemos destacar algunos aspectos que ponen en conexión los contratos suscritos analizados con el tipificado de arrendamiento para uso distinto al de vivienda. En cuanto a la normativa aplicable al contrato, las partes se someten expresamente, en primer término, a la voluntad de las mismas y, en segundo término, a la LAU. El objeto del contrato se identifica con *el arrendamiento de Apartamentos (…) junto con el mobiliario y enseres que se detallan en el inventario ane*xo destinados a explotación turística u hotelera por parte del arrendatario mediante arrendamiento o cesión temporal a tercero.

La remuneración que suele pactarse es un importe variable que normalmente se encuentra comprendido entre el treinta y sesenta por ciento de la producción de cada unidad de alojamiento, esto es, de los ingresos percibidos por el alquiler a terceros de la misma. Excepcionalmente, para el primer año de vigencia del contrato encontramos contratos que establecen una cantidad fija. El pago del montante total puede pactarse que se realice de manera mensual, trimestral o, incluso, anual.

Existen casos en los que, con la finalidad de responder por el pago de la renta, la entidad explotadora se compromete a formalizar un aval bancario por el importe mensual a favor de la arrendadora. Dicho aval tendrá una vigencia anual renovándose hasta la finalización del contrato. El pacto referido, consistente en ofrecer una garantía en cumplimiento de una obligación, coincide o, al menos, nos recuerda a la obligación dirigida a exigir y prestar fianza regulada por el artículo 36 de la LAU. El precepto, atendiendo a las opiniones vertidas por la doctrina[240], hace referencia, en el caso del arrendamiento para uso distinto del de vivienda, a la entrega de una fianza en metálico equivalente a dos mensualidades, por lo que, si recurrimos a una interpretación estricta, no cabría otra forma de pago. Sin embargo, nada debiera impedir a las partes el pacto de otros medios que garanticen el cumplimiento de la obligación de pago a través de la entrega de un aval[241]. E, incluso, tal y como hemos podido comprobar, que no se incluya referencia alguna a la entrega de una fianza o aval.

En aras de una mayor transparencia la entidad explotadora se compromete a facilitar anualmente *la información y la documentación* sobre la *producción de las habitaciones que* [se] *solicite relativa a la facturación de cada habitación por meses.* Aquí se observa un interés por parte del arrendador en realizar un seguimiento de la inversión, comprobando que se ajustan el importe que recibe en concepto de renta conforme a la comercialización realizada de la unidad de alojamiento y la oferta y demanda que ha generado la unidad alojativa.

En cuanto a la contribución a los gastos comunes, lo habitual en el condohotel es que el abono corresponda al arrendador, salvo aquellos gastos que afecten directamente a la explotación que deberán correr a cargo del arrendatario. En relación con este aspecto, encontramos excepciones, contratos que obligan a la entidad explotadora a satisfacer los gastos comunes de la comunidad tanto ordinarios como extraordinarios según la

---

240 ATAZ LÓPEZ, J., "Comentario al artículo 36", *Comentarios a la Ley de Arrendamientos Urbanos,* en AA.VV. BERCOVITZ RODRÍGUEZ-CANO, R. (coord.), Aranzadi, Cizur Menor, 2020, p. 1037.

241 A modo de ejemplo, *vid.* las sentencias de las AAPP de Alicante, núm. 56/2019, de 31 de enero (Tol7.190.045); Segovia, núm. 125/2015, de 13 de julio (Tol5.436.457); y Cáceres, núm. 202/2003, de 30 de octubre (La Ley 174116/2003).

cuota de participación que ostente el propietario de cada unidad de alojamiento. Sin que este hecho implique una cesión de los derechos de voto al arrendatario en la junta de propietarios, o sí, tal y como recogen algunos contratos, salvo para aquellos acuerdos cuya aprobación requieran unanimidad.

Con carácter general, la duración del contrato se establece en diez años, en sintonía con lo regulado en las normas autonómicas, aunque también encontramos contratos celebrados por periodos inferiores. Caben las prórrogas sucesivas, limitadas o indefinidas, por diez años o un tiempo menor salvo que la intención de las partes sea la no renovación, en ese caso deberá notificarse la voluntad de no continuar la relación jurídica con un preaviso que oscila entre los tres y los seis meses.

A la entidad arrendataria le compete sufragar las obras de reforma, conservación, reposición o mejora, así como cualquier otra obra necesaria para mantener la categoría asignada al complejo o las impuestas por la normativa que sea de aplicación, asumiendo los costes de las mismas. Estas cuestiones se alejan parcialmente de lo establecido expresamente en la LAU, por tanto, deducimos que las partes se decantan por pactar la inaplicación de los artículos 21 y 22 de la LAU. En cuanto a la necesidad de obtener el consentimiento para la realización de estas obras, el contrato excluye la autorización previa del arrendador exigiendo, a cambio, que la entidad explotadora informe con antelación al propietario sobre la realización de obras de conservación, reparación y reposición que considere conveniente, así como, cualquier otra relacionada con la adaptación y adecuación del inmueble a los requisitos del tipo de alojamiento que establece la normativa. La arrendataria renuncia a cualquier derecho de indemnización que pueda nacer por las obras realizadas a su costa.

En cuanto a las transmisiones del inmueble que se puedan realizar, los contratos incorporan cláusulas que establecen que *[L]a transmisión por cualquier título de la titularidad sobre el inmue-*

ble objeto de arrendamiento supondrá la cesión del contrato al nuevo adquirente quien en todo caso quedará subrogado y obligado al cumplimiento íntegro del presente contrato. Se trata de un pacto muy frecuente en el ámbito de la explotación hotelera que pretende la conservación de las relaciones aunque exista un cambio en la persona titular del inmueble. La ruptura del negocio jurídico supondría un importante perjuicio para la parte explotadora y para el respeto del principio de unidad de explotación, de manera que la intención de las partes será mantener la vigencia del mismo o bien, en caso de incumplimiento, reconocer un derecho de indemnización a la parte explotadora. De manera implícita, podemos entender que este pacto genera la obligación al propietario de informar al futuro adquirente de la existencia del contrato. Sin embargo, lo cierto es que este acuerdo no es oponible a terceros, vincula exclusivamente a las partes, es decir, si el arrendador enajena el inmueble o lo transmite por cualquier otro modo nacerá un derecho de indemnización por incumplimiento contractual a favor del arrendatario.

El contenido de esta cláusula nos lleva a lo que hemos comentado al inicio de este epígrafe, el interés que poseen las cadenas hoteleras en la inscripción del contrato en el Registro de la Propiedad. El principal motivo de ese interés radica en la publicidad que ofrece el Registro a los contratos en él inscritos, junto con el beneficio de la aplicación de los principios registrales. Calificar el contrato como de arrendamiento distinto del de vivienda nos permitiría que accediese al Registro en virtud del artículo 2.5 de la LH, pero, además, nos conduciría a la aplicación del artículo 29 de la LAU. Para hacernos valer de estas normas, conviene detenernos a estudiar la aplicación e interpretación de las mismas en el supuesto que nos ocupa.

El artículo 29 de la LAU indica que el adquirente del inmueble enajenado se subroga en la posición del titular anterior, salvo que el adquirente cumpla con los requisitos del artículo 34 de la LH. En tales casos, el tercero podrá decidir si mantener o rescindir el contrato siempre que se den los siguientes presupuestos: sea un tercero de buena fe, adquiera a título oneroso por quien aparezca en el Registro con facultades para la transmisión del inmueble y tras la perfección del contrato lo inscriba en el Registro[242].

Por tanto, en virtud del artículo 29 de la LAU, cuando el tercero ignore la existencia del contrato, no se producirá la subrogación automática en el mismo. Esto no siempre será de este modo. Si atendemos a lo dispuesto en el artículo 2.5 de la LH los contratos de arrendamiento de bienes inmuebles pueden ser objeto de inscripción en el Registro de la Propiedad. Dicho reconocimiento permite dar publicidad al negocio jurídico frente al tercero, de manera que el adquirente en tales casos no puede desconocer la existencia del mismo y, por tanto, queda subrogado. En el ámbito del condohotel es preceptivo que tras la perfección de cada uno de los contratos con los propietarios los mismos se inscriban en el Registro, veamos por qué.

Las normas autonómicas[243] que reconocen el condohotel como un tipo de establecimiento de alojamiento turístico se han preocupado, prácticamente en los mismos términos, por establecer la obligación de hacer constar en nota marginal la afección al uso exclusivo turístico y la cesión del uso de forma permanente a favor de la empresa explotadora[244]. Este hecho

---

242 LÓPEZ MAZA, S. y MINERO ALEJANDRE, G., "El arrendamiento para uso distinto del de vivienda", en AA.VV. *Tratado de contratos*, Bercovitz Rodríguez-Cano, R. (coord.), Tirant lo Blanch, Valencia, 2020, p. 3138.

243 *Vid.* artículos 42.2 letra a).2 de la LTA, 35.4, letra a) de la LTB, 68.2 letra a) de la LTV y 44.5 de la LTPV.

244 Las Comunidades autónomas en el marco de las materias que son objeto de su competencia, como es el turismo, pueden establecer que una determinada situación acceda al Registro de la Propiedad. Pues bien, al poder regular un derecho o acto determinado, en nuestro caso los establecimientos que se explotan en régimen de condohotel, podrán fijar también la obligación de inscripción del

permitiría garantizar la publicidad frente a terceros en relación con la existencia de esa cesión y evitar modificaciones. Entendemos, pues, que la nota accesoria, permite hacer constar una alteración del contenido del asiento de la finca, es decir, permite conocer que el inmueble está sometido a una limitación de uso y de destino. Caracteres que se completan con las menciones contenidas en el título constitutivo de la propiedad horizontal[245]. Para alcanzar este fin bastaría la referencia a la existencia de la cesión permanente a la entidad explotadora, sin ser necesario que se incorpore el contenido del contrato. No obstante, encontramos una norma, la canaria[246], que exige que consten referenciadas en nota marginal las condiciones de la cesión.

En cuanto al título objeto de inscripción[247], la Comunidad autónoma no podrá concretar la naturaleza de la relación jurídica entre el propietario y la entidad explotadora inscribible, ya que al Registro solo pueden acceder aquellos títulos que determine la LH. Lo que nos conduce de nuevo a la importancia de que la naturaleza del contrato celebrado sea arrendaticia.

En cambio, la realidad nos ha demostrado que rara vez se inscriben los contratos de arrendamiento para uso distinto de

---

contrato de cesión de uso en el Registro de la Propiedad con la finalidad de dotar de validez y seguridad jurídica a dicho acto. *Vid.* PRETEL SERRANO, J.J., *Registro de la Propiedad, Constitución y Estado de las Autonomías*, Reus, Madrid, 2023, p. 135 y ss.

245 Sobre estas dos cuestiones, publicidad registral y título constitutivo, resulta especialmente ilustrativo el Auto del Juzgado de lo Mercantil núm. 1 de Málaga de 10 de octubre de 2023.

246 Artículo 30.2 letra e) de la LTC.

247 La posibilidad de que las Comunidades autónomas dicten normas detallando que un contrato sea inscribible debemos interpretarlo junto con la obligación de no alterar los títulos y negocios jurídicos de naturaleza o con trascendencia civil que conforme a la normativa civil pueden acceder al Registro. *Vid.* PRETEL SERRANO, J.J., *Registro de la Propiedad, Constitución... op. cit.*, p. 135 y 165.

vivienda o se deja constancia de la cesión de la finca para explotación en nota marginal cuando se trata de condohoteles y, mucho menos, en cualquier otro tipo de explotación hotelera. Esta situación origina que nos planteemos buscar una alternativa que persiga proteger el mantenimiento de estos contratos y poder así desvirtuar el principio de buena fe registral.

La principal cuestión que debe tenerse en cuenta es atender a las propias características del bien que se adquiere. Es decir, nos referimos a que el adquirente de una unidad alojativa en régimen de condohotel, en aras de la información precontractual que se le ha facilitado y a sabiendas de que lo que adquiere es una habitación, apartamento u otro espacio que forma parte de un establecimiento hotelero gestionado por un tercero y que, por ende, se va a explotar de acuerdo a su clasificación – sobre todo cuando se encuentra inscrito ya en el Registro de Turismo[248], dispone de las instalaciones, maquinaria y mobiliario necesarias para ejercer una actividad de alojamiento, …– es evidente que conoce la existencia de una relación contractual de explotación entre el propietario originario y la entidad explotadora. En estos casos, siempre que se puedan acreditar que hay signos externos claros sobre la existencia del arrendamiento, cabría la ruptura del principio de buena fe registral[249].

---

248 Debemos señalar que este Registro carece de carácter habilitante y efectos constitutivos, siendo meramente un instrumento informativo y de control de la administración pública en materia turística. En el caso de la comunidad autónoma andaluza, así se especifica en el Decreto 143/2014, de 21 de octubre, por el que se regula la organización y funcionamiento del Registro de Turismo de Andalucía.

249 Resulta importante en este extremo conocer en qué momento debe darse la buena fe del tercero. A pesa de las diversas teorías doctrinales (sobre el estudio de las mismas *vid.* CLEMENTE MEORO, M.E., “Sobre el momento en que ha de ser de buena fe el tercero hipotecario”, en AA.VV. *Estudios de Derecho Inmobiliario Registral en Homenaje al Profesor Celestino Cano Tello,* CLEMENTE MEORO, M.E. (coord.),

A estos recursos probatorios debemos añadir que el explotador, cuando tenga conocimiento de la enajenación de la unidad alojativa, puede ponerse en contacto e informar al futuro adquirente sobre la existencia de un contrato en vigor. En ocasiones, a la empresa explotadora le resulta difícil advertir las actuaciones que está llevando a cabo el propietario para la enajenación del inmueble, salvo que sean muy notorias, sobre todo cuando hablamos de una transmisión voluntaria. En cambio, en las transmisiones forzosas, una vez la empresa explotadora tenga conocimiento del procedimiento de ejecución, uno de los actos que contribuyen a insinuar el contrato es atender a las comunicaciones del procedimiento aportando al juzgado la documentación concerniente al mismo[250], ponerse en contacto con el adquirente para informar sobre la existencia del contrato, el pago de la renta antes, durante y después de la adjudicación… entre otras actuaciones.

En nuestra opinión, siempre que se trate de un contrato suscrito con anterioridad al inicio del procedimiento de ejecución estos actos resultaran útiles y se convierten en indicios de la existencia de la relación jurídica. Incluso habrá que atender a las cualidades del adquirente y los conocimientos que posea sobre el bien objeto de adquisición, si se trata de una persona que desarrolla su actividad en el sector turístico o en algún ámbito relacionado, si se ha preocupado de realizar indagacio-

---

Tirant lo Blanch, Valencia, 2002, pp. 139-164 y GOÑI RODRÍGUEZ DE ALMEIDA, M., "Buena fe en Derecho inmobiliario registral", *Revista Crítica de Derecho Inmobiliario,* núm. 687, 2005, pp. 292-296), se entiende que el momento de la buena fe no es el de la inscripción sino el de la compra del inmueble. En este sentido *vid.* VIGIL DE QUIÑONES OTERO, D., "El tercero hipotecario", en AA.VV. *Tratado de Derecho Inmobiliario Registral,* DEL RAY BARBA, S. y ESPEJO LERDO DE TEJADA, M. (dirs.), Tirant lo Blanch, Valencia, 2021 (consultado *on line*), especialmente la nota 570.

250 *Vid. infra.*

nes sobre el bien que pretende comprar…[251]; en definitiva, hay que comprobar que ha obrado con una diligencia mínima en el conocimiento de la realidad extrarregistral[252][253].

Por tanto, para romper con la presunción de buena fe del artículo 34 de la LH, en aquellos casos en los que el contrato no ha accedido al Registro, tal y como ha señalado la juris-

---

251 En este sentido, resulta especialmente ilustrativa la sentencia de la AP de Madrid núm. 123/2021 de 13 de mayo (Tol8.545.019). El tribunal toma en consideración que la inmensa mayoría de los contratos no figuran inscritos. A esta realidad añade que …*las reglas del sentido común y del comerciante mínimamente diligente, nos deben llevar (…) a que el adquirente probablemente conocía, o al menos pudo conocer sin esfuerzos excepcionales, la existencia del arrendatario en el inmueble.* Considera, además, decisivo para reconocer la ausencia de buena fe del comprador que si este hubiese realizado unas mínimas actuaciones de averiguación podría haber comprobado que el inmueble estaba arrendado dado que en él se desarrollada una actividad empresarial.

252 MARÍN CASTÁN, F., "Jurisprudencia del Tribunal Supremo español sobre el principio de fe pública registral nueve años después de las sentencias de 2007", en AA.VV. *XX Congreso Mundial de Derecho Registral,* Valencia, Tirant lo Blanch, 2017, p. 503.

253 Especialmente ilustrativos son los argumentos vertidos por LÓPEZ FRÍAS, A., "La buena o mala fe del tercero ex artículo 34 de la Ley Hipotecaria cuando la situación posesoria no coincide con la publicidad registral", *Revista Crítica de Derecho Inmobiliario,* núm. 781, 2020, p. 2636, sobre la importancia de la publicidad posesoria como indicio extrarregistral que impide la buena fe del tercero, al afirmar que *no es misión del Registro hacer prevalecer su contenido sobre la apariencia posesoria, en beneficio del tercero, cuando ambos planos son discordantes.* Esta postura la mantiene la autora en relación con diversos supuestos que en los últimos tiempos han sido tratados por la jurisprudencia del Tribunal Supremo, entre ellos, la doble venta voluntaria o la oponibilidad de las servidumbres aparentes. Consideramos, no obstante, que parte de los argumentos que se utilizan serían perfectamente aplicables a nuestro caso de estudio.

prudencia[254], la entidad explotadora deberá demostrar que el adquirente no ignoraba la existencia del contrato sobre la base de las actuaciones que acabamos de comentar.

En relación también con el principio de fe pública registral, estas situaciones han devenido complejas a la hora de aplicar las normas arrendaticias sobre la subrogación del adquierente, especialmente, en el ámbito de las ejecuciones hipotecarias. En concreto, nos referimos a las discrepancias que han surgido entorno a la interpretación del artículo 29 de la LAU[255] y su aplicación a los contratos de arrendamiento para uso distinto del de vivienda. Cuestión que merece que nos detengamos brevemente en su análisis.

Las Audiencias provinciales se han pronunciado de manera contradictoria sobre la posible aplicación del precepto tanto a las transmisiones voluntarias como a las forzosas. Muchas de ellas[256] han defendido que el precepto, al no concretar el tipo de transmisión a que se refiere, debe aplicarse a ambas. De manera que el adquirente, sea la modalidad de transmisión que sea, queda subrogado en la posición del arrendador salvo que sea tercero hipotecario de buena fe *ex* artículo 34 de la LH.

A propósito de esta interpretación destaca el pronunciamiento del Tribunal Supremo en la sentencia núm. 783/2021, de 15

---

254 *Vid.* entre otras, sentencia AP de Málaga núm. 408/2020, de 16 de septiembre de 2020 (Tol8.289.971).

255 El tenor del precepto que señalamos es el que sigue: El adquirente de la finca arrendada quedará subrogado en los derechos y obligaciones del arrendador, salvo que concurran en el adquirente los requisitos del artículo 34 de la LH.

256 Sentencias de la AP de Málaga núm. 408/2020, de 16 de septiembre de 2020 (Tol8.289.971) y núm. 349/2022, de 27 de julio de 2022 (Tol9.288.660); así también la sentencia de la AP de Barcelona núm. 903/2020, de 10 de noviembre (Tol8.259.204).

de noviembre[257], donde analiza los efectos que genera en la relación arrendaticia la enajenación forzosa de un local de negocio arrendado sin que conste el arrendamiento inscrito en el Registro de la Propiedad con anterioridad a la ejecución. Para ello detalla la normativa aplicable. Descarta, por un lado, el recurso a los artículos 13 y 14 de la LAU tal y como también han hecho algunas Audiencias. Tales preceptos permiten continuar con el contrato por un periodo de tiempo determinado. Sin embargo, el Tribunal Supremo ha considerado que se trata de preceptos aplicables exclusivamente a los arrendamientos de vivienda y que no cabe su aplicación por vía de la analogía al régimen de los locales de negocio, dado el especial régimen tuitivo que recoge la norma al dotar de especial protección a los arrendatarios de viviendas habituales y, por extensión, a su familia.

Por otro lado, analiza la posible aplicación del artículo 29 de la LAU y llega a la conclusión de que no opera en las transmisiones forzosas. El Tribunal entiende que el legislador cuando *ha querido referirse a los casos de resolución del derecho del arrendador por enajenación forzosa en virtud de ejecuciones hipotecarias o de sentencias judiciales, lo ha hecho expresamente, con un trato diferenciado de las enajenaciones voluntarias.* Por tanto, el artículo 29 de la LAU al no contemplar las enajenaciones forzosas, comprende exclusivamente a las voluntarias.

Ante este escenario, los preceptos a los que deberíamos acudir serían los artículos 1549 y 1571 del Cc por remisión expresa del artículo 4.3 de la LAU. En virtud de los mismos, el tercer adquirente en subasta del inmueble arrendado no puede verse perjudicado por el arrendamiento. Esta situación, no obstante, no conlleva una resolución automática del contrato sino que nace un derecho a resolver el mismo. El tercero puede decidir entre mantener la relación arrendaticia o extinguirla. De

---

257 Tol8.649.638.

no ejercer su derecho de resolución quedará subrogado en la posición del anterior arrendador manteniéndose en vigor el contrato de arrendamiento[258].

Frente a las ejecuciones forzosas y el posible ejercicio de una resolución contractual, encontramos otra solución que pretenden aplicar las entidades gestoras, esta es la inclusión en la escritura de compraventa del inmueble de una referencia expresa a la existencia del contrato de explotación. En la misma se suele indicar que el inmueble se encuentra cedido de manera permanente a la entidad gestora e incluye las referencias del contrato suscrito. Esta sería una vía de acceso al Registro en virtud de los artículos 2.2 y 12 de la LH, aunque dudamos de sus posibles efectos registrales. El título que se inscribe es el derecho real de hipoteca, el contrato de cesión es un título distinto y su reconocimiento deberá hacerse en otro acto.

Por último, siguiendo con los pactos incluidos en los contratos de cesión, otra cláusula que con frecuencia encontramos es la relativa a la prohibición de cesión del contrato a un tercero que no pertenezca al mismo grupo que la sociedad explotadora, sin el previo acuerdo mutuo de las partes. Este pacto responde claramente a la libertad contractual de las partes. En este sentido, se especifica también que, de producirse la cesión, el arrendador carece de responsabilidad respecto a aquellas materias relacionadas con el normal funcionamiento de la actividad hotelera que se desempeña en el inmueble (relaciones laborales, pago de tributos -salvo los que graven la propiedad-, seguridad social…).

---

[258] Un caso de no ejercicio de la facultad resolutoria del tercero adjudicatario que acoge los argumentos de la resolución que acabamos de comentar lo encontramos en el asunto que aborda la sentencia de la AP de Asturias núm. 131/2022, de 24 de marzo (Tol8.974.744).

Sentado lo anterior, en nuestra opinión, y atendiendo al estudio de los contratos a los que hemos tenido acceso, hemos encontrado importantes paralelismos con el contrato de arrendamiento para uso distinto al de vivienda. Existen obligaciones características de este tipo de contrato, destacando el acuerdo de las partes de someterse a la LAU, así como afirmaciones, descripciones y referencias que incorporan los contratos íntimamente relacionadas con los sistemas de arrendamiento, lo que suponen claros indicios de que este contrato puede calificarse como de arrendamiento para uso distinto del de vivienda.

Todo esto, sin perjuicio, de otras prestaciones que también incluye el contrato que pueden ser menos frecuentes en el negocio típico de arrendamiento pero que debemos entender responden a la autonomía privada de las partes, también presente y con un papel destacado en esta clase de relaciones jurídicas[259]. En nuestra opinión, estos pactos no desnaturalizan el contrato de arrendamiento para uso distinto de vivienda. Tal y como ha afirmado el Tribunal Supremo[260], *cuando los términos son claros y no dejan duda alguna sobre la intención de los contratantes la interpretación literal no solo es el punto de partida sino también el de llegada del fenómeno interpretativo.* Esto no impide que, como se ha estudiado, las relaciones jurídicas entre la entidad explotadora y los propietarios existentes en otros condohoteles que operan en el mercado del alojamiento turístico merezcan una calificación distinta. Así las cosas, la conclusión alcanzada no se aplica a todos los casos, solo a los que hemos tenido oportunidad de analizar.

---

[259] *Vid.* sentencia del Tribunal Supremo núm. 137/2000 de 21 de febrero (Tol4.927.273).

[260] Auto del Tribunal Supremo de 16 de noviembre de 2022 (Tol9.296.605).

Capítulo V
Crisis y extinción del régimen de condohotel

1. LA EXTINCIÓN DEL RÉGIMEN DE CONDOHOTEL

La crisis y extinción del régimen del condohotel es una operación que conlleva consecuencias de suma importancia para las partes y los terceros que se relacionan con el establecimiento. En este apartado vamos a centrarnos en la resolución del contrato de condohotel configurado como sociedad de capital o en régimen de propiedad horizontal *stricto sensu.* Con ello queremos aclarar que no es objeto de nuestro estudio el análisis de la disolución o división de la propiedad horizontal ni la transformación del destino del establecimiento a uso residencial.

Entre la variedad de situaciones que conducen a la extinción debemos distinguir aquellas que tienen origen en la voluntad de alguna de las partes o se produce de mutuo consenso, de aquellas otras cuya extinción se origina como consecuencia de una enajenación forzosa de la unidad alojativa. Dentro del grupo de casos que pueden incluirse en la extinción forzosa, nosotros vamos a prestar atención a los procedimientos de ejecución que tengan lugar sobre las unidades alojativas. Estos procedimientos, pueden ser consecuencia de la realización del bien inmueble hipotecado o en cumplimiento de una condena por reclamación de cantidad, así como la incursión en un procedimiento concursal. Conscientes de las particularidades que presenta cada caso, y teniendo en cuenta que el inicio de un procedimiento concursal no conlleva *per se* la extinción del régimen de condohotel, hemos considerado oportuno dedicarle un apartado específico y estudiarlo por separado.

Cada situación extintiva posee consecuencias distintas, a algunas de ellas ya hemos hecho referencia con el estudio de cada una de las modalidades bajo las que se puede configurar el régimen del condohotel porque se trata de riesgos que las partes deben tener en cuenta en el momento previo de la constitución, configuración y en los posteriores.

Este tipo de establecimiento hotelero se caracteriza por su elevada conflictividad, fruto, en la mayoría de los casos, de la participación de diversas personas y la confrontación de intereses. Estos conflictos variaran según la configuración elegida. Si nos hemos decantado por la sociedad de capital, a los conflictos característicos del condohotel habrá que sumar los propios del tipo social elegido y las implicaciones que posee la creación de un patrimonio separado del de sus socios. El momento en el que las controversias se vuelven más agudas será cuando se produzca la extinción del régimen, por esta razón consideramos oportuno detenernos a analizar este aspecto.

1.1 La extinción voluntaria

1.1.1 El vencimiento por transcurso del plazo pactado

El vencimiento del contrato supone la extinción automática del mismo. En la modalidad de condohotel configurado en régimen de propiedad horizontal *stricto sensu*, llegado el término del contrato de condohotel se produce la liberalización de las obligaciones que hasta ese momento habían asumido las partes, la unidad alojativa deberá restituirse a su titular y la entidad gestora cesará en la explotación. Si las partes continúan con el contrato de manera tácita, es decir, la entidad sigue explotando el establecimiento, abona el precio pactado y, en paralelo, el titular mantiene en el goce a la entidad, deberemos entender que la relación jurídica subsiste. El artículo 1566 del Cc establece que, si la permanencia del arrendatario disfrutando de la cosa llega a los quince días, se entenderá que se ha producido la tácita reconducción por años cuando el alquiler sea anual o por meses cuando sea mensual (art. 1581 del Cc). Para romper la tácita reconducción, alguna de las partes deberá requerir a la otra, de manera fehaciente, haciendo constar su posición contraria a la continuación del contrato.

Cuando las partes hayan previsto la posibilidad de prorrogar el contrato, la misma se producirá de manera automática. De lo contrario, serán las partes las que deban manifestar su voluntad de no continuar con el contrato.

Con carácter general, las partes desean mantener la cesión de la explotación ya que, como hemos estudiado, la unidad alojativa no puede tener otro destino ni explotarse directamente por su titular ni por una entidad distinta a la que tiene encomendada la explotación de todo el establecimiento. El problema reside en la falta de entendimiento y en la dificultad de alcanzar un nuevo acuerdo. Es en esos casos en los que se hace inevitable la extinción de la relación jurídica.

Cuando la relación se encuentra abocada a su fin pueden identificarse principalmente dos situaciones. Una, en la que la extinción se produce solo respecto a uno o algunos propietarios. En tales casos, el régimen de condohotel se extingue solo para una parte de los propietarios, siguiendo funcionando en relación con el resto de unidades alojativas. Otra, en la que la extinción se produce sobre la totalidad de los contratos de cesión. En tales casos nos encontramos ante una extinción total del régimen de condohotel. Esta última situación tendrá lugar cuando todos los propietarios se han puesto de acuerdo para encomendar la explotación del establecimiento a otra empresa o bien, la empresa explotadora cesa en su actividad o no desea continuar explotando el establecimiento. Por tanto, una vez que los contratos de la totalidad de los propietarios han llegado a término, pueden celebrarse nuevos acuerdos con una entidad distinta. En estos casos podemos entender extinguida la explotación pero no el condohotel, pues el establecimiento mantiene su configuración, incluso la explotación puede llevarla a cabo directamente la propia comunidad de propietarios o la entidad que hayan creado al efecto de manera temporal mientras se formaliza un nuevo acuerdo con otra entidad gestora.

Respecto a la llegada del término pactado, en la organización del condohotel bajo la modalidad de sociedad de capital, deberemos tener algunas consideraciones en cuenta. Como se ha referido en su momento, tanto en el caso de la aportación social como en el de la prestación accesoria, la cesión del uso de la unidad alojativa puede realizarse por un tiempo determinado. Llegado ese término el bien vuelve a su titular y la sociedad cesa en su explotación. En ambos casos los titulares permanecerán siendo socios, salvo en el de la aportación del uso cuando el socio haya transmitido sus participaciones antes de la llegada del término, perdiendo, por tanto, la condición de socio pero manteniendo su obligación de ceder la unidad alojativa frente a la sociedad.

En este punto la sociedad puede celebrar un nuevo contrato con el titular de la unidad alojativa. Ese contrato, si el titular sigue siendo socio, podríamos formalizarlo como prestación accesoria y vincularlo a la posición que ostenta. Para ello, atendiendo a las normas societarias (art. 89 LSC), será preciso contar con la aprobación expresa del socio y realizar una modificación estatutaria a fin de incluirlo en los estatutos. Si no se opta por esta opción, el contrato de cesión del uso a celebrar ya no tendría vínculo alguno con el contrato de sociedad.

Las consecuencias de la resolución voluntaria llegado el vencimiento del contrato pasan, con independencia de la modalidad que se haya elegido, por realizar una liquidación. Las partes deben comprobar el estado de conservación de la unidad alojativa cedida, los bienes y enseres transmitidos con la misma y realizar un inventario final para valorar las perdidas o deterioros que se hayan producido. Además, deberán comprobar si están al día en los pagos que a cada una le compete (impuestos, seguros, remuneración…). Con estos cálculos se podrá fijar, en el caso que fuera necesario, la o las indemnizaciones correspondientes. Claro está, esta solución da por sentado que las partes han conseguido llegar a un acuerdo, en caso contrario, deberán dirimir sus controversias mediante el empleo de mecanismos extrajudiciales de solución de conflictos, si así lo acuerdan, o ante los tribunales.

1.1.2 La resolución por incumplimiento de las obligaciones

Cuando el contrato se extingue como consecuencia de la falta de cumplimiento de alguna de las obligaciones genera un resultado distinto al que hemos estudiado en el apartado anterior.

Nuestro derecho establece unos requisitos que deben operar para acordar la resolución del contrato. En virtud del artículo 1124 del Cc la resolución contractual puede instarla la parte que haya cumplido con sus obligaciones[261] y debe haberse producido un incumplimiento de una entidad suficiente que impida la consecución del fin del contrato[262]. El ejemplo paradigmático de incumplimiento de una obligación esencial es la falta de abono de las rentas pactadas por parte de la arrendataria. Otra situación que suele darse en los contratos

---

[261] Este requisito cobra especial relevancia en las obligaciones recíprocas como sucede en el contrato que estudiamos. *Vid.*, entre otras, las sentencias del TS núm. 254/2020, de 4 de junio de 2020 (Tol7.969.595); núm. 1147/2003, de 10 de diciembre (Tol348.322); núm. 933/2011, de 15 de diciembre (ECLI: ES:TS:2011:8592) y núm. 253/1993, de 22 de marzo del 1993 (Tol1.655.896).

[262] Sobre si el incumplimiento debe ser de una obligación principal o accesoria resulta interesante el análisis que realiza la sentencia del TS núm. 638/2013, de 18 de noviembre de 2013 (ECLI:ES:TS: 2013:6699).

de arrendamiento de local de negocio y ha sido tratada por la jurisprudencia[263] es el de la imposibilidad del cambio de titularidad de la licencia de actividad. Este tipo de actuación se encuentra relacionada con una de las principales obligaciones que posee el arrendador como es garantizar el goce pacífico del local arrendado. En ambos casos se produce una frustración del objeto del contrato. En el primero el arrendador mediante la cesión del inmueble busca obtener una rentabilidad. En el segundo, el arrendatario persigue utilizar el inmueble arrendado para desarrollar la actividad de negocio a la que se dedica o pretende dedicarse. Pero el inmueble, en ese caso, no reúne las condiciones necesarias para poder ser explotado.

Por su parte, consideramos que un ejemplo de un incumplimiento de una obligación accesoria podría ser la falta de reporte periódico sobre las expectativas de ocupación de la unidad alojativa cedida. A nuestro modo de ver, sólo cabría resolución contractual conforme a nuestras normas de obligaciones y contratos en el primer grupo de ejemplos.

El precepto no exige que se produzca una actitud especialmente dolosa de la parte incumplidora, basta con cualquier acción u omisión que frustre las expectativas que se habían depositado en la ejecución del contrato. En definitiva, como apunta la jurisprudencia[264], que impida el fin económico perseguido. Además, el incumplimiento debe ser consecuencia de una causa imputable al deudor, excluyendo así los casos de fuerza mayor y caso fortuito.

---

263 Sentencias del TS núm. 316/2022 de 20 de abril (Tol8.920.720), núm. 1311/2006 de 22 de diciembre (TOL1.025.785) y núm. 201/2005 de 21 de marzo (Tol614.088), entre otras.

264 *Vid.*, entre otras, las sentencias del TS núm. 123/2022, de 16 de febrero (Tol8.812.651) y núm. 111/2018, de 5 de marzo de 2018 (Tol6.531.090) y núm. 484/2022, de 15 de junio (Tol9.045.112).

El artículo 1124 del Cc ofrece dos opciones por las que puede decantarse la parte cumplidora. Una consiste en el ejercicio de una acción de cumplimiento contractual. Si considera que no concurre ninguna causa para resolver el contrato o la actuación no alcanza una envergadura suficiente para extinguir la relación, cabe reclamar el cumplimiento de su contenido. Otra posibilidad es optar por instar la resolución del contrato. No son opciones excluyentes, de manera que puede ejercitarse la primera y de no atenderla, proceder al ejercicio de la segunda.

En ambos casos podrá reclamarse una indemnización por los daños y perjuicios ocasionados en virtud del artículo 1101 del Cc, pudiendo esta indemnización comprender el valor de la pérdida producida y la ganancia que haya dejado de obtener la parte perjudicada *ex* artículo 1106 del Cc. Incluidos, además, los intereses generados (art. 1108 Cc).

Entre el casuismo más frecuente, la venta de la unidad alojativa se ha convertido en una causa de resolución contractual. Es una cuestión que hemos tratado, esencialmente en el caso de la configuración del condohotel como sociedad de capital, debido a las importantes implicaciones societarias que posee. En relación con el régimen de la propiedad horizontal *strictu sensu*, la transmisión de la unidad alojativa puede correr la misma suerte resolutiva del contrato de cesión, ya estudiada también. Estas situaciones suelen quedar reguladas por las partes en el contrato, junto con otras, estableciendo una relación de causas que de suceder conllevan la resolución del negocio jurídico.

La causa resolutiva más común que fijan expresamente las partes se refiere a la falta de abono del precio pactado que incumbe a la entidad arrendataria o el retraso injustificado superior a treinta o sesenta días en el abono del mismo. Igualmente, es habitual incluir una cláusula general que indica que el incumplimiento de cualquier obligación que contenga el contrato podrá acarrear la resolución del mismo.

Por último, debemos hacer mención a que la resolución del contrato de arrendamiento, sea judicial o extrajudicial, y siempre que el negocio haya accedido al Registro de la Propiedad, lleva aparejada la cancelación de la inscripción.

1.2. La extinción forzosa. El Procedimiento de ejecución

El titular de una o varias unidades alojativas, como sabemos, tiene la libre disposición sobre las mismas, de manera que podrá ofrecerlas como garantía del pago de una deuda sin inconveniente ni limitación alguna. Esta circunstancia, en principio, no afecta al acuerdo de cesión de uso que ha concluido con la entidad explotadora. Este hecho también es independiente de que el condohotel se haya configurado como una sociedad de capital o en régimen de propiedad horizontal *stricto sensu.*

El gravamen al que esté sujeto la unidad alojativa puede afectar al régimen del condohotel y, por ende, producir la extinción de la cesión cuando el propietario incumpla sus obligaciones, sobre todo, la concerniente a garantizar el goce pacífico del bien. El acreedor hipotecario cuando se produzca un incumplimiento que, con carácter general, consistirá en el impago del importe adeudado, tras el debido requerimiento extrajudicial para el pago[265] y siempre que el título sea suficiente, podrá ejecutar el embargo.

---

265 En los supuestos del procedimiento ejecutivo ordinario, deberá realizarse un requerimiento de pago, por vía judicial o notarial, previo al ejercicio de la acción conforme a los artículos 222 y ss. del RH. *Vid.* TORIBIOS FUENTES, F. y CALVACHE MARTÍNEZ, J.G., "Comentario al artículo 129", en AA.VV. *Comentarios a la Ley Hipotecaria,* DOMÍNGUEZ LUELMO, A. (dir.), Aranzadi, Cizur Menor, 2019, p. 1322 y ss. Respecto a los procedimientos de venta judicial, conforme al artículo 236-a y c del RH, se notifica el requerimiento de pago al deudor y al hipotecante no deudor por vía notarial. *Vid.* JIMÉNEZ PARÍS, T.A., "La venta extrajudicial de finca hipotecada (II). Cues-

De darse esta situación el deudor incurrirá en responsabilidad hipotecaria, razón por la cual la parte afectada podrá iniciar un procedimiento de ejecución de la unidad alojativa que garantizaba la deuda. Con independencia del ejercicio de otras acciones de carácter personal contra el patrimonio del deudor en su conjunto (art. 1911 Cc) y las posibles limitaciones de responsabilidad reconocidas *ex lege*[266], lo que aquí nos interesa es el ejercicio de la acción real hipotecaria (arts. 681 a 689 LEC) o la venta extrajudicial del bien (art. 129 LH). En este último caso las partes deberán haber previsto en la escritura de constitución de la hipoteca el procedimiento de venta extrajudicial[267]. A instancias del deudor hipotecario, se despachará ejecución por el juez o el notario, respectivamente, para hacer frente a las cantidades que se adeudan.

De acuerdo con la opción elegida el procedimiento poseerá unas características propias que no nos corresponde analizar en detalle en estos momentos, pues se aleja de la materia objeto de estudio. En cambio, sí resulta de interés, por los efectos

---

tiones procedimentales. Especial referencia a la vivienda habitual", *Revista Critica de Derecho Inmobiliario,* núm. 793, 2022, pp. 2914.

266 *Vid.* Ley 14/2013, de 27 de septiembre, de apoyo a los emprendedores y su internacionalización o Real Decreto-ley 1/2015, de 7 de febrero, de mecanismo de segunda oportunidad, reducción de carga financiera y otras medidas de orden social, entre otras.

267 El recurso a la venta extrajudicial podrá realizarse cuando se haya producido una falta de pago del capital o de los intereses de la cantidad garantizada y siempre que exista un pacto de venta en la escritura de constitución de la hipoteca que deberá cumplir determinados requisitos formales y materiales. Un estudio sobre la venta extrajudicial, sus antecedentes, requisitos, contenido y procedimiento puede verse en JIMÉNEZ PARÍS, T.A., "La venta extrajudicial de finca hipotecada. Cuestiones sustantivas. Especial referencia a la vivienda habitual", *Revista Critica de Derecho Inmobiliario,* núm. 792, 2022, pp. 2415-2435 y en "La venta extrajudicial de finca hipotecada (II)...", *op. cit.,* pp. 2909-2928.

que puede tener sobre la continuidad del régimen de condohotel, detenernos en algunos momentos procesales de cada uno de los procedimientos.

En el procedimiento de ejecución hipotecaria, es relevante el momento en el que se producen las comunicaciones informando sobre el inicio de actuaciones. La comunicación tiene lugar una vez se haya solicitado al Registro de la Propiedad que emita una certificación sobre el dominio y las cargas de la finca hipotecaria. Con esos datos, la comunicación se traslada al tercer poseedor, a los titulares de asientos posteriores a la hipoteca (art. 689.2 LEC) y a los arrendatarios y ocupantes (art. 661 LEC). Entre estos tres grupos de personas, nos interesa detenernos sobre los dos últimos.

Cuando el contrato tenga acceso al Registro, bien publicado como nota marginal tal y como establece la normativa autonómica, bien mediante la inscripción del contrato de arrendamiento para uso distinto al de vivienda conforme a la LH, podemos encontrarnos ante el supuesto de que los arrendatarios se consideren acreedores posteriores[268]. El artículo 689.2 de la LEC introduce la obligación de comunicar el procedimiento de ejecución a los titulares de cargas o derechos reales constituidos con posterioridad a la hipoteca y ofrecerles que satisfagan el importe del crédito, junto con los intereses y costas, antes del remate y subrogarse en la posición del ejecutante[269].

---

[268] Los acreedores anteriores, en virtud del principio de prioridad (art. 24 LH), no se van a ver afectados por la enajenación forzosa y mantendrán su derecho. Sobre esta cuestión *vid.* TAMAYO HAYA, S., "El principio de prioridad", en AA.VV. *Los sistemas de transmisión de la propiedad inmobiliaria en el derecho europeo*, ORDUÑA MORENO, F.J., DE LA PUENTE DE ALFARO, F. y MARTÍNEZ VELENCOSO, L.Mª (coords.), Civitas, Cizur Menor, 2009, pp. 195-335.

[269] Estos titulares se consideran parte interesada en el procedimiento que de llegar el mismo a su fin verán extinguido su derecho sobre el bien. Deben figurar en la certificación que emita el Registrador.

En nuestra opinión, la empresa que explota la unidad alojativa no tendrá interés en subrogarse si ello supone la continuación del procedimiento de ejecución, sino solo en aquellos casos en los que pueda interrumpirlo o finalizarlo.

Por su parte, los arrendatarios u ocupantes del inmueble, con la información de la que pueda disponer el Tribunal, bien facilitada por el propio ejecutado, el acreedor hipotecario u obtenida de cualquier otro modo, deben también ser informados sobre el procedimiento. A los arrendatarios u ocupantes se les dará un plazo de diez días para que presenten los títulos que acrediten y, en su caso, legitimen su situación. En el régimen del condohotel, el ocupante deberá mostrar el título de la cesión de uso[270].

El ejecutante, en virtud del artículo 661.2 de la LEC podrá instar un incidente declarativo para que, con anterioridad al anuncio de la subasta, el juez decida si el ocupante tiene derecho a permanecer en el inmueble. Del mismo modo, y habiendo tenido conocimiento de la ejecución, el ocupante podrá también instar un incidente declarativo solicitando que se le permita seguir ocupando el inmueble.

El juez resolverá mediante auto esta cuestión incidental, declarando si existe título suficiente o no para que el ocupante permanezca en el inmueble una vez se haya enajenado.

CALVO D., *La ejecución hipotecaria: problemática registral y procesal*, Bosch, Barcelona, 2016, p. 370 y ss.

270 MONTERO AROCA, J., *La ejecución de la hipoteca inmobiliaria,* Tirant lo Blanch, Valencia (Tol 2.451.572). El autor advierte que esta cuestión se ha estudiado principalmente en los casos en los que el título consiste en un contrato de arrendamiento, pero nada impide que la ocupación se base en un *título jurídico distinto como podría ser un contrato de gestión de un hotel.*

Toda esta información que afecta a la situación posesoria del inmueble, tanto la relativa a la existencia de un ocupante con un título jurídico válido como, de haberse ejercido la cuestión incidental, la decisión judicial adoptada, deberá constar en el anuncio de la subasta para conocimiento de los licitadores.

Celebrada la subasta y constituido el adjudicatario, desde el punto de vista registral, procede, a continuación, la cancelación de las inscripciones y anotaciones posteriores a la anotación del gravamen (art. 674 LEC) junto con la inscripción de la hipoteca ejecutada. Los contratos de arrendamiento que accedieron al Registro con posterioridad a la anotación de la hipoteca deberán cancelarse, subsistiendo únicamente los anteriores[271]. Recordemos que sin perjuicio de las acciones que puedan ejercer los arrendatarios en defensa de su legítimo interés.

Otro de los momentos procesales destacable es la puesta en posesión del inmueble al adjudicatario de la subasta. El proceso de ejecución termina cuando se entrega el bien subastado pero puede ocurrir que el inmueble se encuentre ocupado. Imaginemos que la entidad explotadora ha continuado en el uso de la unidad alojativa todo el tiempo que ha durado el procedimiento ejecutivo; habrá, entonces, que comprobar si puede realizarse la entrega de la posesión al adquirente o, en cambio, puede permanecer en el mismo. Para ello, debemos diferenciar varias situaciones.

La primera, consiste en aquella situación en la que la entidad que tiene cedido en uso la unidad alojativa haya presentado una cuestión incidental y el juez le haya reconocido la posesión legítima del bien. En estos casos, producida la adjudi-

---

[271] RIVAS TORRALBA, R, *Aspectos registrales del proceso de ejecución*, Bosch, Barcelona, 3ª ed. 2017, p. 619 es partidario en el caso de los arrendamientos para uso distinto de vivienda de aplicar la regla general de cancelación de cargas posteriores, o recurrir a la aplicación del artículo 1571 del Cc.

cación, no ha lugar al lanzamiento del ocupante. Todo ello sin perjuicio de otras acciones que pueda ejercer el adjudicatario en el juicio correspondiente[272].

La segunda, se refiere a aquellos casos en los que, tras la presentación del incidente procesal por parte de la entidad, se considera que no posee un título legítimo para continuar ocupando el bien. Ante la consideración de la ausencia de título legítimo, el ocupante debe abstenerse de continuar usando el bien una vez concluido el procedimiento. En caso de que permanezca haciendo uso de la unidad alojativa de manera ilegítima se procederá al lanzamiento.

La tercera, corresponde a aquellos procesos en los que el ocupante presentó el título en virtud del cual disfrutaba del uso del bien pero ni él, ni el ejecutante impulsaron un incidente procesal. Aquí el adquirente podrá pedir el lanzamiento de los ocupantes, debiéndose pronunciar el juez sobre si los mismos poseen un título legítimo o no. Esta petición debe realizarse en el plazo de un año desde la adjudicación del inmueble. Transcurrido dicho plazo, el adquirente o el arrendatario podrán hacer valer su derecho en el juicio que corresponda.

Por último, la cuarta, reúne aquellos casos en los que el juez del procedimiento de ejecución desconoce la existencia del ocupante o arrendatario y estos no manifiestan la situación posesoria en la que se encuentra el bien hipotecado. Aunque a nuestro modo de ver rara vez sucederá este supuesto, debemos concluir que la solución debe ser idéntica a la anterior.

---

[272] MONTERO AROCA, J., *La ejecución de la hipoteca inmobiliaria, op. cit.*, señala que, a pesar de la existencia del incidente declarativo, quedarán siempre a salvo las acciones que pudieran corresponder a uno u otro (ejecutante y ocupante) para ejercitarlas en el proceso correspondiente. La decisión del juez en ese proceso incidental y en el posterior lanzamiento, de producirse, no tiene efecto de cosa juzgada material.

Sobre los argumentos que pueden defenderse por parte del ocupante o arrendatario para mantener la posesión de la unidad alojativa ya nos hemos pronunciado en el epígrafe oportuno[273]. Consideramos necesario, no obstante, recordar dos cuestiones fundamentales que deberá valorar el juez para resolver un posible lanzamiento o si se ejerce una acción reivindicatoria cuando el contrato de cesión de uso no se encuentre inscrito en el Registro de la Propiedad. De un lado, la ruptura del principio de buena fe registral y, de otro, muy unido al anterior, el destino o finalidad de la unidad alojativa. No olvidemos que se trata de un bien inmueble con una finalidad de explotación turística que está sometido al régimen de condohotel, estando prohibido que se lleve a cabo una explotación separada ni darse un uso distinto.

Corresponde ahora centrarnos en la segunda posibilidad de la que dispone el ejecutante para realizar el bien, la venta extrajudicial a través de notario. Como hemos referido, esta opción será viable siempre y cuando las partes hayan previsto contractualmente este extremo. Si prestamos atención sobre el procedimiento, identificamos los mismos momentos procesales que en la ejecución judicial en los que el ocupante de la unidad alojativa puede o, al menos, debiera intervenir.

En primer lugar, nos referimos a la notificación del inicio de la ejecución a los titulares de asientos posteriores a la hipoteca en los términos en los que lo establece el artículo 236-d del RH. La norma no prevé la comunicación del procedimiento a los arrendatarios u ocupantes, menciones que sí contiene la LEC. En una primera aproximación debemos considerar, como han realizado algunos[274], que en la venta extrajudicial no tiene cabida esta notificación dado que el notario no tiene

---

[273] *Vid.* supra.

[274] *Vid.* MICÓ GINER, J., *Hipotecas y venta extrajudicial de inmuebles hipotecados*, Tirant lo Blanch, Valencia, 2017, pp. 742 y 1285.

jurisdicción ni competencia para decidir sobre la legitimidad del título del ocupante. Estas cuestiones solo podrían dirimirse por el cauce judicial oportuno. En cuanto a la información, no obstante, sería conveniente que el notario tuviese los datos sobre los posibles arrendatarios del inmueble a los meros efectos de realizarles las notificaciones pertinentes e informar a los licitadores que formaran parte de la subasta. La base legal para reconocer esta actuación al notario la encontramos en el artículo 661.1 de la LEC, por aplicación con carácter supletorio de esta norma[275]. A mayor abundamiento, el artículo 73.2 de la Ley del Notariado de 28 de mayo de 1862 (en adelante, LN) impone al solicitante de la subasta la obligación de acreditar al notario la propiedad del bien, así como la situación arrendaticia y posesoria. Por su parte, el artículo 74.2 de la LN destaca que el notario comunicará la celebración de la subasta a los arrendatarios u ocupantes que consten identificados en la solicitud. En consecuencia, atendiendo a los argumentos expuestos, entendemos que, de conocerse, lo adecuado sería extender las comunicaciones previas al anuncio de la subasta a los ocupantes del inmueble a los meros efectos de que informen sobre la existencia o no de un título legítimo sobre la posesión del bien. Esto permitiría incluir la información en el anuncio de la subasta[276].

---

[275] ADAN DOMENECH, F., "La venta extrajudicial del bien inmueble hipotecado", *Cuadernos de Derecho y comercio,* núm. 67, 2017, p. 92.

[276] Para conocer el contenido del anuncio de la subasta debemos remitirnos al artículo 646 de la LEC, es decir, coincide con el de la subasta judicial. Entre los datos a consignar, en lo que aquí interesa, se encuentran las condiciones generales y particulares de los bienes a subastar, así como cuantos datos y circunstancias sean relevantes para la misma. Una información relevante para los futuros litigantes es conocer si existen terceros que estén haciendo uso del inmueble. Sobre la aplicación de la LEC en estos casos *vid.* JIMÉNEZ PARÍS, T.A., "La venta extrajudicial de finca hipotecada (II)...", *op. cit.*, p. 2916.

En segundo lugar, una vez concluido el procedimiento de subasta, el notario cierra el acta con la adjudicación del bien y la protocoliza. A continuación, debe formalizarse la escritura de venta del bien. En cuanto a la posesión efectiva del inmueble, de no producirse deberá recabarse auxilio judicial, siguiendo el mismo procedimiento que hemos expuesto para la venta judicial. Así también ocurrirá cuando el ocupante quiera hacer valer su justo título.

Un medio de extinción de las obligaciones contraídas por el propietario-deudor que podría evitar el inicio de un procedimiento de ejecución es dar la unidad alojativa en pago de la deuda. La dación en pago es admisible pero puede ocurrir que no alcance a cubrir la totalidad de la deuda o que el valor del bien sea superior al importe pendiente de pago. Cuando el montante no sea suficiente, el acreedor hipotecario podrá dirigirse contra el patrimonio personal del deudor, en virtud del principio de responsabilidad universal del deudor (arts. 1911 Cc y 105 LH). Quedan a salvo aquellos casos en los que en la escritura de constitución de la hipoteca se haya pactado que la ejecución de la obligación garantizada solo pueda hacerse sobre los bienes hipotecados (art. 140 LH)[277].

El acreedor hipotecario finalmente también adquirirá la unidad alojativa cuando no se presenten postores en la subasta. Al no existir interesados en la adquisición del bien subastado, siguiendo las previsiones contenidas en el artículo 671 de la LEC, el acreedor se verá obligado a adjudicarse en pago de la deuda el bien subastado[278]. Con carácter general, nos encontraremos

---

[277] DOMÍNGUEZ LUELMO, A. "Comentario al artículo 140", en AA.VV. *Comentarios a la Ley Hipotecaria*, DOMÍNGUEZ LUELMO, A. (dir.), Aranzadi, Cizur Menor, 2019, p. 1449 y ss.

[278] Cuando la mejor postura no alcance el tipo del setenta por ciento del valor por el que el bien hubiera salido a subasta deberán seguirse los pasos establecidos en el artículo 670.4 de la LEC, En el caso de

ante entidades de crédito que dificultan la continuidad de la explotación del condohotel, su intención, en la mayoría de los casos va dirigida a vender el inmueble negándose a mantener los contratos de arrendamiento o a renegociar los existentes.

Lo cierto es que la ejecución forzosa conlleva la entrada de un tercero que no siempre querrá que se continúe con la explotación, lo que genera importantes conflictos en el seno del condohotel, afectando a su continuidad. Si el nuevo adquirente mantiene el contrato de cesión del uso, no se plantean problemas, el condohotel seguirá su funcionamiento habitual. Si, de lo contrario, desea cerrar la unidad alojativa, situación que, como hemos mencionado, suele producirse cuando el adjudicatario es una entidad de crédito, nos encontraremos ante la ruptura del principio de unidad de explotación. Esta actuación puede llevar aparejado el inicio de un procedimiento de inspección por parte de la autoridad administrativa competente que concluya con una sanción para el titular de la unidad alojativa y/o la entidad explotadora, según hemos estudiado.

La tercera posibilidad consiste en que se produzca el lanzamiento del arrendatario y el adjudicatario quiera explotar por su cuenta la unidad alojativa o buscar a otra entidad. Como sabemos, estas situaciones no podrán prosperar por las propias características del establecimiento. Aún así, cuando estas controversias se sustancien por vía judicial, inevitablemente tendrán efectos sobre la explotación.

Conforme a la configuración jurídica del condohotel y de darse las consecuencias de la transmisión forzosa, en el caso de

---

la venta extrajudicial, el procedimiento a seguir se encuentra contenido en el artículo 236-g del RH. En relación con la subasta en el procedimiento extrajudicial *vid.* ÁLVAREZ ROYO-VILLANOVA, S., "La ejecución hipotecaria extrajudicial: problemas prácticas y propuestas de reforma", en AA.VV. *La venta extrajudicial de bien hipotecado*, NÚÑEZ IGLESIAS, Á. (coord.), Comares, Granada, 2012, pp. 73-102.

la sociedad de capital, tendrán incidencia en la posición del socio cuando así se haya pactado por vía estatutaria. Tal y como se ha visto en el epígrafe oportuno, el resultado más extremo será el ejercicio del derecho de exclusión del socio por parte de la sociedad. En estos casos se producirá una extinción parcial del contrato de sociedad y, según la actitud que adopte el nuevo adquirente, también del condohotel. Si el nuevo adquirente desea continuar con la explotación deberá bien celebrar con la sociedad titular de la gestión un contrato para la cesión del uso de la unidad alojativa, bien entrar como socio con la compra de las participaciones o acciones del socio expulsado.

En relación con la configuración en régimen de propiedad horizontal *stricto sensu* la continuidad de la explotación quedará a expensas de la voluntad del nuevo adquirente. De manera que la transmisión tendrá efectos exclusivamente sobre el condohotel.

2. SITUACIONES DE INSOLVENCIA

Una de las situaciones que puede llevar a la extinción del condohotel es aquella que tiene lugar cuando alguno de los sujetos que participan en la explotación se encuentra próximo a la insolvencia o está en estado de insolvencia actual o inminente. Esta exposición debemos matizarla, pues no pretendemos afirmar que, en todo caso, la declaración en concurso de alguno de los sujetos que configuran el condohotel o si se encuentran negociando o ejecutando una reestructuración o refinanciación produzca automáticamente la extinción del condohotel. Pero es evidente que originan que el régimen de condohotel se encuentre en una situación de crisis que conviene estudiar.

El procedimiento concursal, parece que con más empeño tras las últimas reformas, procura la continuidad de la actividad empresarial y, por ende, la supervivencia de las empresas que sean viables mediante la reorganización del pasivo y el activo del concursado[279]. Pero, de darse determinadas situaciones, y convirtiéndose en inevitable en algunos casos, el condohotel estará abocado a la liquidación. Dada la complejidad del procedimiento concursal, es necesario que lo analicemos teniendo en cuenta, primero, los sujetos cuya declaración en concurso de acreedores puede tener efectos directos sobre el régimen de condohotel, y, segundo, cómo afecta cada estadio del procedimiento al condohotel.

En este apartado de nuestra obra no pretendemos analizar la totalidad del procedimiento concursal, ni siquiera la mayoría de las cuestiones que giran en torno al concurso del propietario de la unidad alojativa o de la entidad explotadora del condohotel, sino dedicarnos a identificar y valorar algunas materias de interés en el régimen del condohotel y que vienen a completar el tema que estudiamos en todas sus vertientes.

2.1 Sujetos en situación próxima a la insolvencia, en insolvencia actual o inminente

Sin perjuicio de la variedad de sujetos que participan en los dos tipos de configuraciones del condohotel que venimos anali-

---

[279] Así se desprende de la Exposición de Motivos de la Ley 16/2022, de 5 de septiembre, de reforma del texto refundido de la Ley Concursal, aprobado por el Real Decreto Legislativo 1/2020, de 5 de mayo, para la transposición de la Directiva (UE) 2019/1023 del Parlamento Europeo y del Consejo, de 20 de junio de 2019, sobre marcos de reestructuración preventiva, exoneración de deudas e inhabilitaciones, y sobre medidas para aumentar la eficiencia de los procedimientos de reestructuración, insolvencia y exoneración de deudas, y por la que se modifica la Directiva (UE) 2017/1132 del Parlamento Europeo y del Consejo, sobre determinados aspectos del Derecho de sociedades (en adelante, Ley 16/2022 y Directiva sobre reestructuración e insolvencia).

zando[280], atendiendo a la práctica en el sector a la que hemos tenido acceso, consideramos conveniente centrarnos en dos de ellos.

De un lado, nos referimos al titular de la unidad alojativa[281]. La posible declaración en concurso de acreedores del propietario tiene una innegable incidencia sobre la continuidad del régimen de condohotel. Ya sea socio de la sociedad responsable de la explotación del establecimiento, ya sea miembro de la comunidad de propietarios que ha cedido el uso del inmueble a un tercero, las alteraciones que se produzcan sobre ese activo, principalmente, las relativas al cambio de titularidad o aquellas actuaciones que se desarrollen durante el procedimiento de reestructuración, refinanciación o propiamente concursal y afecten a la vigencia o condiciones pactadas en la cesión del

---

280 *Vid.* supra.

281 En nuestro trabajo nos centraremos en el procedimiento concursal general sin entrar a valorar el procedimiento especial para microempresas. Este procedimiento está previsto para aquellos deudores que tengan empleados menos de diez trabajadores y posean un volumen de negocio anual inferior a setecientos mil euros o un pasivo inferior a trescientos cincuenta mil euros. Es muy probable que los requisitos subjetivos de este procedimiento lo cumplan los propietarios de unidades alojativas, por lo que habrá que estar a cada caso concreto para aplicar las normas especiales. Sobre este procedimiento *vid.* SANJUÁN y MUÑÓZ, E., *Reestructuración y liquidación de microempresas en crisis,* Tirant lo Blanch, Valencia, 2022; TIRADO MARTÍ, I., "El procedimiento especial para microempresas. Una consideración inicial", *Revista General de Insolvencias y Reestructuraciones,* núm. 3, 2021, pp. 211-253; FERNÁNDEZ PÉREZ, N., "Presupuestos y efectos de la apertura del procedimiento concursal especial de las microempresas", en AA.VV. *Estudios de derecho de sociedades y de derecho concursal,* PEÑAS MOYANO, M.J. (coord.), Universidad de Valladolid, 2023, pp. 299-309; y GADEA SOLER, E., "El procedimiento especial para la insolvencia de las microempresas", en AA.VV. *De Iure Mercatus. Libro Homenaje al Prof. Dr. h. c. Alberto Bercovitz Rodríguez-Cano,* GARCÍA-CRUCES, J.A. (coord.), Tirant lo Blanch, Valencia, 2023, pp. 4169-4214, entre otros.

uso, tendrán consecuencias directas sobre el mantenimiento del régimen de condohotel.

De otro lado, nos referimos a la sociedad explotadora del establecimiento. En este caso, se trata de una situación que puede darse en las dos fórmulas que estudiamos. Tanto la sociedad de capital que configura el condohotel, constituida por los socios-propietarios de las distintas unidades alojativas en las que se divide el establecimiento, como la sociedad a la que le ha sido encomendada la gestión por parte de cada propietario pueden encontrarse en una situación de pre-insolvencia o insolvencia. En el tratamiento de la cuestión que vamos a realizar en las próximas líneas haremos referencia indistintamente a un caso y a otro atendiendo a las particularidades que puedan presentar en el seno del concurso.

Además, dada la complejidad que nos podemos encontrar y la amplia casuística, consecuencia, en la mayoría de los casos, de tratarse de grupos de sociedades[282], como son las cadenas hoteleras, así como sociedades que pueden no tener encomendada la gestión de un único condohotel, sino la de otros

---

282 Sobre la noción de grupo de sociedades en el procedimiento concursal, *vid.* MÁRQUEZ LOBILLO, P., "A vueltas sobre el concepto concursal de grupo y sobre la automática subordinación de créditos ex artículo 93.2.3º LC. Comentarios a las STS, de 31 de octubre y de 24 de octubre de 2018", *Cuadernos Civitas de Jurisprudencia civil,* núm. 111, 2019, pp. 9-40, más recientemente en "Comentario a la Disposición Adicional Primera", en AA.VV., *Comentarios al articulado del Texto Refundido de la Ley Concursal,* Peinado Gracia, J.I. y Sanjuán y Muñoz, E. (dirs.), T. I, Sepin, Madrid, 2020, pp. 37-43; Así también, *vid.* EMBID IRUJO, J.M., "La delimitación del grupo de sociedades en el Texto Refundido de la Ley concursal tras la reforma por la Ley 16/2022", *Revista General de Insolvencias & Reestructuraciones,* núm. 9, 2023, pp. 15-35. Y, en especial, sobre los grupos de sociedades en el ámbito de la gestión hotelera, *vid.* MOGUEL FERNÁNDEZ, J., *La vertiente societaria…, op. cit.,* p. 159 y ss.

establecimientos de alojamiento y/o turísticos, consideramos conveniente centrarnos en exclusiva en la sociedad creada *ad hoc* con la finalidad de dirigir el régimen del condohotel, ya sea por los socios o por terceros.

Por último, centrándonos en el segundo sujeto, resulta especialmente relevante traer a nuestro estudio el análisis de la posibilidad de que el conjunto de contratos que tienen por objeto la cesión de uso de las unidades alojativas, junto con otros medios auxiliares, puedan considerarse una unidad productiva y las implicaciones que este hecho posee en sede concursal. Especialmente interesante resultará estudiar, desde el punto de vista concursal, las operaciones que tienen cabida sobre la misma – principalmente la enajenación – y las consecuencias que se producen sobre la continuidad de la empresa y las relaciones con los propietarios.

2.2 El concurso del titular de la unidad alojativa

2.2.1 Fase preconcursal

El propietario de una unidad de alojamiento, sea persona física o jurídica[283], que se encuentre en probabilidad de insolvencia[284], insolvencia inminente o insolvencia actual podrá comunicar la apertura de negociaciones o la homologación de un plan de reestructuración, tal y como señala el artículo 584 del Real Decreto Legislativo 1/2020, de 5 de mayo, por

---

283 No pueden acogerse a estas instituciones preconcursales las empresas de seguros o de reaseguros, las entidades de crédito, las empresas de inversión u organismos de inversión colectiva, las entidades de contrapartida central, entre otras, conforme al artículo 583 de la LC.

284 Sobre el concepto de probabilidad de insolvencia introducido por la Ley 16/2022 *vid.* CAMPUZANO LAGUILLO, A.B., "Los estados de insolvencia", *Anuario de derecho concursal*, núm. 58, 2023 (consultado *on line*).

el que se aprueba el texto refundido de la Ley Concursal (en adelante, LC). Esta fase preconcursal va destinada a facilitar la reestructuración del pasivo de aquellos deudores que se encuentran en riesgo de insolvencia pero son económica y financieramente viables.

El inicio de la fase preconcursal se produce con la comunicación de la apertura de negociaciones con los acreedores. El artículo 586 de la LC regula el contenido de esa comunicación. Entre la información que debe constar se encuentra la relativa a la enumeración de los contratos necesarios para la continuidad de la actividad del deudor. En este contexto, pensamos en aquel deudor que dispone de una o varias unidades de alojamiento a modo de inversión pero que no suponen su actividad principal, ni mucho menos. De ahí que no debamos considerar el contrato como necesario para la continuidad de la actividad empresarial, ni sea esta una información que deba constar en la comunicación. Nada de lo expuesto va a impedir que la comunicación despliegue efectos sobre el contrato.

En relación con esto último, los artículos 597 a 599 de la LC se encargan de establecer los efectos que la comunicación de apertura de negociaciones tiene sobre los contratos en general. El principal efecto consiste en la obligación de respetar el principio de vigencia de los contratos, en este sentido, se tendrá por no puesto cualquier pacto que suspenda, modifique, resuelva o termine la relación contractual como consecuencia de la comunicación del inicio de negociaciones[285]. De manera

---

[285] Cabría, en todo caso, la resolución del contrato por otros motivos. *Vid.* CIFREDO ORTÍZ, P., "Los contratos en la reestructuración preventiva", en AA.VV. *La reestructuración como solución de las empresas viables,* DÍAZ MORENO, A. y LEÓN SANZ, F. (dirs.), Thomson Reuters Aranzadi, 2022, p. 278.

accesoria y atendiendo a las características[286] propias del negocio jurídico se distinguen otros efectos.

Los contratos que se ven afectados por estas reglas son los que contienen obligaciones recíprocas pendientes de cumplimiento. El artículo 598.1 de la LC permite la resolución de estos contratos siempre y cuando la causa sea distinta a la comunicación de la apertura de negociaciones. Como sabemos, la cesión de uso de la unidad alojativa es un contrato bilateral y sinalagmático, en el que surgen obligaciones para ambas partes que se mantienen en el tiempo, es decir, de tracto sucesivo. Esta última característica, el tracto sucesivo, implica que en el momento de la comunicación existen obligaciones pendientes de cumplimiento y, por ende, el contrato no puede resolverse salvo causa justificada.

La regulación no concreta nada en relación con el momento del cumplimiento de las obligaciones, si debe ser anterior o posterior a la comunicación. La interpretación del articulado de la norma concursal y la práctica judicial[287] nos llevan a considerar que la norma se refiere al cumplimiento posterior. Cuando se haya producido un cumplimiento anterior, la obligación deja de ser recíproca y, por tanto, no entra dentro

---

286 Por características debemos entender todas aquellas relativas al tracto único o sucesivo o a la reciprocidad de las obligaciones. Característica esta última que la norma no menciona expresamente cuando se refiere al momento de la negociación del plan de reestructuración, de lo contrario, sí la menciona en la regulación relativa al procedimiento concursal. Así lo pone de manifiesto SANJUÁN Y MUÑOZ, E., "La cláusula ipso facto en los ámbitos preconcursal y concursal", en AA.VV. *Planes de reestructuración y clausulas ipso facto,* CAMPUZANO, A.B. y SANJUÁN Y MUÑÓZ, E. (dirs.), Tirant lo Blanch, Valencia, 2022, p. 35.

287 SANJUÁN Y MUÑOZ, E., "La cláusula ipso facto en los ámbitos preconcursal...", *op. cit.*, p. 35.

del ámbito de aplicación del precepto[288]. Tampoco existe mención alguna sobre quien debe encontrarse pendiente de cumplimiento, si el deudor, el acreedor o ambos. En este extremo debemos realizar una interpretación amplia de la norma que incluya los tres supuestos[289].

Los efectos sobre los contratos se mantendrán el tiempo que duren las negociaciones sin superar el plazo de tres meses establecido en el artículo 611 de la LC o, de haberse concedido, hasta que concluya el periodo de prórroga de las negociaciones fijado por el juez (art. 607 LC)[290]. Si durante ese período de tiempo se solicita la homologación de un plan de reestructuración, ni este procedimiento ni la homologación judicial alterarán la vigencia de los contratos con obligaciones recíprocas pendientes de cumplimiento (art. 618 LC).

Por su parte, el artículo 620 de la LC permite que el plan de reestructuración modifique o resuelva los contratos con obligaciones recíprocas pendientes de cumplimiento cuando sea nece-

---

288 Sobre esta cuestión *vid.* DE VIVERO DE PORRAS, C., "La resolución de contratos con obligaciones recíprocas pendientes de cumplimiento en interés de la reestructuración", en AA.VV. *Planes de reestructuración y clausulas ipso facto,* CAMPUZANO, A.B. y SANJUÁN Y MUÑÓZ, E. (dirs.), Tirant lo Blanch, Valencia, 2022, p. 130 y ss.

289 *Vid.* DE VIVERO DE PORRAS, C., "La resolución de contratos con obligaciones recíprocas pendientes...", *op. cit.*, p. 137. La autora analiza las diferentes posturas que ha adoptado el Tribunal Supremo al respecto.

290 La prórroga se concederá cuando se cumplan los presupuestos contenidos en el artículo 607 de la LC y esté debidamente justificado tal y como señala la Directiva sobre reestructuraciones e insolvencia. En relación con el plazo de duración de los efectos del preconcurso sobre los contratos vid. AZOFRA., F., "Las cláusulas ipso facto y la posibilidad de denuncia unilateral del contrato en escenarios preconcursales y concursales", *Anuario de Derecho Concursal,* núm. 55, 2022 (Bib 2021\5513).

sario para el buen fin de la reestructuración[291] y permitan prevenir el concurso. Siempre que sea en interés de la reestructuración se podrá alterar la duración del contrato, cambiar a la persona deudora mediante la cesión del mismo cuando, por ejemplo, se prevea la enajenación de la unidad alojativa[292] o alterar otras condiciones. El supuesto del cambio del titular de la unidad alojativa puede generar conflictos en el régimen de condohotel, sobre todo cuando el comprador no reconozca la existencia del contrato y decida no continuar con el mismo. Algunas de las soluciones preventivas, ya expuestas en líneas anteriores, pasan por la inscripción en el Registro de la Propiedad del contrato o acudir al auxilio judicial en aras de proteger la posición de la empresa explotadora[293]. Los otros supuestos expuestos relativos a las

---

291 Si adaptamos la definición que sobre "interés del concurso" ha ofrecido el Tribunal Supremo en los supuestos de resolución contractual en sede de concurso, debemos interpretar "el buen fin de la reestructuración" como aquel que persigue *evitar la insolvencia del deudor en dificultades financieras y asegurar la continuación de su actividad.* Así lo ha señalado CIFREDO ORTÍZ, P., "Los contratos en la reestructuración…", *op. cit.*, p. 289. El mismo argumento lo ofrece PULGAR EXQUERRA., J., "Reestructuraciones preconcursales forzosas: el mejor interés de los acreedores", *Revista de Derecho Mercantil*, núm. 323, 2022 (Bib 2022/579), al responder al interrogante *¿en interés de quien/es resstructurar?* La autora recuerda que la finalidad perseguida a través de la reestructuración es asegurar la continuidad de la empresa y que el deudor se aleje de las situaciones de insolvencia. A lo que añade que la continuidad de la empresa depende en gran medida de que los acreedores aprueben los planes de reestructuración, lo que nos indica que al interés expuesto deben añadirse los intereses de los acreedores. La ruptura del principio de vigencia de los contratos encuentra justificación cuando dicho hecho contribuya a tal finalidad.

292 Recordemos que el plan de reestructuración puede contener la transmisión de activos del deudor como la unidad productiva (art. 614 LC).

293 La transmisión de la unidad productiva en la etapa preconcursal, así como otros actos que se llevan a cabo y cuando la LC no establezca ninguna excepción en relación con los mismos, deben realizarse si-

modificaciones de la remuneración o de la duración del contrato plantean, a nuestro modo de ver, menos inconvenientes.

En cuanto a la resolución, siempre que tenga lugar en interés de la reestructuración, podrá llevarse a cabo con la salvedad de la obligación que nace de indemnizar a la contraparte afectada. El perjudicado por la resolución anticipada del contrato, es decir, la empresa explotadora, podrá manifestar su disconformidad con la resolución o con la indemnización fijada acudiendo a la vía de la impugnación u oposición al plan (arts. 620.4 y 657 LC)[294].

La decisión sobre la aprobación del plan de reestructuración debe ser adoptada por los acreedores siguiendo lo establecido en los artículos 627 y ss. de la LC. En aquellos supuestos, como pudiera ser el nuestro, en los que se pretenda extender la aplicación del plan a los acreedores que no hubieran votado a favor o incluya la resolución de contratos en interés de la reestructuración, deberá procederse a la homologación judicial del plan. En cuanto al procedimiento y requisitos de homologación nos remitimos a la regulación contenida en la LC.

Cuando no se haya aprobado el plan y haya transcurrido el plazo de tres meses desde la comunicación del inicio de negociaciones, así como su posible prórroga, el deudor deberá solicitar la declaración de concurso siempre que se encuentre en insolvencia actual. Esta obligación también operará en aquellos casos en los que se incumpla el plan de reestructuración homologado y el deudor se encuentre en situación de insolvencia.

---

guiendo el régimen mercantil o civil general. FLAQUER RIUTORT, J., "La venta de unidad productiva de la empresa en crisis", *InDret*, núm. 3, 2023, p. 157.

[294] Como advierte CAAMAÑO RODRÍGUEZ, F., "Comentario al artículo 657", en AA.VV. *Comentario a la Ley Concursa*l, PULGAR EZQUERRA, J. (dir.), T. II, La Ley, Madrid, 2023, p. 1358, la parte afectada podrá invocar ambos motivos en la impugnación pero no cabrá una admisión simultánea.

2.2.2 Fase concursal

Una vez finalizada la fase preconcursal, bien sin alcanzar un acuerdo sobre el contenido del plan de reestructuración, bien tras el incumplimiento del mismo, y encontrándose el deudor en situación de insolvencia actual o inminente, es preceptivo presentar la solicitud de declaración de concurso. Con independencia de la persona que la presente, deudor o acreedor legitimado, y sin perjuicio del cumplimiento de las formalidades documentales que la LC exige, el juez resolverá sobre la misma.

Centrándonos en el auto que declara el concurso, el mismo, entre otras cuestiones (art. 28 LC) concretará si el deudor posee sus facultades intervenidas o suspendidas. Generalmente esta decisión irá ligada a si se trata de un concurso voluntario o necesario, respectivamente. Dicha resolución abrirá la fase común del concurso pero antes es conveniente analizar los efectos que la declaración del concurso desplegará sobre el contrato de cesión de uso de la unidad alojativa que mantienen el deudor-propietario y la sociedad explotadora del condohotel.

El principio de vigencia de los contratos rige los efectos del concurso sobre los negocios celebrados por el concursado. Sin perjuicio de ello, atendiendo a las circunstancias del concursado y de los acreedores, puede plantearse la resolución del contrato por incumplimiento del concursado o en interés del concurso[295]. Aunque el motivo que propicia la extinción sea distinto, el

---

[295] En el supuesto de que el concursado sea socio de la sociedad explotadora y tenga el compromiso de ceder el uso de la unidad alojativa como prestación accesoria, no cabe recurrir al artículo 165 de la LC para instar la resolución del contrato. Como afirma GALLEGO SÁNCHEZ, E., "Efectos específicos del concurso sobre la persona jurídica", en AA.VV. *Derecho concursal y preconcursal: texto refundido de la Ley Concursal tras la reforma por la Ley 16/2022, de 5 de septiembre,* T. I, GALLEGO SÁNCHEZ, E. (dir.), Tirant lo Blanch, Valencia, 2022, p. 809, el precepto se centra en la resolución de los contratos con obligaciones recíprocas y las pres-

argumento que impregna la resolución del juez sobre el mantenimiento o no del contrato es el mismo. Nos referimos a que la decisión que se adopte debe velar por preservar la integridad patrimonial del concursando y sopesar qué opción es más conveniente en aras de satisfacer los créditos de los acreedores[296].

De un lado, la resolución contractual permite recuperar el bien cedido en uso y someterlo a liquidación concursal. No podemos olvidar tampoco que la terminación conlleva la liquidación de la relación contractual y el deber, según el caso, de indemnizar los daños y perjuicios que se hayan ocasionado[297]. Y, de otro lado, el mantenimiento del contrato puede ser

---

taciones accesorias no contienen ese tipo de obligaciones, sino que *son obligaciones sociales que integran la condición de socio.*

296 Sobre estas cuestiones resulta interesante consultar el trabajo de CIFREDO ORTÍZ, P., "Resolución judicial en interés del concurso de un contrato de gestión hotelera suspendido (Comentario de la sentencia 105/2023, del Juzgado de lo Mercantil núm. 11 de Barcelona)", *Anuario de Derecho Concursal,* núm. 62, 2024 (en prensa, ha sido facilitado por la autora).

297 Estos conceptos tendrán la consideración de crédito concursal cuando el incumplimiento se haya producido con anterioridad a la declaración de concurso y de crédito contra la masa cuando el mismo haya tenido lugar con posterioridad (art. 163.2 y 3 LC). En cuanto a la resolución en interés del concurso, las restituciones que deban realizarse serán con cargo a la masa y la indemnización de daños y perjuicios que en su caso proceda se considerarán como crédito concursal (art. 165.3 LC). Resulta llamativa la modificación que recientemente ha introducido la Ley 16/2022 en el artículo 165.3 de la LC. Con anterioridad a este cambio los créditos que tenían origen en la indemnización de daños y perjuicios merecían la consideración de créditos contra la masa. Parece que la intención del legislador es atenuar los efectos perjudiciales que una resolución contractual en interés del concurso pueda tener sobre la masa activa, evitando así que este criterio sea un componente relevante en las decisiones que adoptan nuestros tribunales para procurar el mantenimiento del contrato.

una fuente de generación de ingresos periódicos con los que afrontar los créditos de la masa pasiva. Si apelamos al interés del concurso, este nos podría llevar a mantener la vigencia del contrato pudiendo satisfacer parte del pasivo del deudor con los ingresos que se obtengan por la explotación de la unidad alojativa. Para valorar qué opción es más adecuada es conveniente realizar una previsión de la rentabilidad y expectativa de ingresos que se pueden obtener[298].

Algunos de los criterios a tener en cuenta para llevar a cabo esas previsiones pueden ser los que siguen. En primer lugar, hay que estar al contenido del contrato, especialmente a la duración del mismo y las condiciones pactadas; en segundo lugar, a las incertidumbres propias del mercado turístico que impiden realizar unas predicciones certeras sobre la previsión de ocupación e ingresos futuros; en tercer lugar, a las características del establecimiento en cuestión y de la entidad explotadora, por ejemplo, si en un corto periodo de tiempo es necesario realizar una reforma del mismo; y, en último lugar, al propio contexto concursal[299]. Las conclusiones que alcancemos con todo lo enunciado servirán para comprobar si la masa patrimonial del concurso va a verse excesivamente afectada. En definitiva, nos permitirá identificar qué opción es la menos gravosa para el conjunto de los intereses de los acreedores.

---

298 Estos argumentos son los empleados por el juez en la sentencia del Juzgado de lo Mercantil de Palma núm. 226/2007, de 29 de septiembre (AC/2008/371) en relación con un contrato de arrendamiento de industria de dos complejos hoteleros propiedad de la concursada.

299 Estos criterios han sido extraídos del caso que aborda la sentencia ya referenciada del Juzgado de lo Mercantil de Palma núm. 226/2007, de 29 de septiembre. Eso sí, debemos interpretarlos salvando las distancias entre lo que es la cesión del uso de una estructura completa de alojamientos de la cesión de unidades alojativas aisladas.

Continuando con la fase común, debemos centrarnos ahora en la formación de la masa activa. Forman parte de la masa activa todos los bienes y derechos que pertenezcan al deudor. La unidad o unidades alojativas titularidad del concursado integrarán la masa activa, cumpliéndose así los requisitos para formar parte de esta: nos encontramos ante un bien patrimonial que es susceptible de embargo conforme a la literalidad del artículo 192.2 de la LC.

Sobre el administrador concursal recae el deber de elaborar el inventario de la masa activa donde debe figurar la unidad alojativa. En dicho inventario deberán incluirse determinadas referencias, en concreto, la naturaleza, características y los datos de identificación registral del bien y su valor (art. 199 LC). Además, deberán describirse los gravámenes o cargas que soporta el bien, en nuestro caso, incluirán la referencia a la cesión del uso que tiene atribuida la entidad explotadora del condohotel. Con frecuencia, nos encontramos que la administración concursal omite cualquier tipo de referencia a la existencia del contrato. La razón probablemente radique en que el reconocimiento del gravamen perjudica una futura venta del bien al ver reducido su valor.

Además, el inventario debe reflejar los créditos que ostente el concursado a su favor. La falta de abono por parte de la entidad explotadora del condohotel del importe que se haya acordado recibir en concepto de explotación de la unidad u otra condición convenida en el contrato antes de la declaración del concurso, es un derecho de crédito titularidad del concursado. Si el deudor, antes de la declaración de concurso, hubiese ejercido alguna acción de reclamación de cantidad y se encontrase pendiente el procedimiento, el crédito se considerará como litigioso y deberá figurar en una lista anexa al inventario.

Junto al inventario, otro de los documentos que debe presentar la administración concursal es la lista de acreedores. Esta lista reflejará los acreedores que posee el concursado, las características de los créditos y la clasificación de los mismos. En tales casos, si la sociedad explotadora del condohotel considera que existe alguna deuda pendiente de abono con el concursado deberá comunicarlo a la administración concursal en el momento oportuno para que se la considere acreedora concursal y entre a formar parte del proceso. De acuerdo con la naturaleza de la deuda y conforme a los artículos 269 y ss. de la LC se clasificará como crédito privilegiado, ordinario o subordinado.

Como excepción al deber general de conservación de los bienes y derechos de la masa activa, el artículo 206.2 de la LC permite la enajenación de bienes que no sean necesarios para la continuidad de la actividad del concursado cuando se presente una oferta de compra por el mismo valor que aparece en el inventario o la diferencia no sea superior a un diez por ciento. El procedimiento de adjudicación es directa, la administración concursal deberá comunicárselo al juez del concurso y, salvo que se presente otra oferta por un valor superior, se concluirá la venta.

La administración concursal debe presentar los textos definitivos de los documentos mencionados, junto con su informe atendiendo al contenido de los artículos 290 y ss. de la LC. Una vez transcurridos los plazos que dicta la LC, el juez pondrá fin a la fase común y se abrirá la fase de convenio o liquidación.

En relación con la fase de convenio vamos a centrarnos exclusivamente en las actuaciones que pueden tener un efecto directo sobre el condohotel. El convenio, como negocio jurídico que vincula al concursado con los acreedores, tanto los que expresamente se han adherido como aquellos otros titulares de créditos subordinados, puede contener pactos que afecten a la masa activa. Es decir, puede haberse acordado la enajenación de alguno de los bienes del deudor para satisfacer parte de los créditos concursales. En consecuencia, habrá que llevar a efecto el mencionado pacto y desprenderse de la unidad alojativa si así se acordó.

Por su parte, el momento de la liquidación se inicia cuando se dan determinados acontecimientos. Algunos de ellos consisten en la frustración del convenio acordado por incumplimiento o nulidad del mismo o la falta de adhesiones suficientes para la aprobación del convenio, entre otras razones enumeradas en el artículo 409 de la LC. El principal objetivo que se persigue en esta fase es la realización de todos los bienes, es decir, su conversión en dinero, con el fin de satisfacer a los acreedores[300]. Esta situación implica que la unidad alojativa deberá enajenarse para poder abonar los créditos de los acreedores con el importe resultante. La venta del bien se realizará atendiendo a las reglas especiales de liquidación que haya fijado el juez[301], en defecto de ellas o si así lo ha querido expresamente el juez, deberá realizarse mediante subasta cuando el valor del bien sea superior al cinco por ciento del valor total de los bienes y derechos que forman parte del inventario (art. 423.1 LC). Si a la subasta no se presentase ningún postor y la unidad alojativa estuviera gravada con una hipoteca, el beneficiario de la garantía podrá adjudicarse el bien siguiendo lo establecido en las normas procesales sobre el procedimiento de ejecución ya estudiadas (art. 423 *bis* LC)[302].

---

300 PEINADO GRACIA, J.I., "Capítulo 11. Fase de liquidación", en AA.VV. *Memento Concursal,* VILLORA RIVERA, Í. y ENCISO ALONSO-MUÑUMER, M. (coords.), Francis Lefebvre, Madrid, 2022, (consultado *on line*).

301 Sobre los instrumentos jurídicos para la liquidación, teniendo en cuenta la necesidad de adaptar el texto a la reforma operada por la Ley 16/2022, *vid.* RODRÍGUEZ ACHÚTEGUI, E., "Operaciones de liquidación", en AAVV. Enciclopedia de derecho concursal, BELTRÁN, E. y GARCÍA-CRUCES, J.A. (dirs.), vol. 2, Aranzadi, Cizur Menor, 2012, p. 2118 y ss.

302 Sobre esta cuestión *vid.*, PÉREZ-BUSTOS MANZANEQUE, A., *La liquidación concursal tras la reforma de la Ley 16/2022 de 5 de septiembre,* Tirant lo Blanch, Valencia, 2022, p. 33 y ss.

Tanto la venta de la unidad alojativa que se produce antes de la presentación de los textos definitivos que competen a la administración concursal, como la que se produce fruto del resultado del cumplimiento del convenio o aquella que tiene lugar en la fase de liquidación, como ya hemos señalado en más de una ocasión, puede afectar al reconocimiento de la existencia del contrato de cesión de uso. La información que se facilite al adquirente directo o al futuro postor debe contener todos los extremos que describan la situación del inmueble, sus características particulares por pertenecer a un establecimiento en régimen de condohotel y hacer referencia a la existencia de un contrato en vigor de cesión para explotación de la unidad alojativa. Esta información, no obstante, no garantizará el mantenimiento de la relación jurídica, salvo que se den determinadas circunstancias ya estudiadas.

Con la liquidación se produce la extinción del patrimonio afecto al concurso y, por ende, la conclusión del mismo.

2.3 El concurso de la sociedad titular del condohotel

2.3.1 Fase preconcursal.

Las particularidades que acabamos de analizar en el supuesto anterior distan bastante de las que introducimos a continuación. En el caso del titular de la unidad de alojamiento, con carácter general, el contrato de cesión es residual en relación con otros activos y con el pasivo del deudor. A pesar de que la situación de insolvencia y los resultados de la fase preconcursal o concursal afecten directamente a la relación jurídica y, por supuesto, generen un impacto sobre el régimen de condohotel, las consecuencias que corresponde abordar en estas líneas presentan mayor incidencia sobre la continuidad de la actividad empresarial.

Nos encontramos ahora ante una sociedad que posee todos los derechos de uso sobre las unidades alojativas y fincas en que se divide el inmueble hotelero o la mayor parte de ellos. Esta compañía dispone, como hemos visto, de varias alternativas para hacer frente a la situación de inestabilidad económica, según lo aguda que esta sea y el momento temporal en el que esté. Si se encuentra en probabilidad de insolvencia, insolvencia inminente o actual podrá comunicar al juzgado competente el inicio de negociaciones con sus acreedores.

La comunicación debe contener una relación de los acreedores con los que se va a iniciar o han iniciado negociaciones. En el caso en el que los propietarios tengan un derecho de crédito frente a la sociedad, la misma deberá informar sobre esos créditos. En este punto, y respecto de los socios-propietarios, la sociedad deudora, siguiendo el tenor del artículo 586 de la LC, en la relación de acreedores que entregue deberá indicar quienes se encuentran especialmente relacionados con ella[303].

Entre la información facilitada debe constar, además, la actividad que desarrolla la empresa, así como los contratos que se consideren necesarios para la continuidad de la misma[304]. Este

---

303 En nuestro caso, en virtud del artículo 283 de la LC, serán personas especialmente relacionadas con el concursado persona jurídica, los socios que atesoren, al menos, el diez por ciento del capital social como se analizará en el siguiente epígrafe. *Vid.* ALONSO LEDESMA, C., "Comentario al artículo 283", en AA.VV. *Comentarios al articulado del Texto Refundido de la Ley Concursal*, Peinado Gracia, J.I. y Sanjuán y Muñoz, E. (dirs.), T. II, Sepin, Madrid, 2020, pp. 617 y ss.

304 Antes de avanzar debemos tener en cuenta que los efectos sobre los contratos que aquí tratamos, tanto en la fase preconcursal como concursal, no afectarán a las sociedades en las que se cedió el uso de las unidades alojativas como aportaciones sociales. Tampoco quedan abarcadas por las normas que estudiamos las prestaciones accesorias consistentes en la cesión de las unidades alojativas a la sociedad, pues como su propio nombre indica, estas obligaciones son accesorias

último extremo es de suma importancia. La norma no define qué debe entenderse por contrato esencial, para ello debemos acudir a la Directiva sobre reestructuraciones e insolvencia[305].

---

al contrato principal, es decir, el de sociedad, formando parte del mismo (*vid.* MARTÍNEZ NADAL, A., *Las prestaciones accesorias... op. cit.*, p. 23). El contrato de sociedad no se ve afectado por los efectos concursales sobre los contratos pues carece de uno de los elementos necesarios para su aplicación, carece de reciprocidad. Se trata de un contrato plurilateral y, a modo de ejemplo, en el caso en el que se produzca un incumplimiento por parte de un socio, la sociedad podrá reclamar su cumplimiento pero el resto de socios no gaza de dicha facultad (*vid.* OTERO COBOS, MªT., "Comentario al art. 159", en AA.VV. *Comentarios al articulado del Texto Refundido de la Ley Concursal,* Peinado Gracia, J.I. y Sanjuán y Muñoz, E., T. I, Sepin, Madrid, 2020, pp. 1038 y 1039). Como enuncia QUIJANO GONZÁLEZ, J., "El contrato de sociedad. Consideraciones generales para un estudio preliminar)", en AA.VV. *Sobre el contrato de sociedad,* GONZÁLEZ FERNÁNDEZ, MªB. (dir.), Tirant lo Blanch, Valencia, 2024, pp. 5-48, en el contrato de sociedad deben diferenciarse dos planos, *el objeto de la sociedad en su conjunto y el objeto de la obligación asumida por cada contratante. o, más simplificadamente, entre la actividad a la que sociedad se va a dedicar y la aportación que cada socio va a realizar para integrar el patrimonio común con el que la sociedad desarrollará su propio objeto.* Cada plano posee un tratamiento jurídico propio y la reciprocidad solo cabe identificarla en el plano de la aportación del socio. No así en su conjunto ni en el plano de la constitución de un patrimonio separado para la realización del objeto social, núcleo central del contrato de sociedad. Existe una pluralidad de relaciones, no existe bilateralidad y, por ende, las obligaciones no pueden ser recíprocas.

Por tanto, los efectos se producirán sobre los contratos de cesión del uso de las unidades alojativas suscritos entre los propietarios, sean socios o no, con la sociedad beneficiaria.

305 Directiva (UE) 2019/1023 del Parlamento Europeo y del Consejo, de 20 de junio de 2019, sobre marcos de reestructuración preventiva, exoneración de deudas e inhabilitaciones, y sobre medidas para aumentar la eficiencia de los procedimientos de reestructuración, insolvencia y exoneración de deudas, y por la que se modifica la Directiva (UE) 2017/1132.

El artículo 7 de la Directiva considera contrato esencial aquel contrato necesario para continuar con la gestión diaria de la empresa *cuya interrupción conduciría a una paralización de las actividades del deudor*. Como ha señalado la doctrina[306], la concepción de *actividades del deudor* debe elaborarse desde el objeto social de la empresa o el empresario. De manera que, todos los contratos que contribuyan a mantener el funcionamiento del condohotel deben considerarse esenciales. Así, además de los contratos de suministro de bienes o energía, las relaciones jurídicas que se han entablado con los propietarios para la cesión del uso de las unidades alojativas adquieren tal carácter. En especial, como apunta la doctrina[307], la Directiva sobre reestructuraciones e insolvencia enumera como ejemplo de contrato necesario el contrato de arrendamiento. En efecto, la disminución de unidades que explota el condohotel afectará negativamente a la actividad empresarial, limitándola e incluso puede conducir al cese de la misma.

El apartado segundo del artículo 598 de la LC impide la resolución de los contratos necesarios cuando se haya producido algún incumplimiento anterior a la comunicación[308]. Un incumplimiento de esta índole puede ser la falta de abono de la remuneración pactada por la explotación de la unidad alojativa. Esta circunstancia solo pone de manifiesto que ha nacido un crédito anterior fruto del incumplimiento contractual y deberá

---

306 SANJUÁN Y MUÑOZ, E., "La cláusula ipso facto en los ámbitos preconcursal...", *op. cit.*, p. 24.

307 AZOFRA., F., "Las cláusulas ipso facto y la posibilidad de denuncia unilateral...", *op. cit.*

308 CIFREDO ORTÍZ, P., "Los contratos en la reestructuración...", *op. cit.*, p. 280.

quedar reflejado en el plan de reestructuración[309]. Los créditos que tengan origen en un incumplimiento posterior quedarán al margen del plan y deberán abonarse conforme se devenguen[310].

Como venimos exponiendo, en el plan de reestructuración se mantienen los contratos esenciales tal y como señala el artículo 618 de la LC. En concreto, el precepto proclama la vigencia del contrato aún cuando se produzca un cambio de control del deudor. En los supuestos en los que se produce un *cambio de control del deudor*, no se produce un cambio sobre las partes del contrato lo que nos llevaría a considerar que existe una modificación del contrato, expresamente prohibido por el precepto[311]. La norma se refiere a aquellos casos en los que cambia la persona del socio o socios de control pero se mantiene la persona del deudor.

Respecto al procedimiento de aprobación del plan de reestructuración, la situación de preconcursabilidad de la sociedad titular del condohotel dista de la del propietario de la unidad alojativa, por razones obvias. Los pasos a seguir por los que se decanta el legislador español al transponer la Directiva sobre

---

309 YANEZ YANEZ, P., *El preconcurso de acreedores*, Aranzadi, Cizur Menor, 2023, p. 117, nos aclara que si no existiera un incumplimiento anterior a la comunicación tampoco cabría posibilidad de ejercer la acción resolutoria.

310 *Vid.* DE VIVERO DE PORRAS, C., "La resolución de contratos con obligaciones recíprocas pendientes…", *op. cit.*, pp. 146 y 147.

311 El tenor literal del artículo 618.2 es el que sigue: Los contratos necesarios para la continuidad de la actividad empresarial o profesional del deudor no podrán suspenderse, modificarse, resolverse o terminarse anticipadamente por el mero hecho de que el plan de reestructuración conlleve un cambio de control del deudor.

reestructuraciones e insolvencia[312] consisten en considerar a los socios, propietarios o no, como acreedores y permitir que se pronuncien sobre el plan de reestructuración[313]. Es decir, los socios reunidos en junta general podrán decidir sobre la aprobación del plan y las modificaciones sociales que el mismo implique[314]. Ello sin perjuicio de que puedan quedar forzosamente sometidos al plan.

---

312 Sobre las distintas opciones que ofrece la Directiva para la participación de los socios *vid.* IRIBARREN BLANCO, M., "Los socios en los planes de reestructuración en la reforma del Texto Refundido de la Ley Concursal", *Revista General de Insolvencias & Reestructuraciones*, núm. 6, 2022, pp.103 a 106.

313 PULGAR EXQUERRA., J., "Reestructuraciones preconcursales forzosas…", *op. cit.* se muestra contraria a la solución que ofrece la reforma de la LC. Al respecto considera que hubiese sido más conveniente acoger uno de los criterios que ofrecía la Directiva sobre reestructuraciones e insolvencia referido a la formación por parte de los socios de una clase de acreedores residual. Pensemos que se dan los presupuestos pues son titulares de créditos que presentan similares características (cuota de liquidación y, en su caso, prestación accesoria) ostentan el mismo rango, el de créditos subordinados si acudimos a la clasificación concursal y, además, podrán tener un interés similar. La LC no permite expresamente que se constituyan como clase y, por tanto, votar de forma agrupada el plan de que se trate, sino que se les reconoce un derecho de voto de los socios cuando puedan verse afectados por el plan.

314 Siguiendo a PEINADO GRACIA, J.I., "Contrato de sociedad y concurso", en AA.VV. *Contratación empresarial y Derecho Privado*, GONZÁLEZ CASTILLA, F. y NIETO CARO, H. (dirs.), Tirant lo Blanch, Valencia, 2023, en prensa, *…las normas de Gobernanza derivadas del contrato de sociedad deben decaer por carecer de fundamente o ceder en favor de las normas del Derecho concursal…*, *…el Derecho de sociedades sigue en vigor para la formación de la voluntad social.*
Sobre las reglas especiales de la junta *vid.* YANES YANES, P., *El preconcurso de…", op. cit.*, p. 257 y ss.

El sometimiento forzoso de los socios al plan de reestructuración del deudor persona jurídica requiere la homologación judicial del plan (art. 635 LC). La imposición del mismo solo será posible cuando, de conformidad con el artículo 640 de la LC, la sociedad se encuentre en situación de insolvencia actual o inminente. Se exceptúa la situación de probabilidad de insolvencia para evitar que terceros acreedores perjudiquen los intereses de los socios, conservando estos últimos el control sobre la actividad empresarial[315].

Cuando no se haya aprobado el plan y transcurridos tres meses desde la comunicación del inicio de negociaciones, así como su posible prórroga, el deudor deberá solicitar la declaración de concurso siempre que se encuentre en insolvencia actual. Esta obligación también operará en aquellos casos en los que se incumpla el plan de reestructuración homologado y el deudor se encuentre en situación de insolvencia.

2.3.2 Fase concursal

Concluida, de haber tenido lugar, la fase preconcursal, y habiéndose dado los presupuestos del concurso, el deudor persona jurídica que se encuentra en situación de insolvencia actual o inminente, debe presentar, él o cualquier otro sujeto legitimado, la solicitud de declaración de concurso e iniciarse, por ende, el procedimiento concursal. Con la declaración de concurso dictada por el juez competente el deudor se encuentra en situación de concurso de acreedores. Entre las menciones que debe contener la declaración judicial (art. 28

[315] IRIBARREN BLANCO, M., "Los socios en los planes de reestructuración…", *op. cit.*, pp. 109 y 122. Los socios mantienen la última palabra para aprobar cualquier medida societaria, con determinadas salvedades impuestas por la LC como la agilización del procedimiento para la adopción de acuerdos llegado el caso.

LC) destacamos las referidas a los efectos sobre las facultades patrimoniales del deudor, es decir, si las mismas se encuentran intervenidas o suspendidas. Estas funciones, más intensas en el primero que en el segundo caso, las desempeñará la administración concursal que ha sido nombrada en ese mismo acto.

Debemos analizar, a continuación, los efectos que produce la declaración de concurso, al igual que sucedía con la comunicación de la apertura de negociaciones, sobre los contratos que haya celebrado el deudor. Las relaciones jurídicas que pueden verse afectadas en el seno del condohotel configurado por la sociedad de capital concursada son las que atañen a las celebradas por los propietarios o los socios siempre que no hayan sido concluidas por vía de aportaciones sociales o prestaciones accesorias. En este punto, de nuevo, prima el principio de vigencia de los contratos[316]. La declaración del concurso no puede concebirse como causa de resolución contractual (art. 156 LC). Cuestión distinta será el tratamiento de las obligaciones pendientes de cumplimiento y las incumplidas.

Si partimos de que se ha producido la cesión de la unidad alojativa antes de la declaración de concurso, la obligación principal del propietario o socio-propietario que nos lleva a calificar este tipo de relaciones como de tracto sucesivo consiste en garantizar el mantenimiento de la sociedad en el goce pacífico[317]. A cambio, la sociedad deberá abonar la remuneración

---

316 Sobre esta cuestión *vid.* MOLINA HERNÁNDEZ, C., "La vigencia de los contratos en el concurso de acreedores", en AA.VV. *Los contratos en el concurso de acreedores,* CAMPUZANO, A.B. y DÍAZ MORENO, A. (dirs.), Civitas, Cizur Menor, 2021, pp. 21-40.

317 Recuerda VALPUESTA GASTAMINZA, E., "La vigencia de los contratos con obligaciones recíprocas (art. 61 Ley Concursal): algunos aspectos controvertidos", *Revista de Derecho Concursal y Paraconcursal,* núm. 27, 2017 (La Ley 7612/2017), que *...el Tribunal Supremo lo califica* (al contrato de arrendamiento para uso distinto del de vivienda) *como contrato de tracto sucesivo y con obligaciones pendientes para las dos partes.*

pactada por el uso dado a la finca, dicho pago se hará con cargo a la masa (art. 158 LC)[318]. De producirse un incumplimiento posterior de alguna de las partes, como excepción al principio antes mencionado, cabrá instar la resolución contractual (art. 162 LC)[319]. Llegados a este punto, una vez instada la resolución contractual ante el juez del concurso, el concursado puede oponerse a dicha resolución y solicitar el mantenimiento del contrato en interés del concurso[320]. En nuestra opinión, tratándose de un elemento esencial para la explotación hotelera, salvo que existan circunstancias adversas que hagan que el uso de la unidad alojativa devenga inútil para el fin que se persigue, el contrato debe conservarse.

El interés del concurso lo ha identificado la doctrina[321] con alcanzar aquella situación en la que el mantenimiento del con-

---

318 Hemos tenido ocasión de analizar esta cuestión con detalle en OTERO COBOS, M.T. "Comentario al art. 158", en AA.VV. *Comentarios al articulado del Texto Refundido de la Ley Concursal*, Peinado Gracia, J.I. y Sanjuán y Muñoz, E., T. II, Sepin, Madrid, 2020, p. 1026. Llegamos a la conclusión de que no es necesario que las obligaciones al tiempo de la declaración de concurso se encuentren vencidas y sean exigibles. Cabe que el plazo para su cumplimiento culmine durante el procedimiento concursal o bien que estén al corriente de las obligaciones que incumben a cada parte y, al ser un negocio de tracto sucesivo, nazcan nuevas obligaciones recíprocas durante el concurso.

319 El incumplimiento deberá ser resolutorio, es decir, de una obligación que tenga entidad suficiente para poder justificar la resolución unilateral. *Vid.* VÁZQUEZ CUETO, J.C., "La resolución por incumplimiento", en AA.VV. *Los contratos en el concurso de acreedores*, CAMPUZANO, A.B. y DÍAZ MORENO, A. (dirs.), Civitas, Cizur Menor, 2021, p. 78.

320 Este sería el supuesto paradigmático, pero nada impide que el incumplidor sea la contraparte del concursado. VÁZQUEZ CUETO, J.C., "La resolución por incumplimiento", *op. cit.*, p. 79.

321 *Vid.* las referencias jurisprudenciales y doctrinales sobre el concepto indeterminado de interés del concurso que estudiamos en OTERO COBOS, MªT. "Comentario al art. 164", en AA.VV. *Comentarios al*

trato genere mayores beneficios que perjuicios para la continuidad de la actividad empresarial y, por tanto, para la mejor satisfacción de los acreedores. Esto se traduce en que la decisión que adopte el juez debe ir encaminada a buscar un justo equilibrio entre los intereses que se encuentran en juego en el marco del concurso.

El argumento del interés del concurso puede esgrimirse a *sensu contrario* para instar la resolución del contrato. Esta opción, salvo contadas excepciones, no tendrá mucho sentido cuando la concursada sea la sociedad que gestiona el condohotel, pues supone la reducción de la explotación de unidades de alojamiento y, por tanto, la disminución de ingresos. Podría encontrar acomodo, siempre y cuando la resolución sea menos perjudicial que el mantenimiento del acuerdo, es decir, cuando se produzcan o puedan producirse determinados acontecimientos. Nos referimos, a modo de ejemplo, a la bajada de las reservas por no ser temporada de explotación y/o por existir malas expectativas de ocupación, así como la menor capacidad de explotación de la sociedad concursada por la reducción de personal, la falta de suministro de materias primas, la imposibilidad de ofertar servicios accesorios al alojamiento, entre otros. De darse estas circunstancias puede no resultar rentable seguir explotando algunas unidades al no tener salida en el mercado pues no producen ingresos pero sí generan unos costes fijos de mantenimiento y cuidado de las mismas.

A modo de apunte, distinta será la aportación de la cesión del uso a la sociedad que se realiza en cumplimiento del contrato de sociedad de acuerdo con los requisitos legales del tipo social elegido[322]. La obligación de aportar es un requisito in-

---

articulado del Texto Refundido de la Ley Concursal, Peinado Gracia, J.I. y Sanjuán y Muñoz, E., T. I, Sepin, Madrid, 2020, p. 1067 y ss.

322 PEINADO GRACIA, J.I., "Contrato de sociedad y concurso", *op. cit.*, especialmente la nota a pie 34.

dispensable para adquirir la condición de socio pero no conlleva una contraprestación por parte de la sociedad, la relación carece, por ende, de reciprocidad[323]. A la misma conclusión llegamos en el caso de las prestaciones accesorias, pactos que forman parte del contrato de sociedad[324]. Por tanto, no podemos aplicar al contrato de sociedad los efectos previstos para los contratos que acabamos de analizar.

La apertura de la fase común se produce en el mismo instante en el que se dicta el auto declarando el concurso de acreedores. En este momento del procedimiento, entre las funciones que desempeña la administración concursal, adquiere relevancia la relativa a la formación del inventario de la masa activa (art. 198 y ss. LC) y la elaboración de la lista de acreedores.

En cuanto al inventario de la masa activa que recoge todos los bienes y derechos del concursado, destaca la excepción contenida en el art. 198.3 LC en virtud de la cual no se incluyen los bienes sobre los que el concursado tenga un derecho de uso. Tampoco serán objeto de avalúo. El contenido del precepto debe interpretarse en el sentido de que el arrendamiento concebido como derecho patrimonial que disfruta el concursado debe formar parte de la masa activa y aparecer en el inventario. Esta situación no altera la configuración jurídica de la cesión del uso.

Por su parte, el artículo 239 de la LC sobre la separación de bienes y derechos de la masa activa determina que los bienes de propiedad ajena sobre los que el concursado no tenga ningún derecho de uso o garantía deberán retornar a su legítimo titular[325]. Cabe que el concursado disfrutase del bien por justo

---

323 OTERO COBOS, MªT. "Comentario al art. 159", *op. cit.*, p. 1038.

324 Como afirma GALLEGO SÁNCHEZ, E., "Efectos específicos del concurso…", *op. cit.*, p. 809, no existe un contrato que instaure la prestación accesoria con independencia del contrato de sociedad.

325 Al respecto, VEIGA COPO, A., "Comentario al artículo 198", en AA.VV. *Comentario al Texto Refundido de la Ley Concursal,* T. I, VEIGA

título, pero el mismo se extinga, de manera que en el momento de la declaración de concurso ya no existe. Es decir, cuando la cesión del uso de la unidad alojativa ha llegado a su fin antes de la declaración de concurso. En tales casos, para que el concursado deje de poseer el bien, el precepto establece que el titular debe solicitar la separación del mismo. El trámite a seguir consistirá en el ejercicio de una acción de resolución para declarar extinguida la relación contractual que motivó la posesión del bien por parte del concursado[326]. Cuando se carezca de título, basta con reclamar a la administración concursal la restitución del bien[327].

Una cuestión a tener en cuenta es la obligación legal de reflejar en el inventario, en documento anejo, la existencia de una o varias unidades productivas. De haberla, deberán describirse los bienes y derechos de la masa activa que formen tal unidad productiva. Por esta vía, los derechos de uso que tiene el concursado y que pueden formar una unidad productiva, como analizaremos con mayor detenimiento en el siguiente epígrafe, deberán tener reflejo en el inventario.

COPO, A. (dir.), Civitas, Cizur Menor, 2021, p. 1151, señala que … *si la administración concursal considera que no procede la separación de un bien* (referido a un bien sobre el que el deudor tiene la posesión) *respecto de la masa activa, lo deberá incluir en el inventario y en tal caso se presume que formaba parte de la masa acta, por lo que el derecho de separación deberá ejercitarse por la vía judicial.*

326 *Vid.*, entre otros, VILLORIA RIVERA, I., "Capítulo 7. Masa activa", en AA.VV. *Memento Concursal,* VILLORA RIVERA, Í. y ENCISO ALONSO-MUÑUMER, M. (coords.), Francis Lefebvre, Madrid, 2022 (*consultado on line*) y VIERA GONZÁLEZ, J., "Comentario al art. 239", en AA.VV. *Comentarios al articulado del Texto Refundido de la Ley Concursal,* PEINADO GRACIA, J.I. y SANJUÁN Y MUÑOZ, E., T. II, Sepin, Madrid, 2020, p. 340.

327 *Vid.* FUENTES DEVESA, R., "Separación ex iure domini", en AA.VV. *Derecho concursal y preconcursal: texto refundido de la Ley Concursal tras la reforma por la Ley 16/2022, de 5 de septiembre,* T. I, GALLEGO SÁNCHEZ, E. (dir.), Tirant lo Blanch, Valencia, 2022, p. 1300.

Identificados los componentes de la masa activa y los elementos que constituyen el inventario, nacen unos deberes de conservación y, excepcionalmente en determinados casos, unos derechos de enajenación en aras de respetar el interés del concurso. Acto seguido deberá elaborarse la lista de los acreedores.

Centrándonos, en exclusiva, en lo que a nuestro estudio interesa, los créditos a destacar serán los surgidos en relación con la cesión de uso de la unidad alojativa. El propietario o socio-propietario del inmueble cuando disponga de un derecho de crédito frente al concursado y tras comunicarlo en el plazo concedido al efecto[328], podrá ver reconocido su crédito. No sólo se realizará el reconocimiento del crédito sino también se fijará la cuantía. En nuestro caso, los créditos que puedan nacer serán los relativos a la falta de abono de la remuneración acordada por el disfrute de las unidades alojativas por parte de la entidad concursada u otros vinculados a la realización de reformas, obras o pago de tributos y tasas que no correspondían al titular de la unidad alojativa y soportó. Aquí, a los efectos de la posterior clasificación del crédito, deberemos distinguir los casos en los que el acreedor sea un tercero ajeno a la sociedad y aquellos en los que se trata de un socio.

La clasificación determina el orden de satisfacción de los créditos. En general, los créditos nacidos de un incumplimiento del contrato de cesión de uso de la unidad alojativa por parte del deudor anterior al concurso se calificarán como ordinarios. En cambio, aquellos que tienen origen en la falta de remuneración de la prestación accesoria o en el contrato de cesión de uso que se haya suscrito con un socio de la entidad concursada que posea, al menos, el diez por ciento del capital social, tendrán la consideración de créditos subordinados con-

---

[328] Artículos 28.1.4º y 252 de la LC.

forme al artículo 283 de la LC[329]. El momento que fija el precepto citado en el que el socio debe ostentar tal posición debe coincidir con el nacimiento del derecho de crédito.

Sirvámonos de un ejemplo. Pueden darse situaciones en las que el socio pierda tal posición, de manera voluntaria o forzosa, y siga existiendo un crédito frente a la sociedad por la falta de pago de la prestación accesoria. En estos casos, en los que efectivamente podemos decir que se ha perdido la condición de socio[330], el nacimiento del crédito tiene lugar cuando el acreedor era socio, de manera que la deuda impagada por el uso que ha realizado de la unidad alojativa deberá considerarse como crédito subordinado. Cuando el socio no ostente una participación significativa, es decir, sea inferior al tipo mencionado, el tratamiento del crédito, entendemos, será como ordinario.

---

329 Como afirma MARÍN DE LA BÁRCENA, F., "Subordinación de créditos de socios y concurso de sociedades de capital", *Revista de Derecho Concursal y Paraconcursal*, núm. 12, 2010 (La Ley 36/2010), la LC no distingue qué tipo de crédito del socio debe subordinarse, de manera que lo harán todos con independencia de cuál sea su causa. Recientemente esta cuestión ha sido abordada en sendos pronunciamientos del Tribunal Supremo (sentencias núms. 46/2021, de 2 de febrero y 4/2021, de 15 de enero) en relación con la calificación del crédito que nace del ejercicio del derecho de separación del socio. Para calificar el derecho de reembolso del socio debe tenerse en cuenta el momento en que el mismo pierde su condición. Sin entrar en más detalles, este análisis pone de relieve que la consideración de un crédito como subordinado pivota sobre si el acreedor ostenta la posición de socio. Un análisis crítico de esta doctrina lo encontramos en ALCOVER GARAU, G., "Aproximación al tratamiento concursal del derecho de reembolso al socio separado (comentario a la sentencia del Tribunal Supremo 4/2021, de 15 de enero)", *La Ley mercantil*, núm. 77, 2021 (La Ley 2308/2021).

330 Siguiendo la doctrina jurisprudencial citada en la nota anterior, nos encontramos ante el supuesto en el que al socio se le ha reembolsado el valor de su parte de la sociedad, momento fijado en el que el socio pierde tal condición.

Encontramos una excepción al tratamiento de los créditos que acabamos de exponer y es la contenida en el artículo 280.1.7º de la LC. En virtud de la misma, el cincuenta por ciento del crédito del acreedor que hubiera instado la declaración de concurso tendrá la consideración de privilegiado general, salvo que su tratamiento sea el de crédito subordinado. Por tanto, aquellos acreedores que no ostenten la condición de socio ni puedan considerarse personas especialmente relacionadas con el deudor, verán convertido parte de su crédito en privilegiado general, manteniéndose la consideración de la otra parte como ordinario[331].

Estas cuestiones pueden resultar indicativas de qué tipo de organización del régimen de condohotel puede ser más interesante para el titular de la unidad alojativa. Si bien es cierto que el concurso de acreedores es una situación extrema que no siempre va a producirse.

Presentada la lista de acreedores y una vez solventadas las posibles impugnaciones, procede, a continuación, la presentación del informe de la administración concursal. Llegados a este punto del procedimiento nos encontramos con varias vías que ponen fin al procedimiento, sin perjuicio de que puedan tener lugar en cualquier momento del procedimiento concursal (arts. 337 y 315 de la LC). Nos referimos a los momentos del convenio y la liquidación.

No es nuestra tarea detenernos a analizar cada una de estas soluciones concursales, sino, como venimos haciendo, prestar atención sobre lo que consideramos más relevante en relación con nuestro trabajo. En estos casos, en lo que al convenio[332]

---

331 Cuando la solicitud la hayan presentado varios acreedores de manera conjunta, este privilegio se repartirá a prorrata entre sus créditos.

332 Para un análisis más exhaustivo sobre el régimen jurídico aplicable a la fase de convenio y su contenido, debiendo tomar en consideración las modificaciones introducidas por el Texto Refundido de la

concierne, el acreedor deberá tener en cuenta algunos extremos. En primer lugar, la eficacia del convenio se extiende tanto a los acreedores ordinarios como a los subordinados, con independencia de su adhesión al mismo o su voto en contra (art. 396 de la LC). Los acreedores subordinados ni siquiera pueden participar en la negociación y votación del convenio. En segundo lugar, los créditos se verán sometidos a importantes limitaciones, es decir, el importe adeudado puede sufrir alguna merma, ver aplazado el pago o ambas situaciones al mismo tiempo. Aquí, tanto ordinarios como subordinados pasan por idénticas limitaciones, con la excepción de que el cómputo del plazo de los subordinados se cuenta por tantos trimestres como años se haya aplazado el crédito ordinario, no empezando a computarse hasta que finalice el cumplimiento del convenio para estos últimos. Esto será así siempre que el tiempo comprendido entre el inicio del cumplimiento del convenio hasta el pago de los créditos subordinados no supere los diez años.

El contenido del convenio también puede tener una parte potestativa que consista, entre otros posibles pactos, en la enajenación de la o las unidades productivas de la entidad concursada[333].

Tras la aprobación judicial del convenio comenzará a ejecutarse el mismo y el concursado recuperará sus facultades de ad-

---

LC y por la reforma operada por la Ley 16/2022, de 5 de septiembre, véase: CAMPUZANO LAGUILLO, A.B., "El convenio concursal", *Cuadernos de Derecho y Comercio*, núm. extra., 2016, pp. 449-523; ALONSO LEDESMA, C., "El contenido del convenio", *Anuario de Derecho Concursal*, núm. 34, 2015 (consultado *on line*); MARTÍNEZ MELÓN, Mª D., *Las soluciones al concurso por vía de convenio*, Thomson Reuters, Cizur Menor, 2013; y MOLINA HERNÁNDEZ, C., *La gestión del convenio concursal*, Sepin, Madrid, 2023, entre otros.

333 Sobre el modo de proceder en los convenios que contiene la propuesta de enajenación de unidades productivas, *vid.* VÁZQUEZ CUETO, *J.C.*, *"La enajenación de la unidad productiva en el convenio de acreedores"*, *Revista de Derecho Mercantil*, núm. 301, 2016 (Bib 2016/85616).

ministración y de disposición sobre la masa activa[334], así como cesarán los administradores concursales nombrados. En esta situación, a la que en pocas ocasiones se llega[335], tras el cumpli-

---

334 El convenio, no obstante, puede contener medidas que limiten las facultades del concursado. *Vid.* CAMPUZANO LAGUILLO, A.B., "El convenio concursal", *op. cit.*, p. 503 y ss. Estas restricciones pueden pasar, como indica la autora, por el nombramiento de una comisión de acreedores que controlen y revisen los actos llevados a cabo por el concursado. De esta comisión creada *ad hoc* pueden formar parte algunos o todos los propietarios de unidades alojativas que tengan la consideración de acreedores concursales. Las competencias no se centran en fiscalizar la gestión empresarial en general sino en el correcto cumplimiento del convenio, lo que, inevitablemente, origina que realicen una supervisión de la gestión global de la actividad empresarial del concursado.

335 La mayoría de concursos en nuestro país finalizan con la liquidación del concursado. THERY MARTÍ, A., "Una segunda oportunidad para las unidades productivas", *Revista de Derecho Concursal y Paraconcursal*, núm. 33, 2020 (La Ley 9071/2020), debemos de tener en cuenta que decantarse por la liquidación empresarial *no es nada dramática,* el problema surge cuando atendiendo a las características del concurso concreto no se opta por la opción adecuada, produciendo los siguientes errores: *...se liquidan sociedades que deberían haberse reestructurado (error de tipo 1); se liquidan de manera fragmentada sociedades que deberían haberse liquidado de forma unitaria (error de tipo 2); y se reestructuran sociedades que deberían haberse liquidado (error de tipo 3).* Para hacer frente a estos errores, entendemos, nace el actual derecho concursal, al pretender evitar que *...empresas viables se liquiden y que empresas inviables sea reestructuradas...* BRENES CORTÉS, J., "La venta de unidades productivas como mecanismo de reestructuración empresarial. Incorporación del *prepack* en el Derecho proyectado español", en AA.VV. *La reestructuración como solución de las empresas viables,* DÍAZ MORENO, A. y LEÓN SANZ, F. (dirs.), Thomson Reuters Aranzadi, Cizur Menor, 2022, p. 444.

En este contexto resulta de intereses el análisis sobre el fracaso del convenio y su incumplimiento que realiza VAN HEMMEN, E.F., "La sociología de la liquidación concursal en la realidad española", en AA.VV. *La liquidación de la masa activa,* ROJO, Á., QUIJANO, J. y CAMPUZANO, A.B. (dirs.), Thonson Reuters Civitas, Cizur Menor, 2014, p. 48 y ss.

miento del convenio podrá darse por finalizado el concurso. En cambio, cuando el concursado tome consciencia de la imposibilidad de cumplir con los pagos comprometidos (art. 407 LC) o incumpla alguno de los pactos que contenga se abrirá la fase de liquidación (art. 409.1.5º LC) [336].

La liquidación, supone la realización del patrimonio del concursado en aras de satisfacer de manera ordenada el crédito de los acreedores. Los efectos que produce la apertura de la fase de liquidación coinciden con los previstos en la fase común, así lo expresa el artículo 411 de la LC, salvo algunos específicos. En relación con los efectos sobre los contratos se mantiene la aplicación de los artículos 156 y ss. de la LC.

Por su parte, la liquidación trae consigo la suspensión de las facultades de administración del concursado, si no lo estuvieran ya, y la disolución de la persona jurídica[337] sustituyendo a la administración social por la concursal.

Existen dos momentos bien diferenciados que tienen lugar en esa fase, de un lado la transformación en dinero del patrimonio del deudor y, de otro lado, el reparto entre los acreedores de los resultados obtenidos[338]. Las operaciones de

---

336 La fase de liquidación se inicia cuando no se presenta ninguna propuesta de convenio o de presentarse no se consiguen las adhesiones necesarias de los acreedores para ser aceptada, el juez no la apruebe, el convenio se declare nulo o se produzca su incumplimiento.

337 No es necesario el acuerdo de la junta general, el juez deberá hacerlo constar en la resolución de apertura de la fase de liquidación, en este momento del procedimiento se produce una disolución de pleno derecho (art. 361 LSC).
Sobre la disolución de la persona jurídica *vid.* MORALEJO MENÉNDEZ, I., "La disolución de la sociedad de capital en crisis tras la reforma del Texto Refundido de la Ley Concursal", *Revista de Derecho Mercantil*, núm. 330, 2023, (Bib 2023\3041).

338 PEINADO GRACIA, J.I., "Capítulo 11. Fase de liquidación", *op. cit.*, (consultado *on line*).

liquidación se encuentran sometidas al respeto de unas reglas especiales y generales supletorias contenidas en los artículos 415 y ss. de la LC. Entre ellas destaca la regla de conjunto (art. 422 LC) que favorece la enajenación de los establecimientos, explotaciones o cualesquiera otras unidades productivas como un todo[339]. Sin entrar a describir el procedimiento, pues se aleja de nuestro objeto de estudio[340], creemos conveniente, por último, referirnos a la extinción de la sociedad explotadora como consecuencia de la liquidación concursal y de la disolución, propiamente dicha.

En efecto, no se produce una extinción del régimen de condohotel, el mismo subsiste, pues se mantienen las características del inmueble, la división horizontal y el sometimiento a la actividad de alojamiento turístico. Sin embargo, cesa la explotación fruto de la liquidación de la sociedad. La conclusión del concurso trae consigo la extinción de la sociedad y, por ende, la resolución de los contratos que se hayan suscrito con los propietarios, así como, en el caso de existir socios-propietarios, la perdida de la condición de socio. Pero, en determinados supuestos, tras la fase de liquidación concursal la sociedad puede continuar con su actividad. Cuando se produzca un retraso en la disolución de la sociedad y se hayan satisfecho todos los créditos concursales, la sociedad podrá continuar la explotación del condohotel. Otra opción que evita un desenlace extintivo

---

339 *Vid.* FLAQUER RIUTORT, J., "La venta de unidad productiva…", *op. cit*, p. 107.

340 Con la finalidad de profundizar en estas cuestiones, *vid.* PEINADO GRACIA, J.I., "Capítulo 11. Fase de liquidación", *op. cit.* (consultado *on line*); CAMPUZANO LAGUILLO, A.B. y SANJUÁN Y MUÑOZ, E., *GPS Concursal*, Tirant lo Blanch, Valencia, 2022 (Tol 7269951); y FACHAL NOGUER, N., "Las operaciones de liquidación concursal", *Anuario de derecho concursal*, núm. 59, 2023, pp. 45-92.

consiste en la transmisión de la sociedad con el fin de que la actividad la continúe el tercero adquirente[341].

2.3.3 El condohotel como unidad productiva formada por contratos. Un apunte

Atendiendo a la definición que nos ofrece el artículo 200.2 de la LC, por unidad productiva debemos entender *el conjunto de medios organizados para el ejercicio de una actividad económica esencial o accesoria.* Ese conjunto puede estar formado tanto por medios materiales como personales pero no es necesario que concurran ambos. De manera que podemos encontrarnos con unidades productivas que no posean ninguna relación laboral en su configuración, bien porque se hayan resuelto todas las relaciones laborales o bien porque estas se encuentren asignadas a otras unidades en las que puede dividirse la empresa del concursado. La casuística es bastante amplia. Con independencia de qué elementos la formen, todos ellos deben estar bien definidos y concretados los derechos que van a ser objeto de transmisión conjunta como organización.

La redacción dada al precepto omite cualquier referencia a la necesidad de que el nuevo adquirente continúe con la actividad económica. Los tribunales y la doctrina[342], en reiteradas

---

341 Así lo pone de manifiesto BELTRÁN, E., "La liquidación de la sociedad y el concurso de acreedores", en AA.VV. *La liquidación de sociedades mercantiles,* ROJO, Á. y BELTRÁN, E. (dirs.), 3ª ed., Tirant lo Blanch, Valencia, 2016 (Tol 2084615). Añade el autor que, en el primer caso, para la continuidad de la sociedad deberá decidirse si se continua con la liquidación societaria habiendo concluido la fase concursal hasta la extinción o procede la reactivación. Y, en el segundo caso, *la sociedad deberá reactivarse.*

342 EDORTA, E., "La enajenación concursal de unidad productiva", *Anuario de Derecho Concursal,* núm. 43, 2018 (Bib 2017/43511). Señala que el requisito de la continuidad de la actividad no debemos inter-

ocasiones, han exigido este requisito para que se haga efectiva la transmisión de la unidad productiva dado que la ausencia de continuidad deja sin sentido la finalidad de esta solución.

Lo relevante en el seno del concurso es la posibilidad de enajenar el conjunto de la empresa o de una o varias unidades productivas, siempre que sea más conveniente para la satisfacción de los acreedores[343]. Es decir, si la venta individualizada de cada activo es más beneficiosa para la masa pasiva, esa será la solución por la que debe inclinarse la administración concursal. En cambio, si el valor de la unidad productiva es mayor, lo que consideramos que sucederá en la mayoría de casos como en el que nos ocupa, la solución debe pasar por esta vía.

Siguiendo las últimas reformas operadas por el legislador, la venta de la unidad productiva puede llevarse a cabo en cualquier momento del procedimiento concursal[344], incluso con la presentación de la solicitud de declaración de concurso (*pre-pack*)[345] o en la fase preconcursal mediante la elaboración de

---

pretarlo como propio del concepto de unidad productiva sino de la transmisión. Se trata de una obligación que asume el adquirente.

343 Esta relevancia se observa en la introducción de la posibilidad de transmitir las unidades productivas en el momento de liquidación de las microempresas. Sobre esta cuestión *vid.* SANJUÁN y MUÑÓZ, E., *Reestructuración y liquidación de… op. cit.*, p. 330.

344 Sobre los antecedentes de esta cuestión *vid.* ESCOLÀ BESORA, MªL., “La venta de la unidad productiva en nuestro ordenamiento”, en AA.VV. *La venta de la unidad productiva en sede concursal*, LLORET VILLOTA, J. y MARQUÉS VILALLONGA, J.Mª, (coords.), Bosch, Barcelona, 2022, p. 93 y ss.

345 La enajenación temprana evita la pérdida de valor de la masa activa del concursado. En este sentido, las novedades introducidas por las últimas reformas concursales permiten presentar planes liquidativos en la fase preconcursal consistentes en la transmisión de toda la empresa, *vid.* ALONSO HERNÁNDEZ, Á., “Los planes liquidativos: la transmisión del negocio con acuerdo de acreedores”, *Revista General*

planes de reestructuración liquidativos[346]. Los efectos que produce serán los mismos con independencia del momento en que se haya realizado[347].

En lo que aquí interesa la principal implicación legal que posee este procedimiento de transmisión es que el adquirente se subroga en los contratos que forman parte de la actividad económica de la unidad productiva que se transmite. La subrogación se produce de manera automática sin necesidad de consentimiento del acreedor en virtud del art. 222.1 LC. Esta afirmación debemos matizarla, pues el precepto se enmarca en la fase común, de manera que se aplica únicamente en el momento concursal correspondiente a la fase común, no en la fase preconcursal. La unidad productiva que se transmite con motivo de la ejecución de un plan de reestructuración deberá someterse a las normas generales. Por tanto, no operará una subrogación automática ya que, siguiendo lo establecido en el

---

de Insolvencias y Reestructuraciones, núm. 10, 2023, pp. 159-176; GALLEGO CÓRCOLES, A., "Solicitud de concurso con oferta de adquisición de unidades productivas y ventas "prepack" en la proyectada reforma concursal", *Revista de derecho bancario y bursátil*, núm. 166, 2022, pp. 51-84. La oferta contenida en dichos planes, no obstante, deberá pasar antes por un periodo de audiencia pública para que cualquier interesado pueda presentar una contraoferta (art. 224.2 bis LC). *Vid.* THERY MARTÍ, A., "Una segunda oportunidad…", *op. cit.*

346 Sobre las dos últimas cuestiones resulta especialmente ilustrativo el trabajo de ALONSO HERNÁNDEZ, Á., "La compraventa de negocios en crisis según la reforma: planes de reestructuración liquidativos vs. Prepack", *Actualidad jurídica Uría Menéndez*, núm. 58, 2022, pp. 127-158.

347 Tengamos en cuenta que las reglas generales deben ser exceptuadas por las específicas para el caso de microempresas, siguiendo lo establecido por el artículo 710 de la LC, *Vid.* SANJUÁN y MUÑÓZ, E., *Reestructuración y liquidación de…*, *op. cit.*, p. 351 y ss. y PÉREZ-BUSTOS MANZANEQUE, A., *La liquidación concursal tras la reforma…*, *op. cit.*, p. 121 y ss.

artículo 1205 del Cc, será necesario recabar el consentimiento de la contraparte[348].

En este sentido, se ha afirmado[349], ya en fase concursal, que la subrogación sin consentimiento operará solo en aquellos casos en los que los contratos sean esenciales para el desarrollo de la actividad empresarial. En el supuesto del condohotel los contratos de cesión de uso son un claro ejemplo de ello pues van unidos de manera inexorable a la explotación del establecimiento, sin unidades alojativas que ofertar no existe actividad[350]. Que no sea necesario el consentimiento tampoco impide a las partes la novación de los contratos o incluso una posterior negociación de los mismos, siempre que ambas estén de acuerdo. De no producirse cambios de mutuo acuerdo en el contenido, quedaran sometidos al contenido contractual que existía en origen, aun incluyendo condiciones que graven la posición del nuevo titular y beneficien a la contraparte[351].

---

348 FLAQUER RIUTORT, J., "La venta de unidad productiva…", *op. cit.*, p. 157.

349 RUBIO VICENTE, P. J., "Especialidades de la enajenación de Unidades Productivas en el nuevo Texto Refundido de la Ley Concursal", *Revista de Derecho Concursal y Paraconcursal*, 2020, núm. 33 (La Ley 9352/2020).

350 Sobre esta cuestión, es especialmente ilustrativa la sentencia de la AP de Málaga núm. 2/2021, de 8 de enero de 2021 (Tol8.471.662), en la que, tras la adjudicación de la unidad productiva formada, entre otros elementos, por diversos contratos de arrendamiento de unidades alojativas para explotación en régimen de condohotel a una mercantil, los nuevos propietarios-arrendadores manifiestan su deseo de no cumplir con los mismos. El Tribunal resuelve que los arrendadores deben …*mantener las mismas (fincas) en régimen de explotación hotelera, sometida al principio de unidad de explotación, debiendo estar y pasar por esta declaración…* La sentencia ha sido declarada firme por inadmisión del recurso de casación interpuesto por la entidad arrendataria, *vid.* Auto del TS de 21 de junio de 2023 (Tol9.626.594).

351 Recogemos el ejemplo que nos ofrece FLAQUER RIUTORT, J., "La venta de unidad productiva…", *op. cit.*, p. 120 sobre esta cuestión. El

En cuanto a las licencias o autorizaciones administrativas que afecten a la actividad propiamente dicha, como es el caso de la licencia turística y de apertura de establecimiento, el artículo 222.3 de la LC señala que el adquirente también se subrogará en ellas. El requisito para que se produzca dicha subrogación es que la actividad continúe en el mismo establecimiento, lo que de igual modo se produce en nuestro caso de estudio.

El adquirente no se subrogará en los créditos no satisfechos por el concursado, ya sean concursales o contra la masa, salvo que los asuma expresamente. Por tanto, si algún propietario tuviese un derecho de crédito frente al concursado y no lo ve satisfecho en el concurso no podrá reclamárselo a la entidad adjudicataria. En cambio, de producirse una sucesión de empresa[352], la nueva titular participará de la responsabilidad solidaria por los créditos de la Seguridad Social asociados a la unidad productiva pendientes de pago sobre los trabajadores pertenecientes a esa unidad productiva con el concursado. En relación con los créditos laborales, la norma solo permite que

---

autor menciona que si uno de los contratos en los que se subroga el adquirente consiste en un arrendamiento de local de negocio y el mismo contiene una estipulación que determina el incremento de la renta en un veinte por ciento si se produce la cesión del contrato, el nuevo arrendatario no podrá negarse a cumplir con dicha obligación. En este aspecto, menos predicamento posee el ejercicio del derecho de retracto o tanteo que reconoce el artículo 4.3 de la LAU. Como advierte GALLEGO CÓRCOLES, A., "Comentario al artículo 222", en AA.VV. *Comentario a la Ley Concursal*, PULGAR EZQUERRA, J. (dir.), T. II, La Ley, Madrid, 2023, p. 1247, el efecto que produce esos derechos sería contrario a la finalidad de la regla de cesión automática y forzosa presente en esta fase concursal.

352 Es evidente que cuando no haya trabajadores o la relación con estos se hayan extinguido, no habrá sucesión de empresa. EDORTA, E., "La enajenación concursal de…", *op. cit.*

el juez del concurso excluya la responsabilidad respecto de las deudas laborales cubiertas por el FOGASA[353].

La venta debe llevarse a cabo proporcionando seguridad jurídica a los futuros intervinientes. Con este fin, la LC contiene unas reglas generales a seguir para el procedimiento de transmisión de unidades productivas contenido en los artículos 215 y ss.[354]. Esas normas regulan los requisitos que deben observarse para tramitar la venta de la unidad productiva durante la fase de convenio; si la enajenación se pretende realizar en otra fase concursal o preconcursal, deberemos acudir a la normativa específica[355].

Con carácter general, salvo que el juez autorice la venta directa (art. 216 LC), la enajenación se realizará a través de subasta electrónica (art. 215 LC), lo que, en nuestra opinión, puede ralentizar el proceso.

La oferta que dé inicio a cualquiera de los procedimientos por el que se decante la administración concursal y autorice el juez deberá contener una información mínima. Entre ella, jun-

---

353 Especialmente crítico con la exigencia de responsabilidad solidaria se muestra AZOFRA VEGAS, F., "Enajenación de unidades productivas", *Actualidad Jurídica Uría Menéndez*, núm. 54, 2020, pp. 39-66. Así también, BRENES CORTÉS, J., "La venta de unidades productivas...", *op. cit.*, pp. 449 y 457, manifiesta que el legislador debería excluir la responsabilidad solidaria cuando la transmisión de empresa se produzca en cumplimiento de un plan de reestructuración homologado judicialmente.

354 Estas reglas se aplicarán con algunas excepciones en el caso del concurso de microempresas. *Vid.* PÉREZ-BUSTOS MANZANEQUE, A., *La liquidación concursal tras la reforma...*, *op. cit.*, p. 83 y ss.

355 Sobre las especialidades de cada momento *vid.* TEJERO ALDOMAR, J.F., "La venta de unidad productiva en el concurso de acreedores", en AA.VV. *Reestructuraciones e Insolvencia*, ZUBIZARRETA URCELAY, V. y AZNAR GINER, E. (coords.), Tirant lo Blanch, Valencia, 2023 (Tol 9.421.908)

to con la identificación del oferente habrá que determinar los bienes, derechos, contratos y licencias o autorizaciones que formen parte de la misma[356] y la valoración que le corresponda[357].

Las competencias para la aprobación y adjudicación de la transmisión recaen sobre el Juez del concurso. Mediante Auto declarará aprobada la oferta que más se adecue a las circunstancias del concurso y confirmará la enajenación de la unidad

---

356 Existe un amplio debate doctrinal sobre quien debe definir el perímetro de la unidad productiva como recuerda TEJERO ALDOMAR, J.F., "La venta de unidad productiva...", *op. cit.* Lo adecuado sería que la configurase la administración concursal y la propuesta que contenga tal delimitación fuera aprobada por el juez. FLAQUER RIUTORT, J., "La venta de unidad productiva...", *op. cit.*, p. 113 pone de manifiesto que la norma permite que existan ofertas heterogéneas de manera que cada postor selecciona los bienes y/o derechos que forman parte de la unidad productiva siempre debiendo respetar que esta mantenga su funcionalidad.

357 En cuanto a la valoración, habrá que tener en cuenta que en el inventario de la masa no aparece el valor de la unidad productiva sino de cada uno de los bienes y derechos que la forman. *Vid.* GARCÍA-CHAMÓN CERVERA, E., "Las especialidades de la transmisión de unidades productivas en la fase común o en la fase de liquidación", *Anuario de Derecho Concursal*, núm. 34, 2015 (Bib 2014/3836). Además, para fijar el valor, no solo se tendrá en cuenta la mejor satisfacción de los acreedores, sino también otros criterios relativos a la continuidad de la empresa en su conjunto y, de existir, el mantenimiento de las relaciones laborales, *vid.* ESCOLÀ BESORA, Mª L., "La venta de la unidad productiva...", *op. cit.*, p. 127. Los extremos mencionados son de suma importancia pues el Juez puede optar por una oferta más económica si ello es más conveniente para los intereses generales del concurso, FLAQUER RIUTORT, J., "La venta de unidad productiva...", *op. cit.*, p. 114.

En la fase preconcursal, como novedad introducida por la Ley 16/2022, se podrá solicitar al juez del concurso el nombramiento de un experto independiente para recabar ofertas de adquisición de la unidad productiva. Sobre esta cuestión, *vid.* BRENES CORTÉS, J., "La venta de unidades productivas...", *op. cit.*, p. 480 y ss.

productiva, aunque, no siempre declarará la adjudicación de la misma[358]. Ese trámite deberán realizarlo las partes en documento privado, preferiblemente ante fedatario público, y, tras ese trámite, dar cuenta al juzgado. Este documento suele celebrarse aun habiendo realizado el juez la adjudicación pues permite detallar ampliamente las condiciones de la enajenación e identificar qué elementos son los que se transmiten con el fin de evitar futuras controversias.

En este sentido, constarán los créditos que asume la parte compradora, generalmente los laborales, ya mencionados, y otros de naturaleza distinta según lo acordado. Estos últimos consistirán, por ejemplo, en los créditos contra la masa que estén pendientes de abono. En relación con los gastos que genera la transmisión de la unidad productiva es habitual que los soporte el adjudicatario para evitar perjudicar el montante restante de masa activa del concursado.

En cuanto a la enumeración detallada de los bienes y derechos que forman parte de la unidad productiva, en el caso del condohotel, habrá que identificar las instalaciones, equipamientos y enseres, así como cualquier suministro que constituya la actividad empresarial. Para ello es recomendable realizar un inventario de los bienes y mobiliario que se encuentran en cada una de las instalaciones.

Los contratos de explotación, por su parte, también se transmitirán, pasando a subrogarse el adjudicatario en la posición del concursado. La administración concursal o el propio concursado, según se encuentren sus facultades patrimoniales, a lo largo del procedimiento concursal podrán haber renovado o modificado estos contratos con el fin de continuar con la

---

358 ESCOLÀ BESORA, MªL., "La venta de la unidad productiva…", *op. cit.*, p. 128.

explotación hotelera. El adjudicatario los recibe en el estado de ejecución que corresponda a cada uno de ellos.

Entre los bienes y derechos a transmitir podemos encontrar las cuentas corrientes bancarias y los productos financieros que puedan formar parte de la unidad productiva, vinculados todos ellos a la actividad empresarial. Además, se hará constar la existencia de las licencias turísticas de las que disponga, así como otras para la continuación de la actividad. En este último aspecto, deberán realizarse los trámites administrativos oportunos para el cambio del titular que hasta el momento constaba como explotador.

Una vez realizadas las actuaciones enunciadas se tendrá por transmitida la unidad productiva consistente en el condohotel y la entidad adjudicataria podrá continuar o reiniciar, según el caso, la actividad del mismo libre de cargas y gravámenes.

Bibliografía consultada

AALBERS, M.B., *The Financialization of Housing: A Political Economy Approach,* Routledge, London, 2016.

ADAN DOMENECH, F., "La venta extrajudicial del bien inmueble hipotecado", *Cuadernos de Derecho y comercio,* núm. 67, 2017, pp. 83-134.

AGNES DEFRANCO, Y. K., PIYUSH, P. y BENJAMIN, L., "Inclusion of Condominium Units in Luxury Hotels as a Diversification Strategy: Property Performance Perspective", *Cornell Hospitality Qarterly,* núm. 63, 2022, pp. 4-135.

ALCALÁ DÍAZ, MªA., "Viejos y nuevos perfiles del derecho al dividendo", en AA.VV. *Derecho de Sociedades. Los derechos del socio,* GONZÁLEZ FERNÁNDEZ, MªB. *et al.* (dir.), Tirant lo Blanch, Valencia, 2020, pp. 243-266.

ALCOVER GARAU, G., "La compraventa de bienes inmueble entre empresarios. Comentario crítico a la STS 482/2021, de 5 de julio", *La Ley Mercantil,* núm. 85, 2021 (La Ley 12617/2021).

– "Aproximación al tratamiento concursal del derecho de reembolso al socio separado (comentario a la sentencia del Tribunal Supremo 4/2021, de 15 de enero)", *La Ley mercantil,* núm. 77, 2021 (La Ley 2308/2021)

– "Aproximación al régimen jurídico del contrato de gestión hotelera", *Revista de Derecho Mercantil,* núm. 237, 2000, pp. 1003-1025.

ALFARO ÁGUILA-REAL, J., *La persona jurídica,* Comares, Granada, 2023.

– "Artículo 204. Acuerdos impugnables", en AA.VV. *Comentario a la reforma del Régimen de las Sociedades de Capital en materia de Gobierno Corporativo (Ley 31/2014): sociedades no cotizadas,* JUSTE MENCÍA, J. (coord.), Thomson Reuters Civitas, Cizur Menor, 2015, pp. 156-217.

– "Prestaciones accesorias", en AA.VV. *El patrimonio familiar, profesional y empresarial: sus protocolos,* GARRIDO MELERO, M. y FUGARDO ESTIVILL, J.Mª (coords.), Bosch, Barcelona, 2005, pp. 433-479.

– "Cláusulas abusivas, cláusulas predispuestas y condiciones generales", *Anuario jurídico de La Rioja,* núm. 4, 1998, pp. 53-70.

ALONSO HERNÁNDEZ, Á., "Los planes liquidativos: la transmisión del negocio con acuerdo de acreedores", *Revista General de Insolvencias y Reestructuraciones,* núm. 10, 2023, pp. 159-176.

– "La compraventa de negocios en crisis según la reforma: planes de reestructuración liquidativos vs. Prepack", *Actualidad jurídica Uría Menéndez,* núm. 58, 2022, pp. 127-158.

ALONSO LEDESMA, C., "Comentario al artículo 283", en AA.VV. *Comentarios al articulado del Texto Refundido de la Ley Concursal*, PEINADO GRACIA, J.I. y SANJUÁN Y MUÑOZ, E. (dirs.), T. II, Sepin, Madrid, 2020, pp. 617-628.

– "El contenido del convenio", *Anuario de Derecho Concursal*, núm. 34, 2015 (consultado *on line*).

ALONSO-LAMBERTI, P., "«Branded Residences», las comodidades de un hogar convencional con el lujo de un gran hotel", *El Economista*, 7 de febrero de 2023, disponible en: https://www.eleconomista.es/legal/noticias/12138684/02/23/Branded-Residences-las-comodidades-de-un-hogar-convencional-con-el-lujo-de-un-gran-hotel.html.

ÁLVAREZ ROYO-VILLANOVA, S., "La ejecución hipotecaria extrajudicial: problemas prácticas y propuestas de reforma", en AA.VV. *La venta extrajudicial de bien hipotecado*, NÚÑEZ IGLESIAS, Á. (coord.), Comares, Granada, 2012, pp. 73-102.

ARANGUREN URRIZA, F.J., "La prestación accesoria como instrumento de financiación interna en sociedades de capital", *Academia Sevillana del Notariado*, núm. 14, 2006, pp. 73-102.

ARPIO SANTACRUZ, J., "La falta de personalidad jurídica en Sociedades y Comunidades de Bienes", en AA.VV. *Comunidad de bienes y sociedad civil*, PARRA LUCAN, Á. (dir.), Valencia, Tirant lo Blanch, 2016, pp. 178-224.

ATANÁSIO, J., "Empreendimentos turísticos em propriedade plural", en AA.VV. *Turismo e hospitalidade de A a Z*, CORREIA, A. y RODRIGUES, Á. (eds.), Actual, Lisboa, 2020, pp. 130-135.

ATAZ LÓPEZ, J., "Comentario al artículo 36", en AA.VV. *Comentarios a la Ley de Arrendamientos Urbanos*, BERCOVITZ RODRÍGUEZ-CANO, R. (coord.), Aranzadi, Cizur Menor, 2020, pp. 1023-1052.

AZOFRA., F., "Las cláusulas ipso facto y la posibilidad de denuncia unilateral del contrato en escenarios preconcursales y concursales", *Anuario de Derecho Concursal*, núm. 55, 2022 (Bib 2021\5513).

– "Enajenación de unidades productivas", *Actualidad Jurídica Uría Menéndez*, núm. 54, 2020, pp. 39-66.

BELTRÁN, E., "La liquidación de la sociedad y el concurso de acreedores", en AA.VV. *La liquidación de sociedades mercantiles*, ROJO, Á. y BELTRÁN, E. (dirs.), 3ª ed., Tirant lo Blanch, Valencia, 2016 (Tol 2084615).

BENAVIDES VELASCO, P.G., "Estrategias regulatorias para abordar los problemas de explotación de las viviendas turísticas ofertadas a través de plataformas colaborativas", en AA.VV., *Las viviendas vacacionales:*

entre la economía colaborativa y la actividad mercantil, GONZÁLEZ CABRERA, I. (dir.), Dykinson, Madrid, 2019, pp. 117-144.

– "La propuesta de Directiva sobre protección de los consumidores de aprovechamiento por turno de bienes de uso turístico y su incidencia en el ordenamiento jurídico español", *Revista Aragonesa de Administración Pública*, núm. 31, 2007, pp. 313-342.

BERCOVITZ RODRÍGUEZ-CANO, R., "Introducción al Derecho de contratos", en AA.VV. *Tratado de contratos*, BERCOVITZ RODRÍGUEZ-CANO, R. (coord.), Tirant lo Blanch, Valencia, 2020, pp. 107-140.

BERENGUER ALBALADEJO, MªC., "Acuerdos comunitarios para regular el ejercicio del arrendamiento turístico de viviendas: exégesis del art. 17.12 LPH", en AA.VV. *El alojamiento colaborativo. Problemática jurídica actual de las viviendas de uso turístico*, LÓPEZ SÁNCHEZ, C. (coord.), Dykinson, Madrid, 2021, pp. 153-219.

BERNES, A., "Il condhotel. Un itinerario fra proprietà e contratto", en AA.VV. *A 50 anni dalla Introduzione allá problemática della proprietà*, CARAPEZZA FIGLIA, G., FREZZA, G. y VIRGADAMO, P. (dirs.), Edizioni Scientifiche Italiane, Nápoles, 2021 (consultado *on line*).

BERROCAL LANZAROT, A.I., "Capítulo II: La organización de la empresa familiar: comunidad de bienes, sociedad civil y cuentas en participación", *Cuadernos de Derecho y Comercio*, núm. extra. 2017, pp. 53-188.

BLANCO SÁNCHEZ, MªJ., *El deber de información en la contratación de instrumentos financieros*, Thomson Reuters Aranzadi, Cizur Menor, 2021.

BRENES CORTÉS, J., "La venta de unidades productivas como mecanismo de reestructuración empresarial. Incorporación del *prepack* en el Derecho proyectado español", en AA.VV. *La reestructuración como solución de las empresas viables*, DÍAZ MORENO, A. y LEÓN SANZ, F. (dirs.), Thomson Reuters Aranzadi, Cizur Menor, 2022, pp. 435-502.

– *El nuevo régimen jurídico del Derecho de separación en el caso de falta de distribución de dividendos*, Comares, Granada, 2019.

BONARDELL LENZANO, R. y CABANAS TREJO, R., "Art. 21. Responsabilidad de la realidad y valoración de las aportaciones no dinerarias", en AA.VV. *Comentarios a la Ley de Sociedades de Responsabilidad Limitada*, ARROYO, I. y EMBID, J.M. (coords.), Tecnos, Madrid, 1997, pp. 253-260.

CAAMAÑO RODRÍGUEZ, F., "Comentario al artículo 657", en AA.VV. *Comentario a la Ley Concursal*, PULGAR EZQUERRA, J. (dir.), T. II, La Ley, Madrid, 2023, pp. 1356-1359.

CABEZUELO ARENAS, A.L., "Edificios sometidos a propiedad horizontal y arriendo turístico de pisos: tres vías de prevención y/o defensa de la Comunidad frente a una actividad potencialmente molesta", *Revista Aranzadi Doctrinal,* núm. 5, 2018 (Bib 2018/8562).

CALVO D., *La ejecución hipotecaria: problemática registral y procesal,* Bosch, Barcelona, 2016.

CAMPUZANO LAGUILLO, A.B., "Los estados de insolvencia", *Anuario de derecho concursal,* núm. 58, 2023 (consultado *on line*).

– "El convenio concursal", *Cuadernos de Derecho y Comercio,* núm. extra., 2016, pp. 449-523.

CAMPUZANO LAGUILLO, A.B. y SANJUÁN Y MUÑOZ, E., *GPS Concursal,* Tirant lo Blanch, Valencia, 2022 (Tol 7269951).

CAPILLA RONCERO, F., *La sociedad civil,* Publicaciones del Real Colegio de España en Bolonia, 1984.

CARRASCO PERERA, Á., "Tipos contractuales y modos de elusión en el sistema español de multipropiedad", *Revista CESCO de Derecho de Consumo,* núm. 3, 2012, pp. 44-58.

CARRASCO PERERA, Á. y CORDERO LOBATO, E., "El espurio control de transparencia sobre condiciones generales de la contratación", *Revista CESCO de Derecho de Consumo,* núm. 7, 2013, pp. 164-183.

CARRIÓN GARCÍA DE PARADA, P., "La responsabilidad por las aportaciones no dinerarias", en AA.VV. *Tratado de Sociedades de Capital: comentario judicial, notarial, registral y doctrinal de la Ley de sociedades de capital,* PRENDES CARRIL, P., MARTÍNEZ-ECHEVARRÍA Y GARCÍA DE DUEÑAS, A. y CÁBANAS TREJO, R. (dirs.), T. I., Aranzadi, Cizur Menor, 2017.

CIFREDO ORTÍZ, P., "Resolución judicial en interés del concurso de un contrato de gestión hotelera suspendido (Comentario de la sentencia 105/2023, del Juzgado de lo Mercantil núm. 11 de Barcelona)", *Anuario de Derecho Concursal,* núm. 62, 2024 (en prensa, ha sido facilitado por la autora).

– "Los contratos en la reestructuración preventiva", en AA.VV. La reestructuración como solución de las empresas viables, DÍAZ MORENO, A. y LEÓN SANZ, F. (dirs.), Thomson Reuters Aranzadi, Cizur Menor, 2022, pp. 271-294.

CLEMENTE MEORO, M.E., "Sobre el momento en que ha de ser de buena fe el tercero hipotecario", en AA.VV. *Estudios de Derecho Inmobiliario Registral en Homenaje al Profesor Celestino Cano Tello,* CLEMENTE MEORO, M.E. (coord.), Tirant lo Blanch, Valencia, 2002, pp. 139-164.

DE VIVERO DE PORRAS, C., "La resolución de contratos con obligaciones recíprocas pendientes de cumplimiento en interés de la reestructuración", en AA.VV. *Planes de reestructuración y clausulas ipso facto*, CAMPUZANO, A.B. y SANJUÁN Y MUÑÓZ, E. (dirs.), Tirant lo Blanch, Valencia, 2022, pp. 121-164.

– "Instrumentos financieros, fondos de inversión y derivados", en AA.VV., *Situación, tendencias y retos del sistema financiero*, Thomson Reuters Aranzadi, Cizur Menor, 2022, pp. 143-191.

DELGADO TRUYOLS, Á., "Los Condohoteles en España: una nueva forma de propiedad", *Práctica jurídica*, núm. 58, 2014, disponible en: https://www.elnotario.es/practica-juridica/3899-los-condohoteles-en-espana-una-nueva-forma-de-propiedad.

DÍEZ-PICAZO, L., *Fundamentos de Derecho Civil Patrimonial*, T. III, 5ª ed., Thomson Reuters, Cizur Menor, 2008.

DOMÍNGUEZ LUELMO, A. "Comentario al artículo 140", en AA.VV. *Comentarios a la Ley Hipotecaria*, DOMÍNGUEZ LUELMO, A. (dir.), Aranzadi, Cizur Menor, 2019, p. 1449-1452.

ECHEVARRÍA SUMMERS, F.M., "Comentario al art. 6", en AA.VV. *Comentarios a la Ley de Propiedad Horizontal*, BERCOVITZ RODRÍGUEZ-CANO, R. (coord.), Thomson Reuters Aranzadi, Cizur Menor, 2020, pp. 329-346.

EDORTA, E., "La enajenación concursal de unidad productiva", *Anuario de Derecho Concursal*, núm. 43, 2018 (Bib 2017/43511).

EMBID IRUJO, J.M., "La delimitación del grupo de sociedades en el Texto Refundido de la Ley concursal tras la reforma por la Ley 16/2022", *Revista General de Insolvencias & Reestructuraciones*, núm. 9, 2023, pp. 15-35.

EMPARANZA SOBEJANO, A., "Noción, contenido e incumplimiento de las prestaciones accesorias", en AA.VV. *Derecho de Sociedades, Concursal y de los Mercados Financieros*, CAÑABATE POZO, R. *et al.* (coords.), Sepin, Madrid, 2022, pp. 201-212.

– "Artículo 60. Título de la aportación", en AA.VV. *Comentarios de la Ley de Sociedades de Capital*, GARCÍA-CRUCES GONZÁLEZ, J.A. y SANCHO GARGALLO, I. (dirs.), Tirant lo Blanch, Valencia, 2021, pp. 997-1002.

– "Artículo 63. Aportaciones no dinerarias", en AA.VV. *Comentarios de la Ley de Sociedades de Capital*, GARCÍA-CRUCES GONZÁLEZ, J.A. y SANCHO GARGALLO, I. (dirs.), Tirant lo Blanch, Valencia, 2021, pp. 1017-1022.

– "Artículo 86. Carácter estatutario", en AA.VV. *Comentarios de la Ley de Sociedades de Capital,* GARCÍA-CRUCES GONZÁLEZ, J.A. y SANCHO GARGALLO, I. (dirs.), Valencia, Tirant lo Blanch, 2021, pp. 1219-1230.

– "Artículo 87. Prestaciones accesorias retribuidas", en AA.VV. *Comentarios de la Ley de Sociedades de Capital,* GARCÍA-CRUCES GONZÁLEZ, J.A. y SANCHO GARGALLO, I. (dirs.), Tirant lo Blanch, Valencia, 2021, pp. 1231-1236.

– "Artículo 88. Transmisión de participaciones o de acciones con prestación accesoria", en AA.VV. *Comentarios de la Ley de Sociedades de Capital,* GARCÍA-CRUCES GONZÁLEZ, J.A. y SANCHO GARGALLO, I. (dirs.), Tirant lo Blanch, Valencia, 2021, pp. 1237-1245.

– "Artículo 89. Modificación de la obligación de realizar prestaciones accesorias", en AA.VV. *Comentarios de la Ley de Sociedades de Capital,* GARCÍA-CRUCES GONZÁLEZ, J.A. y SANCHO GARGALLO, I. (dirs.), Tirant lo Blanch, Valencia, 2021, pp. 1247-1256.

ESCOLÀ BESORA, MªL., "La venta de la unidad productiva en nuestro ordenamiento", en AA.VV. *La venta de la unidad productiva en sede concursal,* LLORET VILLOTA, J. y MARQUÉS VILALLONGA, J.Mª, (coords.), Bosch, Barcelona, 2022, pp. 87-144.

FACHAL NOGUER, N., "Las operaciones de liquidación concursal", *Anuario de derecho concursal,* núm. 59, 2023, pp. 45-92.

FARRANDO, I., "Impugnación de acuerdos sociales negativos", en AA.VV. *Estudios de derecho de sociedades y de derecho concursal,* PEÑAS MOYANO, M.J. (coord.), Universidad de Valladolid, 2023, pp. 287-297.

FERNÁNDEZ DEL POZO, L., "El «enforcement» societario y registral de los pactos parasociales. La oponibilidad de lo pactado en protocolo familiar publicado", *Revista de Derecho de Sociedades,* núm. 29, 2007 (Bib 2007/2027).

FERNÁNDEZ FERNÁNDEZ, I., *Aportaciones no dinerarias en la Sociedad Anónima,* Aranzadi, Navarra, 1997.

FERNÁNDEZ PÉREZ, N., "Presupuestos y efectos de la apertura del procedimiento concursal especial de las microempresas", en AA.VV. *Estudios de derecho de sociedades y de derecho concursal,* PEÑAS MOYANO, M.J. (coord.), Universidad de Valladolid, 2023, pp. 299-309.

– "Las viviendas vacacionales: ¿entre la economía colaborativa y la actividad mercantil? Una reflexión desde el prisma del derecho mercantil, en AA.VV. *Las viviendas vacacionales: entre la economía co-*

laborativa y la actividad mercantil, GONZÁLEZ CABRERA, I. (dir.), Dykinson, Madrid, 2019, pp. 71-98

– *El alojamiento colaborativo,* Tirant lo Blanch, Valencia, 2018.

FLAQUER RIUTORT, J., "La venta de unidad productiva de la empresa en crisis", *InDret,* núm. 3, 2023, pp. 101-167.

FRANCH FLUXÀ, J., "Restricciones a la libertad de empresa y el mercado en la normativa urbanística aplicable a las viviendas vacacionales", *Estudios de Deusto,* núm. 69, 2021, pp. 43-76.

FUENTES DEVESA, R., "Separación *ex iure domini*", en AA.VV. *Derecho concursal y preconcursal: texto refundido de la Ley Concursal tras la reforma por la Ley 16/2022, de 5 de septiembre,* T. I, GALLEGO SÁNCHEZ, E. (dir.), Tirant lo Blanch, Valencia, 2022, pp. 1295-1303.

– "Art. 363. Causas de disolución", en AA.VV. *Comentario de la Ley de Sociedades de Capital,* GARCÍA-CRUCES, A. y SANCHO GARGALLO, I. (dirs.), Tirant lo Blanch, Valencia, 2021.

FUENTES-LOJO RIUS, A., "Últimas novedades sobre acuerdos comunitarios prohibitivos de viviendas de uso turístico y de otras modalidades de alojamiento turístico. Comentario a la RDGSJFP de 16 de junio de 2020", *Revista crítica de derecho inmobiliario,* núm. 783, 2020, pp. 536-554.

– "Las normas comunitarias que regulen la actividad turística que se desarrolle en elementos privativos del inmueble ¿son normas de naturaleza estatutaria o son normas relativas al reglamento de régimen interior de la comunidad?", *Actualidad Civil,* núm. 7-8, 2018 (La Ley 7839/2018).

GADEA SOLER, E., "El procedimiento especial para la insolvencia de las microempresas", en AA.VV. *De Iure Mercatus. Libro Homenaje al Prof. Dr. h. c. Alberto Bercovitz Rodríguez-Cano,* GARCÍA-CRUCES, J.A. (coord.), Tirant lo Blanch, Valencia, 2023, pp. 4169-4214.

GALLEGO CÓRCOLES, A., "Comentario al artículo 222", en AA.VV. *Comentario a la Ley Concursa*l, PULGAR EZQUERRA, J. (dir.), T. II, La Ley, Madrid, 2023, pp. 1243-1253.

– "Solicitud de concurso con oferta de adquisición de unidades productivas y ventas "prepack" en la proyectada reforma concursal", *Revista de derecho bancario y bursátil,* núm. 166, 2022, pp. 51-84.

GALLEGO SÁNCHEZ, E., "Efectos específicos del concurso sobre la persona jurídica", en AA.VV. *Derecho concursal y preconcursal: texto refundido de la Ley Concursal tras la reforma por la Ley 16/2022, de 5 de septiembre,* T. I, GALLEGO SÁNCHEZ, E. (dir.), Tirant lo Blanch, Valencia, 2022, pp. 745-849.

– "Capítulo 62. Supuestos anómalos de aportaciones sociales. Aportaciones "a non domino", de bienes futuros y de uso", en AA.VV. *Estudios sobre órganos de las sociedades de capital: liber amicorum, Fernando Rodríguez Artigas, Gaudencio Esteban Velasco,* JUSTE MENCÍA, J. y ESPÍN GUTIÉRREZ, C. (coords.), T. 2, Aranzadi, Cizur Menor, 2017, pp. 683-710.

– "Artículo 64. Aportaciones de bienes muebles e inmuebles", AA.VV. *Comentarios de la Ley de Sociedades de Capital,* T. I., ROJO FERNÁNDEZ RÍO, Á. y BELTRÁN SÁNCHEZ, E. (coords.), Thomson Reuters-Civitas, Cizur Menor, 2011, pp. 601-615.

GARCÍA CABRERA, A. *et al.*, "Covid-19 y turismo en España: impacto actual y disyuntivas futuras", *Economistas,* núm. extra 172-173, 2021, pp. 207-215.

GARCÍA GARCÍA, A., *Destino y uso de los bienes inmuebles. Régimen sustantivo y registral,* Thomson Reuters Aranzadi, Cizur Menor, 2019.

GARCÍA MÁS, F.J., "Aprovechamiento por turno: evolución normativa y novedades de la Ley 4/2012. Especial referencia a la práctica notarial y registral", *Revista CESCO de Derecho de Consumo,* núm. 3, 2012.

GARCÍA RUÍZ DE HUIDOBRO, A., "El objeto de la inscripción", en AA.VV. *Tratado de Derecho Inmobiliario Registral,* DEL RAY BARBA, S. y ESPEJO LERDO DE TEJADA, M. (dirs.), Tirant lo Blanch, Valencia, 2021, pp. 297-332.

GARCÍA-CHAMÓN CERVERA, E., "Las especialidades de la transmisión de unidades productivas en la fase común o en la fase de liquidación", *Anuario de Derecho Concursal,* núm. 34, 2015 (Bib 2014/3836).

GARRIDO DE PALMA, V., "La causa del contrato de sociedad y su continuada influencia: la separación y la exclusión de socios", en AA.VV. *El derecho de separación y la exclusión de socios en las sociedades de capital,* GONZÁLEZ FERNÁNDEZ, MªB. (dir.), T.I, Tirant lo Blanch, Valencia, 2023, pp. 53-158.

GARRIGUES, J., "Teoría General de las Sociedades Mercantiles", *Revista de Derecho Mercantil,* núm. 132, 1974 (Bib 1974/93).

– "Estudios sobre el contrato de compraventa mercantil", *Revista de Derecho Mercantil,* núm. 78, 1961 (Bib 1961/6).

GARROTE FERNÁNDEZ-DÍEZ, I., "La comunidad de bienes de origen negocial", en AA.VV. *Tratado de contratos,* Bercovitz Rodríguez-Cano, R. (coord.), Tirant lo Blanch, Valencia, 2020, pp. 3610-3632.

GIRÓN TENA, J., "Los conceptos y tipos de sociedades de los códigos civil y de comercio y sus relaciones", en AA.VV. *Centenario de la Ley del Notariado,* Vol. IV, Instituto Editorial Reus, Madrid, 1963, pp. 1-96.

GÓMEZ-FERRER SAPIÑA, R., *La responsabilidad del presidente de la comunidad de propietarios*, Colegios notariales de España, Madrid, 2003.

GONZÁLEZ CABRERA, I., "Principio de unidad de explotación y su incidencia en viviendas turísticas. El uso mixto de complejos extra hoteleros", en AA.VV. *Turismo post-covid-19. El turismo después de la pandemia global. Análisis, perspectivas y vías de recuperación*, BAUZÁ MORTORELL, F.J. y MELGOSA ARCOS, F.J. (dirs.), Universidad de Salamanca, 2020, pp. 233-255.

– "La protección del inversor: el contrato de condohotel", en AA.VV. *La protección de los consumidores en tiempos de cambio*, MIRANDA SERRANO, L., PAGADOR LÓPEZ, J. y PINO ABAD, M., (coords.), Iustel, Madrid, 2015, pp. 409-422.

– "Los principios de unidad de explotación y de uso exclusivo turístico, requisitos favorecedores para la explotación del establecimiento alojativo en régimen de condohotel", *I Foro Internacional de Turismo*, Universidad de Las Palmas de Gran Canaria, 2013, pp. 777-801.

– "Aproximación al régimen jurídico del condohotel", *Revista de Derecho Mercantil*, núm. 286, 2012, pp. 63-92.

GONZÁLEZ FERNÁNDEZ, MªB., "Separación e impugnación en el artículo 348 bis de la Ley de Sociedades de Capital: ¿acciones compatibles?", *Revista de Derecho Mercantil*, núm. 319, 2021 (Bib 2021\81).

– "Sobre la posibilidad de impugnar los acuerdos negativos de la junta general", en AA.VV. *Derecho de sociedades: cuestiones sobre órganos sociales*, GONZÁLEZ FERNÁNDEZ, MªB. *et al.* (dir.), Tirant lo Blanch, Valencia, 2019, pp. 1369-1395.

– "Economía Colaborativa, Competencia y Viviendas Turísticas: Buscando el equilibrio", en AA.VV. *Las viviendas vacacionales: Entre la economía colaborativa y la actividad mercantil*, GONZÁLEZ CABRERA, I. (dir.), Dykinson, Madrid, 2019, pp. 193-205.

– "La realidad de las viviendas privadas de uso turístico. Economía colaborativa o digital. Problemas legislativos", en AA.VV. *New Policies and Practices for European Sharing Cities*, ALVISI, C. *et al.* (eds.), Bologna, Dipartimento di Scienze politiche e sociali, Università di Bologna, 2019, pp. 356-374.

– "Alojamiento y Viviendas de uso turístico", en AA.VV. *Economía Colaborativa, Cuadernos de Derecho para ingenieros X, Cuaderno 46*, ESCUDERO GALLEGO, R. y MARTÍNEZ GARRIDO, S. (dirs.), Madrid, Wolters Kluwer, 2018, pp. 151-167.

GONZÁLVEZ PEQUEÑO, H., "Rememorando el *big bang* de las viviendas turísticas y la moderada administrativización del contrato de arrendamiento turístico de la vivienda", en AA.VV. *Desregulación y regulación de la economía colaborativa en la actividad turística y las actividades con incidencia turística,* GONZÁLVEZ PEQUEÑO, H. y BUENO ARMIJO, AMª (dirs.), Thomson Reuters Aranzadi, Cizur Menor, 2023, pp. 43-69.

GOÑI RODRÍGUEZ DE ALMEIDA, M., "Buena fe en Derecho inmobiliario registral", *Revista Crítica de Derecho Inmobiliario,* núm. 687, 2005, pp. 292-296.

HIJAS CID, E., "Prestaciones accesorias: una herramienta útil para personalizar las sociedades de capital", *Cuadernos de Derecho y Comercio,* 2019, núm. 72.

IRIBARREN BLANCO, M., "Los socios en los planes de reestructuración en la reforma del Texto Refundido de la Ley Concursal", *Revista General de Insolvencias & Reestructuraciones,* núm. 6, 2022, pp. 97-139.

– "La impugnación de los acuerdos negativos de la junta general", *Revista de Derecho Mercantil,* núm., 304, 2017 (Bib 2017\11944).

JIMÉNEZ PARÍS, T.A., "La venta extrajudicial de finca hipotecada. Cuestiones sustantivas. Especial referencia a la vivienda habitual", *Revista Critica de Derecho Inmobiliario,* núm. 792, 2022, pp. 2415-2435.

– "La venta extrajudicial de finca hipotecada (II). Cuestiones procedimentales. Especial referencia a la vivienda habitual", *Revista Critica de Derecho Inmobiliario,* núm. 793, 2022, pp. 2909-2928.

JIMÉNEZ SÁNCHEZ, G. y PEINADO GRACIA, J.I., "Reflexiones sobre el art. 348 bis de la Ley de Sociedades de Capital", *Revista de derecho mercantil,* núm. 321, 2021 (Bib 2021\4446).

JLL, "The Evolution of Global Luxury Hospitality", *Global Research Hotels & Hospitality,* mayo 2023, disponible en: https://www.us.jll.com/en/trends-and-insights/research/the-evolution-of-global-luxury-hospitality.

KNIGHT FRANK, *Global Branded Residences Report, 2023,* disponible en: https://content.knightfrank.com/research/1617/documents/en/global-branded-residences-2023-10285.pdf.

– *Branded Residences Report,* 2019, disponible en: https://content.knightfrank.com/research/1617/documents/en/global-branded-residences-2019-5874.pdf.

LA CASA GARCÍA, R., *Responsabilidad y aportaciones no dinerarias en la sociedad limitada,* Marcial Pons, Madrid, 2008.

LAGOS RODRÍGUEZ, B., *Responsabilidad por aportaciones no dinerarias en la sociedad limitada,* Aranzadi, Cizur Menor, 2017.

LECIÑENA IBARRA, A., "Diferencias entre sociedad y comunidad", en AA.VV. *Comunidad de bienes*, REYES LÓPEZ, Mª.J. (coord.), Tirant lo Blanch, Valencia, 2021, pp. 83-108.

LOJENDIO OSBORNE, I., "Aportaciones sociales", en AA.VV. *Comentario al régimen legal de las sociedades mercantiles*, URÍA, R., MENÉNCEZ, A. y OLIVENCIA, M. (dirs.), T. XIV, vol. 1ºA, Civitas, Madrid, pp. 515-603.

LÓPEZ FRÍAS, A., "La buena o mala fe del tercero ex artículo 34 de la Ley Hipotecaria cuando la situación posesoria no coincide con la publicidad registral", *Revista Crítica de Derecho Inmobiliario*, núm. 781, 2020, pp. 2621-2662.

LÓPEZ MAZA, S. y MINERO ALEJANDRE, G., "El arrendamiento para uso distinto del de vivienda", en AA.VV. *Tratado de contratos*, BERCOVITZ RODRÍGUEZ-CANO, R. (coord.), Tirant lo Blanch, Valencia, 2020, pp. 3136-3162.

LÓPEZ ORTEGA, R., "Las aportaciones sociales", en AA.VV. *Derecho Mercantil*, vol. 3º, JIMÉNEZ SÁNCHEZ, G. y DÍAZ MORENO, A. (coords.), Marcial Pons, Madrid, pp. 281-308.

LÓPEZ SÁNCHEZ, C., *El condohotel: régimen jurídico privado*, Reus, Madrid, 2019.

LÓPEZ SÁNCHEZ, M.Á., "Configuración estatutaria de las prestaciones accesorias", en AA.VV. *Derecho de Sociedades Anónimas. La fundación*, T.I, ALONSO UREBA, A. *et al.* (coords.), Civitas, Madrid, pp. 837-873.

MAGRO SERVET, V., *Aspectos procesales y sustantivos de las acciones de cesación del art. 7.2 LPH en las comunidades de propietarios*, La Ley, Madrid, 2011.

MAMBRILLA RIVERA, V., "Fundación con aportaciones «in natura»", en AA.VV. *Derecho de Sociedades Anónimas. La fundación*, ALONSO UREBA, A. *et al.* (coords.), T.I, Civitas, Madrid, pp. 729-773.

MARÍN CASTÁN, F., "Jurisprudencia del Tribunal Supremo español sobre el principio de fe pública registral nueve años después de las sentencias de 2007", en AA.VV. *XX Congreso Mundial de Derecho Registral*, Tirant lo Blanch, Valencia, 2017, pp. 488-506.

MARÍN DE LA BÁRCENA, F., "Subordinación de créditos de socios y concurso de sociedades de capital", *Revista de Derecho Concursal y Paraconcursal*, núm. 12, 2010 (La Ley 36/2010).

– "Proclamación de acuerdos y acciones declarativas del resultado positivo de una votación", *Revista de derecho mercantil*, núm. 276, 2010 (Bib 2010/7471).

MÁRQUEZ LOBILLO, P., *El ejercicio de la dirección unitaria en interés del grupo de sociedades,* Tirant lo Blanch, Valencia, 2021.

- "Comentario a la Disposición Adicional Primera", en AA.VV., *Comentarios al articulado del Texto Refundido de la Ley Concursal,* PEINADO GRACIA, J.I. y SANJUÁN Y MUÑOZ, E. (dirs.), T. I, Sepin, Madrid, 2020, pp. 37-43.
- "A vueltas sobre el concepto concursal de grupo y sobre la automática subordinación de créditos ex artículo 93.2.3º LC. Comentarios a las STS, de 31 de octubre y de 24 de octubre de 2018", *Cuadernos Civitas de Jurisprudencia civil,* núm. 111, 2019, pp. 9-40.

MARTÍN MORÓN, Mª.T., "Concepto de comunidad", en AA.VV. *Comunidad de bienes,* REYES LÓPEZ, Mª.J. (coord.), Tirant lo Blanch, Valencia, 2021, pp. 57-82.

MARTÍNEZ CAÑELLAS, A., "Naturaleza jurídica del contrato de gestión hotelera y delimitación de las funciones propias de las empresas gestoras de cadenas hoteleras", *La Ley Mercantil,* núm. 76, 2021 (La Ley 923/2021).

MARTÍNEZ MARTÍNEZ, M., "Organización de la comunidad", en AA.VV. *Estudios sobre la propiedad horizontal,* SAN CRISTÓBAL REALES, S. (coord.), La Ley, Madrid, 2009, pp. 345-392.

MARTÍNEZ MELÓN, MªD., *Las soluciones al concurso por vía de convenio,* Thomson Reuters, Cizur Menor, 2013.

MARTÍNEZ NADAL, A., *Las prestaciones accesorias en la sociedad de responsabilidad limitada,* Bosch, Barcelona, 1997.

MARTÍNEZ ROSADO, J., "Aportación no dineraria SRL (responsabilidad)", en AA.VV. *Diccionario de Derecho de Sociedades,* ALONSO LEDESMA, C., (dir.), Iustel, Madrid, 2006, pp. 218-222.

MATAMOROS MARTÍNEZ, R., "Las formas de cotitularidad", en AA.VV. *Estudios sobre la propiedad horizontal,* SAN CRISTÓBAL REALES, S. (coord.), La Ley, Madrid, 2009, pp. 113-150.

MICÓ GINER, J., *Hipotecas y venta extrajudicial de inmuebles hipotecados,* Tirant lo Blanch, Valencia, 2017.

MIQUEL RODRÍGUEZ, J., "Las prestaciones accesorias de las sociedades de capital", en AA.VV. *Estudios jurídicos sobre la acción,* VEIGA COPO, A.B., (dir.), Thomron Reuters, Cizur Menor, 2014, pp. 257-278.

MIRANDA SERRANO, L.Mª., "¿Hacia un [errático] control de abusividad de las cláusulas predispuestas relativas a los elementos esenciales de los contratos de consumo?", *La Ley Mercantil,* núm. 87, 2022 (La Ley 501/2022).

– "Sistemas de contratación a través de condiciones generales y clausulados predispuestos, a distancia y fuera de los establecimientos mercantiles", en AA.VV. *Bases del derecho de obligaciones y contratos mercantiles,* MIRANDA SERRANO, L.Mª., CASADO NAVARRO, A. y GONZÁLEZ JIMÉNEZ, P. (coords.), Don Folio, Córdoba, 2022, pp. 91-128;

MOGUEL FERNÁNDEZ, J., *La vertiente societaria del contrato de gestión hotelera,* Atelier, Barcelona, 2022.

MOLINA HERNÁNDEZ, C., *La gestión del convenio concursal,* Sepin, Madrid, 2023.

– "La vigencia de los contratos en el concurso de acreedores", en AA.VV. *Los contratos en el concurso de acreedores,* CAMPUZANO, A.B. y DÍAZ MORENO, A. (dirs.), Civitas, Cizur Menor, 2021, pp. 21-40.

MONTERO AROCA, J., *La ejecución de la hipoteca inmobiliaria,* Tirant lo Blanch, Valencia (Tol 2.451.572).

MORALEJO MENÉNDEZ, I., *La disolución de las sociedades de capital,* Tirant lo Blanch, Valencia, 2023.

– "La disolución de la sociedad de capital en crisis tras la reforma del Texto Refundido de la Ley Concursal", *Revista de Derecho Mercantil,* núm. 330, 2023, (Bib 2023\3041).

MUNAR BERNAT, P.A., "Aprovechamiento por turno de bienes de uso turístico", en AA.VV. *Derecho de consumo: visión normativa y jurisprudencial actual,* SANTOS MORÓN, Mª y MATO PACÍN, Mª (coords.), Tecnos, Madrid, 2022, pp. 247-272.

– "Aproximación a la figura del condohotel. Su incompatibilidad con la Ley de derechos de aprovechamiento por turno", en AA.VV. *Turismo residencial. Aspectos económicos y jurídicos,* MUNAR BERNAT, P.A. (ed.), Dykinson, Madrid, 2010, pp. 323-331.

MUÑOZ CERVERA, M., "La exclusión de socios por incumplimiento de prestaciones accesorias y los pactos parasociales", en AA.VV. *El derecho de separación y la exclusión de socios en las sociedades de capital,* GONZÁLEZ FERNÁNDEZ, MªB. (dir.), T. II., Tirant lo Blanch, Valencia, 2021, pp. 1393-1444.

MUSOLINO, G., "Il condhotel o condominio albergo ", *Rivista del Notariato,* núm. 5, 2019 (consultado *on line*).

OLIVEIRA, F. y ABREU, A., *Instalaçao de empreendimentos turísticos em propiedade plural: "quid est?"*, Almedina, Coimbra, 2014.

OLIVENCIA, M., "Las prestaciones accesorias", en AA.VV., *La sociedad de responsabilidad limitada*, NIETO CAROL, U. (coord.), Dykinson, Madrid, 1998, pp. 243-271.

OTERO COBOS, M^{a}T. "Comentario al art. 158", en AA.VV. *Comentarios al articulado del Texto Refundido de la Ley Concursal*, PEINADO GRACIA, J.I. y SANJUÁN Y MUÑOZ, E., T. I, Sepin, Madrid, 2020, pp. 1025-1030.

– "Comentario al art. 159", en AA.VV. *Comentarios al articulado del Texto Refundido de la Ley Concursal*, PEINADO GRACIA, J.I. y SANJUÁN Y MUÑOZ, E., T. I, Sepin, Madrid, 2020, pp. 1031-1041.

– "Comentario al art. 164", en AA.VV. *Comentarios al articulado del Texto Refundido de la Ley Concursal*, en AA.VV. PEINADO GRACIA, J.I. y SANJUÁN Y MUÑOZ, E., T. I, Sepin, Madrid, 2020, pp. 1067-1071.

– *Los contratos de explotación hotelera: control y riesgo*, Marcial Pons, Madrid, 2019.

– "La figura del condohotel en la normativa autonómica", *International Journal of Scientific Management and Tourism*, núm. 4-3, 2018, pp. 223-240.

PAU PEDRÓN, A., *La publicidad registral*, Fundación Beneficiencia et peritia iuris, 2001.

PAZ-ARES, C., "La aportación de uso en las sociedades de capital", *Revista de Derecho de Sociedades*, núm. 5, 1995, pp. 33-46.

– "Comentario al art. 1665 a 1708", *Comentario del Código Civil*, T.II, PAZ-ARES, C., DÍEZ-PICAZO, L., BERCOVITZ, R. y SALVADOR CODERCH, P. (dirs.), Ministerio de Justicia, Madrid, 1991, pp. 1299-1523.

PEINADO GRACIA, J.I., "Contrato de sociedad y concurso", en AA.VV. *Contratación empresarial y Derecho Privado*, GONZÁLEZ CASTILLA, F. y NIETO CARO, H. (dirs.), Tirant lo Blanch, Valencia, 2023, pp. 435-460.

– "El reparto de dividendos: limitaciones excepcionales de carácter temporal", en AA.VV. *El derecho mercantil y la pandemia: algunos problemas del pasado, la crisis coyuntural y las perspectivas de futuro*, GUERRERO LEBRÓN, M.J. y ALVARADO HERRERA, L. (dirs.), Colex, A Coruña, 2023, pp. 247-260.

– "Capítulo 11. Fase de liquidación", en AA.VV. *Memento Concursal*, VILLORA RIVERA, Í. y ENCISO ALONSO-MUÑUMER, M. (coords.), Francis Lefebvre, Madrid, 2022.

PEÑAS MOYANO, M^{a}J., "Empresas familiares y prestaciones accesorias", en AA.VV. *Estudios de derecho de sociedades y de derecho concursal*, PEÑAS MOYANO, M.J. (coord.), Universidad de Valladolid, 2023, pp. 627-637.

- "Artículo 86. Carácter estatutario", AA.VV. *Comentarios de la Ley de Sociedades de Capital,* T. I., ROJO FERNÁNDEZ RÍO, Á. y BELTRÁN SÁNCHEZ, E. (coords.), Thomson Reuters-Civitas, Cizur Menor, 2011, (consultado *on line*)
- "Artículo 87. Prestaciones accesorias retribuidas", en AA.VV. *Comentarios de la Ley de Sociedades de Capital,* T. I., ROJO FERNÁNDEZ RÍO, Á. y BELTRÁN SÁNCHEZ, E. (coords.), Thomson Reuters-Civitas, Cizur Menor, 2011 (consultado *on line*).
- "Artículo 88. Transmisión de las participaciones o de acciones con prestación accesoria", AA.VV. *Comentarios de la Ley de Sociedades de Capital,* T. I., ROJO FERNÁNDEZ RÍO, Á. y BELTRÁN SÁNCHEZ, E. (coords.), Thomson Reuters-Civitas, Cizur Menor, 2011 (consultado *on line*).
- "Incumplimiento de las prestaciones accesorias y sanciones aplicables", en AA.VV. *Derecho de sociedades: comentarios a la jurisprudencia,* RODRÍGUEZ ARTIGAS, F. (dir.), Thomson Reuters Aranzadi, 2010, pp. 979-997.
- "Prestaciones accesorias", en AA.VV. *Comentario al régimen legal de las sociedades mercantiles,* URÍA R., MENÉNDEZ, A. y OLIVENCIA, M. (dirs.), T.XIV, Civitas, Madrid, 1999, pp. 607-676.

PÉREZ DE LA CRUZ, A., *La sociedad de responsabilidad limitada: disposiciones generales. Fundación. Aportaciones de capital y prestaciones accesorias. Las participaciones sociales. Sociedad unipersonal,* Marcial Pons, Madrid, 2004.

PÉREZ MILLAN, D., "La inscripción de la prestación accesoria de cumplimiento de un protocolo familiar", *Revista de Derecho Mercantil,* núm. 311, 2019 (Bib 2019/713).

PÉREZ MORIONES, A., "Acerca de la eficacia del derecho de separación en caso de falta de distribución de dividendos: consideraciones tras su reforma" en AA.VV., *Derecho de sociedades. Los derechos del socio,* GONZÁLEZ FERNÁNDEZ, Mª *et al.* (dirs.), Tirant lo Blanch, Valencia, 2020, pp. 889-910.

- *El contrato de gestión hotelera,* Tirant lo Blanch, Valencia, 1998.

PÉREZ-BUSTOS MANZANEQUE, A., *La liquidación concursal tras la reforma de la Ley 16/2022 de 5 de septiembre,* Tirant lo Blanch, Valencia, 2022.

PETIT LAVALL, MªV., "El control de las condiciones generales de la contratación entre empresarios, en AA.VV. *Retos de la contratación mercantil moderna,* GONZÁLEZ CASTILLA, F. y NIETO CAROL, U. (dirs.), Tirant lo Blanch, Valencia, 2022, pp. 247-266.

PRADA ÁLVAREZ BUYLLA, P., "La inscripción en el registro de la propiedad de los hoteles en condominio", en AA.VV. *Turismo residencial. Aspectos económicos y jurídicos*, MUNAR BERNAT, P.A. (ed.), Dykinson, Madrid, 2010, pp. 333-365.

PRETEL SERRANO, J.J., *Registro de la Propiedad, Constitución y Estado de las Autonomías*, Reus, Madrid, 2023.

PULGAR EXQUERRA., J., "Reestructuraciones preconcursales forzosas: el mejor interés de los acreedores", *Revista de Derecho Mercantil*, núm. 323, 2022 (Bib 2022/579).

QUIJANO GONZÁLEZ, J., "El contrato de sociedad. Consideraciones generales para un estudio preliminar)", en AA.VV. *Sobre el contrato de sociedad*, GONZÁLEZ FERNÁNDEZ, MªB. (dir.), Tirant lo Blanch, Valencia, 2024, pp. 5-48.

RECALDE CASTELLS, A., "De las prestaciones accesorias", en AA.VV. *Comentarios a la Ley de sociedades de responsabilidad limitada*, ARROYO, I. y EMBID, I. (coords.), Tecnos, Madrid, 1997, pp. 261-299.

RIBELLES ARELLANO, J.Mª., "Comentario al art. 73. Responsabilidad solidaria", en AA.VV. *Comentario de la Ley de Sociedades de Capital*, GARCÍA-CRUCES, A. y SANCHO GARGALLO, I. (dirs.), Tirant lo Blanch, Valencia, 2021, pp. 1109-1125.

RIVAS TORRALBA, R, *Aspectos registrales del proceso de ejecución*, Bosch, Barcelona, 3ª ed. 2017.

ROBINS, A. y ALBERSTADT, K.G., "Condominium Hotel Units: on the benefits of being a security", 10 de febrero de 2014, disponible en: https://www.akerman.com/en/perspectives/condominium-hotel-units-on-the-benefits-of-being-a-security.html.

RODRÍGUEZ ACHÚTEGUI, E., "Operaciones de liquidación", en AAVV. *Enciclopedia de derecho concursal*, BELTRÁN, E. y GARCÍA-CRUCES, J.A. (dirs.), vol. 2, Aranzadi, Cizur Menor, 2012, pp. 2109-2127.

RODRÍGUEZ LÓPEZ, G., "Los actos dispositivos y de administración de los cotitulares y el Registro de la Propiedad. Especial referencia al arrendamiento", en AA.VV. *Comunidad de bienes*, REYES LÓPEZ, Mª.J. (coord.), Tirant lo Blanch, Valencia, 2021, pp. 759-786.

RODRÍGUEZ TAPIA, J.M., "Comentario art. 6", *Comentarios a la Ley de Propiedad Horizontal*, en AA.VV. MIQUEL GONZÁLEZ, J.Mª. (dir.), Thomson Reuters Civitas, Cizur Menor, 2011, pp. 163-180.

– "Comentario art. 7", *Comentarios a la Ley de Propiedad Horizontal,* en AA.VV. Miquel González, J.Mª. (dir.), Thomson Reuters Civitas, Cizur Menor, 2011, pp. 181-224.

ROJO ÁLVAREZ-MANZANEDA, R., "Comentario a la Sentencia de 2 de junio de 2015. La impugnación de los acuerdos sociales y los efectos sustitutivos y procesales de las sentencias recaídas en dicha materia. Especial consideración a la impugnación de los acuerdos negativos y de aquellos por los que la Junta rechaza el ejercicio de la acción social de responsabilidad", *Cuadernos Civitas de Jurisprudencia Civil,* núm. 100, 2016, (Bib 2016/278).

ROSENTHAL, D.M. y BROWN, D.L., "Regulations for condominium hotels", *Los Angeles Lawyer,* núm. 10, 2009 (consultado *on line*).

RUBIO VICENTE, P. J., "Especialidades de la enajenación de Unidades Productivas en el nuevo Texto Refundido de la Ley Concursal", *Revista de Derecho Concursal y Paraconcursal,* 2020, núm. 33 (La Ley 9352/2020).

SANCHO GARGALLO, I, "Artículo 204. Acuerdos impugnables" AA.VV. *Comentarios de la Ley de Sociedades de Capital,* GARCÍA-CRUCES GONZÁLEZ, J.A. y SANCHO GARGALLO, I. (dirs.), Valencia, Tirant lo Blanch, 2021, pp. 2838-2873.

SANJUÁN Y MUÑOZ, E., "La cláusula ipso facto en los ámbitos preconcursal y concursal", en AA.VV. *Planes de reestructuración y clausulas ipso facto,* CAMPUZANO, A.B. y SANJUÁN Y MUÑÓZ, E. (dirs.), Tirant lo Blanch, Valencia, 2022, pp. 18-57.

– *Reestructuración y liquidación de microempresas en crisis,* Tirant lo Blanch, Valencia, 2022.

SAVILLIS, *Branded residences 2022,* 20 de octubre de 2022, disponible en: https://www.savills.com/research_articles/255800/333814-0.

SERRANO HOYO, G., "El juicio ordinario para la cesación de actividades prohibidas, dañosas, molestas, insalubres, nocivas, peligrosas o ilícitas", en AA.VV. *Estudios sobre la propiedad horizontal,* SAN CRISTÓBAL REALES, S. (coord.), La Ley, Madrid, 2009, pp. 1017-1095;

SOLA TEYSSIERE, J., "Hacia un sistema armonizado de la clasificación hotelera", *Revista Andaluza de administración pública,* núm. 88, 2014, pp. 61-100.

SOLER MASOTA, P., "Art. 119. Cuota de liquidación", en AA.VV. *Comentarios a la Ley de Sociedades de Responsabilidad Limitada,* ARROYO, I. y EMBID, J.M. (coords.), Tecnos, Madrid, 1997, pp. 1169-1184.

SOLUNION, *Flash sector turismo*, 2022, disponible en: https://www.solunion.es/wp-content/uploads/2022/10/Flash-Turismo-Octubre-2022-v3-Solunion.pdf.

SOTILLO MARTÍ, A. "El contenido de las prestaciones accesorias en la Sociedad de Responsabilidad Limitada", *Revista de Derecho Mercantil*, núm. 135-136, 1975, pp. 91-118.

SOUSA ASSIS, J., "A insolvencia da entidade administradora nos empreendimentos turísticos em propriedade plural", en AA.VV. *Turimo. Reflexões juridicas e económicas*, DOMINGOS, F.N. *et al.* (coords.), Almedina, Coimbra, 2023, pp. 71-84

TAMAYO HAYA, S., "El principio de prioridad", en AA.VV. *Los sistemas de transmisión de la propiedad inmobiliaria en el derecho europeo*, ORDUÑA MORENO, F.J., DE LA PUENTE DE ALFARO, F. y MARTÍNEZ VELENCOSO, L.Mª (coords.), Civitas, Cizur Menor, 2009, pp. 195-335.

TASSONI, G., "Multiproprietà e Condhotel", en AA.VV. *Manuale di diritto del turismo*, MALO, A. y TASSONI, G. (coords.), Giappichelli, Turín, 2022, pp. 434-453.

– "Il regolamento condhotel del 2018", *Rivista italiana di Diritto del turismo*, núm. 25-26, 2017, pp. 258-273.

TEJERO ALDOMAR, J.F., "La venta de unidad productiva en el concurso de acreedores", en AA.VV. *Reestructuraciones e Insolvencia*, ZUBIZARRETA URCELAY, V. y AZNAR GINER, E. (coords.), Tirant lo Blanch, Valencia, 2023 (Tol 9.421.908).

THE GLOBAL HOSPITALITY GROUP, "Using Condo Hotels for Financing New Hotel Development", 10 de noviembre de 2014, disponible en: https://www.hotel-online.com/press_releases/release/using-condo-hotels-for-financing-new-hotel-development/

THERY MARTÍ, A., "Una segunda oportunidad para las unidades productivas", *Revista de Derecho Concursal y Paraconcursal*, núm. 33, 2020 (La Ley 9071/2020).

TIRADO MARTÍ, I., "El procedimiento especial para microempresas. Una consideración inicial", *Revista General de Insolvencias y Reestructuraciones*, núm. 3, 2021, pp. 211-253.

TORIBIOS FUENTES, F. y CALVACHE MARTÍNEZ, J.G., "Comentario al artículo 129", en AA.VV. *Comentarios a la Ley Hipotecaria*, DOMÍNGUEZ LUELMO, A. (dir.), Aranzadi, Cizur Menor, 2019, pp. 1322-1366.

TRAPANI, G., "La modulazione del vincolo alberghiero: dalla multiproprietà ai condhotel", *Consiglio Nazionale del Notariato,* núm. 1-2, 2019, pp. 171-229.

URÍA, R., "Las prestaciones accesorias en la sociedad de responsabilidad limitada española", *Revista de Derecho Mercantil,* núm. 60, 1956 (Bib 1956/5).

VALCÁRCEL BUSTOS, M., "Comunidades de propietarios y alquiler de viviendas de uso turístico", en AA.VV. *Turismo, vivienda y economía colaborativa,* MUNAR BERNAT, P.A. *et al.* (dirs.), Thomson Reuters Aranzadi, Cizur Menor, 2020, pp. 485-506.

VALLADARES RASCÓN, E. y ORDÁS ALONSO, M., "Comentario al artículo 5", en AA.VV. *Comentarios a la Ley de Arrendamientos Urbanos,* BERCOVITZ RODRÍGUEZ-CANO, R. (coord.), Aranzadi, Cizur Menor, 2020, pp. 181-212.

VALPUESTA GASTAMINZA, E., "La vigencia de los contratos con obligaciones recíprocas (art. 61 Ley Concursal): algunos aspectos controvertidos", *Revista de Derecho Concursal y Paraconcursal,* núm. 27, 2017 (La Ley 7612/2017).

– *Comentarios a la Ley de Sociedades de Capital,* Bosch, Barcelona, 2015.

VAN HEMMEN, E.F., "La sociología de la liquidación concursal en la realidad española", en AA.VV. *La liquidación de la masa activa,* ROJO, Á., QUIJANO, J. y CAMPUZANO, A.B. (dirs.), Thonson Reuters Civitas, Cizur Menor, 2014, pp. 39-66.

VÁZQUEZ CUETO, J.C., "La resolución por incumplimiento", en AA.VV. *Los contratos en el concurso de acreedores,* CAMPUZANO, A.B. y DÍAZ MORENO, A. (dirs.), Civitas, Cizur Menor, 2021, pp. 69-102.

– *"La enajenación de la unidad productiva en el convenio de acreedores", Revista de Derecho Mercantil,* núm. 301, 2016 (Bib 2016/85616).

VEIGA COPO, A., "Comentario al artículo 198", en AA.VV. *Comentario al Texto Refundido de la Ley Concursal,* T. I, VEIGA COPO, A. (dir.), Civitas, Cizur Menor, 2021, pp. 1145-1154.

VIDAL ALONSO, J. y BUENO BIOT, A., "La propiedad horizontal en la doctrina de la Dirección General de los registros y del Notariado", en AA.VV. *Comunidad de bienes,* REYES LÓPEZ, Mª.J. (coord.), Tirant lo Blanch, Valencia, 2021, pp. 1307-1328.

VIERA GONZÁLEZ, J., "Comentario al art. 239", en AA.VV. *Comentarios al articulado del Texto Refundido de la Ley Concursal,* PEINADO GRACIA, J.I. y SANJUÁN Y MUÑOZ, E. (dirs.), T. II, Sepin, Madrid, 2020, pp. 337-343.

VIGIL DE QUIÑONES OTERO, D., "El tercero hipotecario", en AA.VV. *Tratado de Derecho Inmobiliario Registral,* DEL RAY BARBA, S. y ESPEJO LERDO DE TEJADA, M. (dirs.), Tirant lo Blanch, Valencia, 2021.

VILLORIA RIVERA, I., "Capítulo 7. Masa activa", en AA.VV. *Memento Concursal,* VILLORA RIVERA, Í. y ENCISO ALONSO-MUÑUMER, M. (coords.), Francis Lefebvre, Madrid, 2022.

VIÑUELAS SANZ, M., *Las prestaciones accesorias en la Sociedad de Responsabilidad Limitada,* Dykinson, 2004.

VITERBO, F., "La rilevanza della destinazione turística nella disciplina dei beni: profili civilistici", *Rivista Giuridica dell'Edilizia,* núm. 5. 2020, p. 377 y ss.

YANES YANES, P., *El preconcurso de acreedores,* Aranzadi, Cizur Menor, 2023.